Office 2016 基本演習

Word
Excel
PowerPoint

日経BP社

はじめに

本書では、Word、Excel、PowerPointの主要な機能および操作方法について学習します。

本書に沿って学習すると、イラストや図形を用いた表現力のあるWord文書、集計表やグラフ、各種関数が組み込まれたExcelワークシート、さまざまな形式のスライドから構成される動きのあるPowerPointプレゼンテーションを作成できるようになります。

制作環境
本書は以下の環境で制作・検証しました。

- Windows 10 Pro（日本語版）をセットアップした状態。
    ※ほかのエディションやバージョンのWindowsでも、Office 2016が動作する環境であれば、ほぼ同じ操作で利用できます。
- Microsoft Office Professional 2016（日本語デスクトップ版）をセットアップし、Microsoftアカウントでサインインした状態。マウスとキーボードを用いる環境（マウスモード）。
- 画面の解像度を1280×768ピクセルに設定し、ウィンドウを全画面表示にした状態。
    ※上記以外の解像度やウィンドウサイズで使用すると、リボン内のボタンが誌面と異なる形状で表示される場合があります。
- [アカウント] 画面で [Officeの背景] を [背景なし]、[Officeテーマ] を [白] に設定した状態。
- プリンターをセットアップした状態。
    ※ご使用のコンピューター、プリンター、セットアップなどの状態によって、画面の表示が本書と異なる場合があります。

おことわり
本書発行後（2016年9月以降）の機能やサービスの変更により、誌面の通りに表示されなかったり操作できなかったりすることがあります。その場合は適宜別の方法で操作してください。

表記

- メニュー、コマンド、ボタン、ダイアログボックスなどで画面に表示される文字は、角かっこ（[ ]）で囲んで表記しています。ボタン名の表記がないボタンは、マウスでポイントすると表示されるポップヒントで表記しています。
- 入力する文字は「」で囲んで表記しています。
- 本書のキー表記は、どの機種にも対応する一般的なキー表記を採用しています。2つのキーの間にプラス記号（＋）がある場合は、それらのキーを同時に押すことを示しています。
- マウス操作の説明には、次の用語を使用しています。

用語	意味
ポイント	マウスポインターを移動し、項目の上にポインターの先端を置くこと
クリック	マウスの左ボタンを1回押して離すこと
右クリック	マウスの右ボタンを1回押して離すこと
ダブルクリック	マウスの左ボタンを2回続けて、すばやく押して離すこと
ドラッグ	マウスの左ボタンを押したまま、マウスを動かすこと

操作手順や知っておいていただきたい事項などには、次のようなマークが付いています。

マーク	内容
操作	これから行う操作
Step 1	細かい操作手順
重要	操作を行う際などに知っておく必要がある重要な情報の解説
ヒント	本文で説明していない操作や、知っておいた方がいい補足的な情報の解説
用語	用語の解説

実習用データ

本書で学習する際に使用する実習用データを、以下の方法でダウンロードしてご利用ください。

■ダウンロード方法

① 以下のサイトにアクセスします。

https://bookplus.nikkei.com/atcl/catalog/16/B33900/

② 「実習用データダウンロード／講習の手引きダウンロード」をクリックします。
③ 表示されたページにあるそれぞれのダウンロードのリンクをクリックして、ドキュメントフォルダーにダウンロードします。ファイルのダウンロードには日経IDおよび日経BOOKプラスへの登録が必要になります（いずれも登録は無料）。
④ ダウンロードしたzip形式の圧縮ファイルを展開すると［Office2016テキスト］フォルダーが作成されます。
⑤ ［Office2016テキスト］フォルダーを［ドキュメント］フォルダーまたは講師から指示されたフォルダーなどに移動します。

ダウンロードしたファイルを開くときの注意事項

インターネット経由でダウンロードしたファイルを開く場合、「注意——インターネットから入手したファイルは、ウイルスに感染している可能性があります。編集する必要がなければ、ほぼビューのままにしておくことをお勧めします。」というメッセージバーが表示されることがあります。その場合は、［編集を有効にする］をクリックして操作を進めてください。

ダウンロードしたzipファイルを右クリックし、ショートカットメニューの［プロパティ］をクリックして、［全般］タブで［ブロックの解除］を行うと、上記のメッセージが表示されなくなります。

実習用データの内容

実習用データには、本書の実習で使用するデータと章ごとの完成例、復習問題や総合問題で使用するデータと完成例が収録されています。前の章の最後で保存したファイルを次の章で引き続き使う場合がありますが、前の章の学習を行わずに次の章の実習を始めるためのファイルも含まれています。

講習の手引きと問題の解答

本書を使った講習を実施される講師の方向けの「講習の手引き」と、復習問題の解答をダウンロードすることができます。ダウンロード方法は、上記の「ダウンロード方法」を参照してください。

目次

第1部　ワープロソフトWord 2016の利用 — 1

第1章　新規文書の作成 — 3
- 作成する文書の確認 — 4
- 文書作成の流れ — 5
- 新規文書の作成 — 6
- ページレイアウトの設定 — 8
    - 用紙サイズと印刷の向き — 9
    - 余白 — 10
    - ページ設定 — 11
- 文字の入力 — 13
- 文書の保存と発行 — 20
    - 文書の保存 — 20
    - 互換性を残して保存 — 22
    - PDFファイルとして発行 — 25
- この章の確認と復習問題 — 27

第2章　文書の編集 — 31
- 文書編集の流れ — 32
- 範囲選択 — 33
- 移動とコピー — 36
- 文字の書式設定 — 39
    - フォントサイズとフォント — 40
    - 文字飾り — 43
    - 書式のコピー/貼り付け — 47
    - 文字の均等割り付け — 48
- 段落の書式設定 — 52
    - 文字配置の変更 — 54
    - インデントの設定 — 56
    - タブの設定 — 59
    - 箇条書きの設定 — 62
    - 行間の変更 — 65
- 段落の並べ替え — 67
- この章の確認と復習問題 — 68

第3章　表の作成と編集 — 73

- 表の概念と構成要素 — 74
- 表の挿入 — 75
- 表への文字の入力 — 78
- 表の編集 — 80
  - 行や列の挿入と削除 — 81
  - 列の幅と行の高さの変更 — 84
  - セルの結合と分割 — 87
- 表のデザインと配置 — 89
  - 表のスタイルの利用 — 89
  - 文字の配置 — 92
  - 罫線の種類の変更 — 94
  - 表の配置 — 98
- この章の確認と復習問題 — 99

第4章　グラフィックスの利用 — 103

- グラフィックス利用の効果 — 104
- ワードアートの利用 — 105
  - ワードアートの挿入 — 105
  - ワードアートの編集 — 107
- 画像の利用 — 110
  - 画像の挿入 — 110
  - 画像の編集 — 112
- 図形の利用 — 120
  - 図形の挿入 — 120
  - 図形の編集 — 122
- この章の確認と復習問題 — 127

第5章　文書の印刷 — 131

- 印刷プレビューの確認 — 132
- 文書の印刷 — 135
- この章の確認と復習問題 — 138

第6章　書式設定 — 139

- 文字書式と段落書式 — 140
- スタイルの登録と利用 — 145

文字スタイルの登録と利用	147
スタイルの編集	151
スタイルの削除	152
組み込みスタイルの利用	153
組み込みスタイルの利用	154
組み込みスタイルの編集	156
この章の確認と復習問題	158

第7章 長文作成機能 —— 161

長文作成に役立つ機能	162
テーマの設定	163
表紙の作成	166
ヘッダー/フッターの設定	170
この章の確認と復習問題	176

第2部　表計算ソフトExcel 2016の利用 —— 179

第8章 表の作成 —— 181

表作成の流れ	182
新しいブックの作成とデータ入力	183
新規ブックの作成	184
データの入力	185
連続データの入力	190
データの修正	194
移動とコピー	198
ブックの保存	202
この章の確認と復習問題	205

第9章 四則演算と関数 —— 207

四則演算と関数について	208
四則演算	209
四則演算子を使った数式	210
数式のコピー	212
基本的な関数	214
合計の計算	215

[合計]ボタンの関数 ———————————————— 217
相対参照と絶対参照 ———————————————— 221
相対参照 ———————————————— 222
絶対参照 ———————————————— 224
この章の確認と復習問題 ———————————————— 226

第10章 表の編集 ———————————————— 229

表の編集について ———————————————— 230
列の幅と行の高さの設定 ———————————————— 231
行や列の挿入と削除 ———————————————— 236
書式の設定 ———————————————— 240
罫線の設定 ———————————————— 240
セル内の文字の配置 ———————————————— 243
セルの結合 ———————————————— 245
セルの塗りつぶし ———————————————— 246
文字の書式設定 ———————————————— 249
表示形式の設定 ———————————————— 254
書式の自動設定 ———————————————— 257
ワークシートの操作 ———————————————— 261
シート名の変更 ———————————————— 261
ワークシートのコピーと移動 ———————————————— 262
ワークシートの挿入と削除 ———————————————— 264
この章の確認と復習問題 ———————————————— 267

第11章 グラフ ———————————————— 271

グラフの種類と用途 ———————————————— 272
グラフの作成 ———————————————— 274
棒グラフの作成 ———————————————— 274
円グラフの作成 ———————————————— 278
グラフの編集 ———————————————— 280
棒グラフの編集 ———————————————— 281
円グラフの編集 ———————————————— 285
グラフの種類の変更 ———————————————— 290
グラフの場所の変更 ———————————————— 294
この章の確認と復習問題 ———————————————— 295

第12章 印刷 — 299

- 印刷の準備 — 300
  - 印刷イメージの確認 — 301
  - ページレイアウトの設定 — 303
- 印刷の実行 — 307
- よく使う印刷の機能 — 309
  - 印刷タイトル — 310
  - 改ページプレビュー — 312
  - 改ページの挿入 — 313
  - ヘッダー/フッターの挿入 — 314
- この章の確認と復習問題 — 319

第13章 関数を使用した入力サポート — 321

- 端数の処理を行う関数 — 322
- 条件によって処理を分ける関数 — 328
- この章の確認と復習問題 — 332

第14章 データのビジュアル化 — 333

- 発展的なグラフ — 334
  - 補助円グラフ付き円グラフ — 335
  - データ系列の追加 — 338
  - 種類の異なるグラフの組み合わせ — 342
- グラフの詳細設定 — 347
  - データラベルとデータテーブル — 348
  - グラフ要素の書式設定 — 352
- 条件付き書式とスパークライン — 357
  - セルの強調表示ルールの設定 — 358
  - データバーとアイコンセットの設定 — 359
  - 条件付き書式のカスタマイズ — 362
  - スパークライン — 367
- この章の確認と復習問題 — 371

第3部　プレゼンテーションソフトPowerPoint 2016の利用 — 375

第15章　プレゼンテーションの作成と編集 — 377

- プレゼンテーションの作成 — 378
  - プレゼンテーションの新規作成 — 378
  - テンプレートからの作成 — 379
- スライドの追加 — 381
  - 新しいスライドの挿入 — 382
  - プレースホルダーへの文字入力 — 384
  - 箇条書きの編集 — 386
- プレゼンテーション構成の見直し — 388
  - アウトライン表示での編集 — 389
  - スライドの複製・移動・削除 — 393
- スライドのデザイン設定 — 398
  - テーマの設定 — 399
  - スライドレイアウトの変更 — 400
  - テーマのカスタマイズ — 401
- 文字の書式設定 — 403
  - フォントの変更 — 404
  - 文字の大きさの変更 — 405
  - 文字のスタイルの変更 — 406
  - 文字の色の変更 — 407
- 段落の書式設定 — 409
  - 段落の配置の変更 — 410
  - 行間の変更 — 411
  - 行頭文字の変更 — 412
- プレゼンテーションの保存 — 413
- この章の確認と復習問題 — 416

第16章　図解の作成 — 419

- 図解のポイント — 420
- SmartArtグラフィックの作成 — 422
  - SmartArtグラフィックの挿入 — 424
  - SmartArtグラフィックへの文字の挿入 — 427
  - SmartArtグラフィックのレイアウトの変更 — 428
  - SmartArtグラフィックのスタイルの変更 — 429

             SmartArtグラフィックへの変換 — 431
    図形の作成 — 432
             図形の挿入 — 432
             図形への文字の挿入 — 434
             図形の複製 — 436
             図形の整列 — 438
             コネクタによる図形の結合 — 440
             複数の図形のグループ化 — 442
             クイックスタイルの適用 — 444
             重ね合わせ順序の変更 — 445
    この章の確認と復習問題 — 448

第17章 オブジェクトの挿入 — 451

    数値を明確にするオブジェクト（表、グラフ） — 452
             表の挿入 — 452
             グラフの挿入 — 459
    イメージを引き出すオブジェクト（イラスト、写真） — 467
             イラストの挿入 — 467
             写真の挿入 — 470
    情報をまとめるオブジェクト（ワードアート、テキストボックス） — 475
             ワードアートの挿入 — 475
             テキストボックスの挿入 — 478
    この章の確認と復習問題 — 481

第18章 特殊効果の設定 — 483

    効果的な特殊効果 — 484
    画面切り替え効果の設定 — 487
    アニメーションの設定 — 490
             テキストのアニメーション設定 — 490
             グラフのアニメーション設定 — 492
             その他のアニメーション設定 — 494
    スライドショーの実行 — 497
             スライドショーの実行 — 500
             リハーサルの実行 — 502
    この章の確認と復習問題 — 504

第19章　資料の作成と印刷 — 507
- 発表者用資料の作成 — 508
- プレゼンテーションの印刷 — 512
  - 印刷設定と印刷プレビュー — 513
  - 印刷の実行 — 517
- この章の確認と復習問題 — 518

第1部

ワープロソフト Word 2016 の利用

第1章　新規文書の作成
第2章　文書の編集
第3章　表の作成と編集
第4章　グラフィックスの利用
第5章　文書の印刷
第6章　書式設定
第7章　長文作成機能

新規文書の作成

- 作成する文書の確認
- 文書作成の流れ
- 新規文書の作成
- ページレイアウトの設定
- 文字の入力
- 文書の保存と発行

作成する文書の確認

ここでは、次のような文書を作成します。

新しい文書ファイルを作成し、レイアウトの設定や文字の入力を行って保存します。

■ **完成例**

技術教育推進部
平成 28 年 9 月 1 日
社員各位
Microsoft Word2016
社内セミナー開催のお知らせ

10 月の社内セミナーを以下のとおり実施いたします。
新機能のご紹介や使用方法、仕事に役立つ技やショートカットなどを実習するセミナーを企画いたしました。
受講を希望するかたは、下記の申込用紙に必要事項をご記入の上、9 月 20 日までに技術教育推進部に提出してください。皆様のご参加をお待ちしております。

記

開催日程：第1回□10月4日（火）、第2回□10月11日（火）
時間：10：00-17：00
問い合わせ先：技術教育推進部□椛山（内線☎□4567）

以上

申し込み用紙
会場：本社パソコン研修室

＜今後開催予定のセミナー＞
今後、下記の社内セミナーを予定しております。ご興味のあるものに○をつけてください。
2 月・Microsoft Excel2016 新機能・Microsoft PowerPoint2016 新機能
3 月・Windows10・ビジネスマナー
1 月・ビジネス英会話・プロジェクトマネジメント

文書作成の流れ

文書を作成するには、次のような手順で作業します。

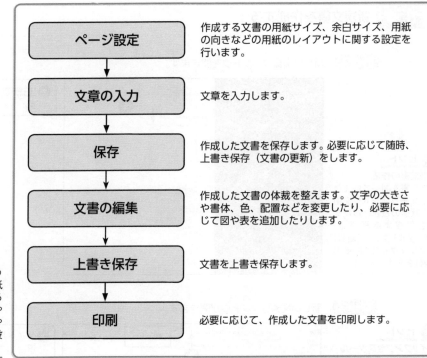

 用語
ページ設定
印刷する用紙に合うように、作成する文書の用紙サイズや向きを設定することです。また、余白や1ページあたりの行数や1行あたりの文字数も設定できます。

🛈 **重要** **ページ設定を行うタイミングについて**
ページ設定はいつでも変更できますが、文書を作成する前に、作成する文書の内容や量を考慮してページ設定を行うことをお勧めします。たとえば、文字の入力や書式設定を行った後で用紙の向きや余白を変更すると、文書全体のレイアウトが変わってしまいます。

🛈 **重要** **文書の保存について**
文書を作成しているとき、ある程度の入力や編集作業が進んだら保存するようにします。間違って文書ウィンドウを閉じてしまったり、何らかの不具合でWordが終了してしまったりすると、それまでに作成した文書の内容はすべて消えてしまう場合があります。

新規文書の作成

新しい文書を作成するためには、新しい文書ウィンドウを準備する必要があります。

操作 新規文書を作成する

Step 1 新しい文書ウィンドウを開きます。

❶[白紙の文書]をクリックします。

💡 ヒント
新規文書の作成
他の文書を開いているときや文書ウィンドウを閉じた状態のときに新規文書を作成する場合は、[ファイル]タブの[新規]をクリックして[白紙の文書]をクリックします。

Step 2 新しい文書ウィンドウが開きます。

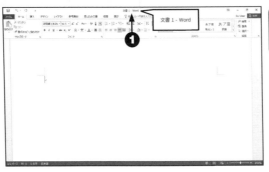

❶タイトルバーに「文書1」と表示されていることを確認します。

💡 ヒント
クイックアクセスツールバーを利用した新規作成
クイックアクセスツールバーに[新規作成]ボタンを追加しておくと、他の文書を開いているときにワンクリックで新規の文書を作成することができます。

💡 ヒント **起動時に白紙の文書を開くには**
Word 2010のこれまでのバージョンでは、Wordを起動した直後に新しい文書ウィンドウが開かれた状態になっていました。Word 2016でも同様にしたい場合は、[ファイル]タブをクリックして[オプション]をクリックし、[Wordのオプション]ダイアログボックスの[基本設定]の[起動時の設定]にある[このアプリケーションの起動時にスタート画面を表示する]チェックボックスをオフにします。

💡 ヒント　複数ファイルの操作

Wordでは複数のファイルを開きながら操作することができます。Windows 10ではタスクバーに表示されているWordのアイコンをポイントすると開いているファイルのサムネイル（縮小表示）の一覧が表示され、クリックするとそのファイルに切り替えることができます。

💡 ヒント　テンプレートの活用

文書を新規に作成するときにテンプレートを利用すると、あらかじめデザインされた文書を簡単に作成することができます。
テンプレートを利用するには、Wordを起動したときに表示される一覧から使いたいテンプレートを選択するか、[ファイル] タブをクリックし、[新規] をクリックして選択します。

💡 ヒント　テンプレートの検索

[オンラインテンプレートの検索] ボックスに「送付状」や「請求書」などのキーワードを入力してテンプレートを検索し、ダウンロードすることができます。また、[検索の候補] の「ビジネス」や「カード」などから検索することもできます。
たとえば [カード] をクリックして検索された一覧から [お礼状カード] をクリックし、[作成] をクリックすると、お礼状カードのテンプレートがダウンロードされて新規文書が作成されるので、必要事項を入力していきます。

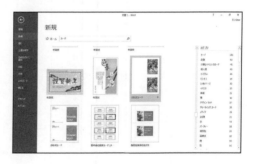

第 1 章　新規文書の作成　7

ページレイアウトの設定

文書の入力や編集作業に入る前に、使用する用紙のレイアウトを設定します。

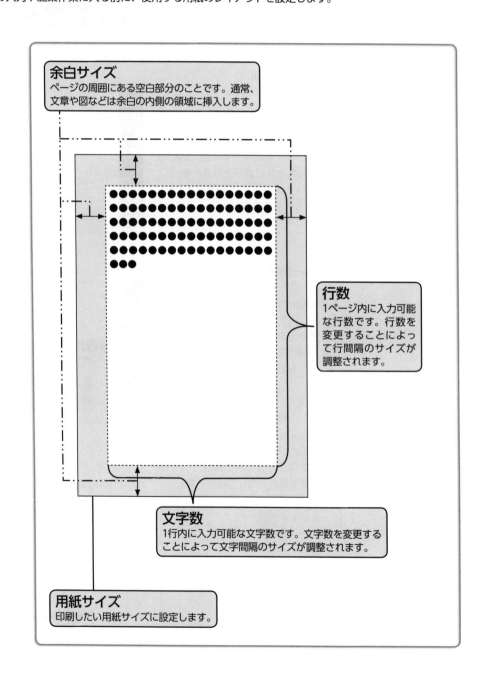

用紙サイズと印刷の向き

[レイアウト] タブに配置された [サイズ] ボタンと [印刷の向き] ボタンを利用して、用紙サイズと用紙の向きを設定することができます。ここでは現在の用紙サイズと向きを確認します。

操作 用紙サイズと用紙の向きを確認する

Step 1 設定されている用紙サイズを確認します。

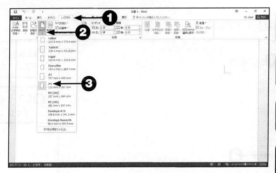

💡 **ヒント**
用紙サイズと印刷の向きの既定値
Wordでは既定値で用紙サイズが「A4」、印刷の向きが「縦」になっています。なお、セットアップされているプリンターの機種によって表示される用紙サイズは異なる場合があります。

❶ [レイアウト] タブをクリックします。

❷ [サイズ] ボタンをクリックします。

❸ [A4] が選択されていることを確認します。

❹ 文書内をクリックして一覧の表示をキャンセルします。

Step 2 設定されている用紙の向きを確認します。

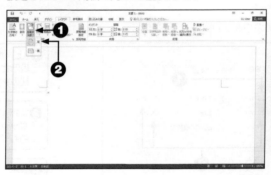

❶ [印刷の向き] ボタンをクリックします。

❷ [縦] が選択されていることを確認します。

❸ 文書内をクリックして一覧の表示をキャンセルします。

💡 **ヒント** **ボタンの名前**
本書では、リボンのボタンに表記されている文字列をボタン名として表記しています。この名前はボタンをポイントしたときにポップアップ表示される名前と異なる場合があります。

余白

[レイアウト] タブに配置された [余白] ボタンを利用して、よく使われる余白サイズを設定することができます。また、[ページ設定] ダイアログボックスで余白サイズを数値で設定することによって微調整することもできます。

操作 余白サイズを変更する

上下左右の余白サイズを20mmに変更しましょう。

Step 1 [ページ設定] ダイアログボックスを開きます。

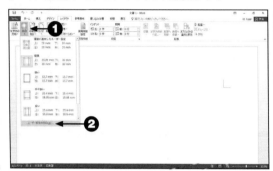

❶ [余白] ボタンをクリックします。

❷ [ユーザー設定の余白] をクリックします。

💡 **ヒント**
余白の既定値
Wordの余白の既定値は、上「35.01mm」、下「30mm」、左「30mm」、右「30mm」になっています。

Step2 上下左右の余白を20mmに変更します。

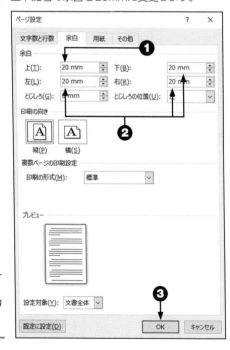

❶ [上] ボックスに「20mm」と表示されるまで、ボックスの右端の▼をクリックします。

❷ 同様に [下] ボックス、[左] ボックス、[右] ボックスの余白も「20mm」に変更します。

❸ [OK] をクリックします。

💡 **ヒント**
値を入力して変更
▲や▼ボタンを使わずに、直接「20」と入力して余白を20mmに変更することもできます。このとき単位の「mm」は入力しなくてもかまいません。

Step 3 余白サイズが変更されます。

❶ 上下左右の余白サイズが変更されたことを確認します。

ページ設定

[ページ設定] ダイアログボックスには [文字数と行数]、[余白]、[用紙]、[その他] の4つのタブがあり、余白や用紙サイズを設定できます。1行あたりの文字数や1ページの行数などリボンでは設定できない項目は、[ページ設定] ダイアログボックスから設定します。

操作☞ 1行の文字数と1ページの行数を変更する

1行の文字数を50字に変更しましょう。

Step 1 [ページ設定] ダイアログボックスを開きます。

! 重要

ボタン
リボンの各タブに配置されたボタンはグループごとにまとめられています。そのグループ名の右下に ボタンが表示されている場合、クリックすると対象のグループに含まれる設定をまとめて行うためのダイアログボックスや作業ウィンドウ表示され、現在の設定を確認したり変更したりすることができます。各グループによりボタン名が変わります。

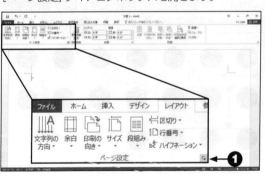

❶ [ページ設定] グループ右下の [ページ設定] ボタンをクリックします。

第1章 新規文書の作成 11

Step 2 1行の文字数を50字に変更します。

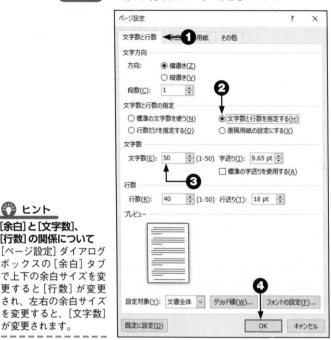

❶ [文字数と行数] タブをクリックします。

❷ [文字数と行数を指定する] をクリックします。

❸ [文字数] ボックスに「50」と表示されるまで、ボックスの右端の▲をクリックします。

❹ [OK] をクリックします。

ヒント
[余白]と[文字数]、[行数]の関係について
[ページ設定] ダイアログボックスの [余白] タブで上下の余白サイズを変更すると [行数] が変更され、左右の余白サイズを変更すると、[文字数] が変更されます。

ヒント
[字送り]と[行送り]について
[字送り] は文字間のスペースのサイズ (文字の幅＋文字間隔) です。また、[行送り] は行間のスペースのサイズ (文字の高さ＋行間隔) です。[文字数] を変更すると [字送り] が自動的に変更され、[行数] を変更すると [行送り] が自動的に変更されます。

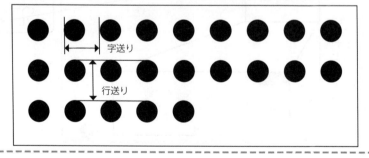

文字の入力

ページレイアウトの設定が終了したら、文章を入力します。入力後に文章を変更するには、対象の箇所にカーソルを移動し、文字を追加したり削除したりします。

> ・空白を入力するには**Space**キーを押します。
> ・カーソルの左側の文字を削除するには**BackSpace**キーを、右側の文字を削除するには**Delete**キーを使用します。
> ・改行するには**Enter**キーを押します。改行位置には ↵ が表示されます。
> ・間違って改行しすぎた場合は**BackSpace**キーを押して空白行を削除します。
> ・文字の入力後、**F7**キーを押すとカタカナに変換できます。
> ・文章の変換時に文節の区切りが正しく認識されていない場合は、**Shift**＋←または**Shift**＋→キーで区切り位置を変更することができます。

 文字を入力する

次ページの入力例のとおりに文章を入力しましょう。
・空白行の位置と数も入力例に合わせましょう。
・英数字はすべて半角で入力します。
・「記」と入力して**Enter**キーで改行すると、「記」が自動的に中央に配置されます。さらに、「以上」が自動的に右揃えで入力されます（入力オートフォーマット）。

💡 ヒント **編集記号**
空白やタブ記号などの編集記号をすべて表示して作業したい場合は、[ホーム] タブの [編集記号の表示/非表示] ボタンをクリックします。
[編集記号の表示/非表示] ボタンがオンになっているときには、下のように文書中にスペースやタブ、改ページなどの編集記号も表示されます。本書の画面は [編集記号の表示/非表示] ボタンがオンになっている状態です。

第1章 新規文書の作成

■ 入力例

技術教育推進部
平成28年9月1日
社員各位
Microsoft Word2016
社内セミナー開催のお知らせ

10月の社内セミナーを以下のとおり実施いたします。
新機能のご紹介や使用方法、仕事に役立つ技やショートカットなどを実習するセミナーを企画いたしました。
受講を希望するかたは、下記の申込用紙にご記入の上、9月20日までに技術教育推進部に提出してください。皆様のご参加をお待ちしております。

　　　　　　　　　　　　　　　　　記

開催日程：第1回□10月4日（火）、第2回□10月11日（火）
時間：10：00-17：00
問い合わせ先：技術教育推進部□（内線□4567）

　　　　　　　　　　　　　　　　　　　　　　　　　　　　　以上

申し込み用紙
会場：本社パソコン研修室

＜今後開催予定のセミナー＞
今後、下記の社内セミナーを予定しております。ご興味のあるものに〇をつけてください。
2月・Microsoft Excel2016 新機能・Microsoft PowerPoint2016 新機能
3月・Windows10・ビジネスマナー
1月・ビジネス英会話・プロジェクトマネジメント

💡 **ヒント**　**入力オートフォーマット**
文章入力時に書式が自動的に設定されることがあります。これは、効率よく文書を作成するための「入力オートフォーマット」機能が働いているからです。この機能の設定は、次の手順で行います。

1. [ファイル] タブをクリックします。
2. [オプション] をクリックします。
3. [Wordのオプション] ダイアログボックスのカテゴリー覧から [文章校正] をクリックします。
4. [オートコレクトのオプション] をクリックします。
5. [入力オートフォーマット] タブをクリックして利用したい項目のチェックボックスをオンにします。

■ **入力中に自動で変更される主な項目**

項目	操作	結果
左右の区別がない引用符を、区別がある引用符に変更する	シングルクォーテーション (') またはダブルクォーテオション (") を入力する。	' '、" " のように、左右で異なる形のクォーテーションに変換される。
ハイフンをダッシュに変更する	文字列を入力し、ハイフン (-) を2つ入力後、続けて文字列を入力する。	ハイフン (--) がダッシュ (―) に変換される。
インターネットとネットワークのアドレスをハイパーリンクに変更する	インターネットアドレスやネットワークアドレスを入力する。	ハイパーリンクが設定される。

■ **入力中に自動で書式が設定される主な項目**

項目	操作	結果
箇条書き (行頭文字)	* (アスタリスク)、- (半角のハイフン)、> (大なり記号) の後にスペースまたはタブを挿入し、続けて文字列を入力して改行する。続けて2行目を入力する。	●、-、➢ などの行頭文字が付いた箇条書きになる。
箇条書き (段落記号)	数字の後に．(ピリオド)、)（閉じるかっこ)、> (大なり記号) を入力し、続けて文字列を入力して改行する。続けて2行目を入力する。	1、1)、1> などの段落記号が付いた箇条書きになる。

■ **入力中に自動で行われる主な処理**

項目	操作	結果
かっこを正しく組み合わせる	(、「、{ を入力する。	誤った組み合わせのかっこを入力しても、対応する正しい組み合わせのかっこ、)、」、} が挿入される。
'記' などに対応する '以上' を挿入する	'記' と入力して改行する。	「記」は中央揃えに配置され、対応する「以上」が右揃えで挿入される。
頭語に対する結語を挿入する	「拝啓」、「前略」などの頭語を入力して改行する。	「敬具」、「早々」などの結語が入力される。

操作 カーソルを移動して文字を入力する

後から文字を入力したい場合は、入力したい場所にカーソルを移動してから入力します。ここでは、9行目の「申込用紙に」の後に「必要事項を」と入力しましょう。

Step 1 文字を入力する位置にカーソルを移動します。

❶9行目の「申込用紙に」の右側をクリックします。

Step 2 文字を入力します。

❶「必要事項を」と入力します。

操作 記号を入力する

15行目の「内線」の右側に、記号「☎」を入力しましょう。

Step 1 記号を入力する位置にカーソルを移動します。

❶15行目の「内線」の右側をクリックします。

Step 2 記号を挿入します。

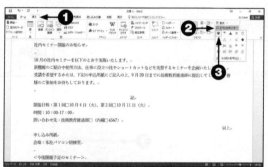

❶[挿入]タブをクリックします。

❷[記号と特殊文字]ボタンをクリックします。

❸「☎」をクリックします。

Step 3 記号「☎」が挿入されます。

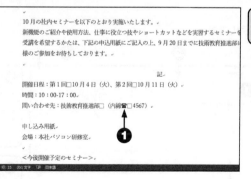

❶「☎」が挿入されたことを確認します。

❗重要
読みから記号に変換
記号には読みを入力して変換できるものがあります。「かっこ、まる、さんかく、しかく、やじるし、から、こめ、でんわ、ゆうびん、ほし」などのほか、単位や演算の記号も読みから変換できます。ただし、[挿入]タブの[記号と特殊文字]ボタンから挿入したときと異なるフォントの記号になり、サイズや形が異なる場合もあります。

操作 ☞ IMEパッドで漢字を入力する

漢字を入力するときは読み方を基本に入力していきますが、読みがわからない漢字を入力するときにはIMEパッドを利用して手書きで入力できます。ここでは、15行目の「技術教育推進部」の後に「椛山」と入力してみましょう。

Step 1 文字を入力する位置にカーソルを移動し、入力モードを右クリックします。

❶15行目の「技術教育推進部」の後のスペースの右側をクリックします。

❷タスクバーの[入力モード]アイコンを右クリックします。

Step 2 IMEパッドを起動します。

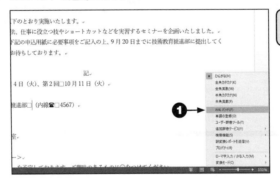

❶表示されたメニューの[IMEパッド]をクリックします。

Step 3 「椛」と入力します。

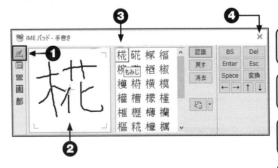

❶[手書き]がオンになっていることを確認します。

❷IMEパッド上をマウスでドラッグして「椛」と書きます。

❸IMEパッドの右のウィンドウから「椛」をクリックします。

❹IMEパッドの閉じるボタンをクリックします。

18 文字の入力

Step 4　「椛」が入力されたことを確認し、続けて「山」と入力します。

```
新機能のご紹介や使用方法、仕事に役立つ技やショートカットな
受講を希望するかたは、下記の申込用紙にご記入の上、9月20日
様のご参加をお待ちしております。

　　　　　　　　　　　　　　　　　　　　　　　　　　記
開催日程：第1回□10月4日（火）、第2回□10月11日（火）
時間：10:00-17:00
問い合わせ先：技術教育推進部□ 椛山 （内線☎□4567）

申し込み用紙
会場：本社パソコン研修室
```

ヒント　IMEパッドの機能

IMEパッドでは次の5種類の方法で読めない漢字を入力することができます。

手書き	マウスでドラッグして入力したい漢字を書き、候補の中から選択する。
文字一覧	文字コードから選択する。
ソフトキーボード	表示されたキーボードをマウスでクリックして文字入力する。
総画数	漢字の画数から選択する。
部首	漢字の部首から選択する。

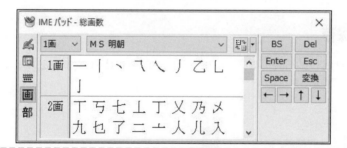

ヒント　郵便番号を住所に変換

郵便番号を「×××-××××」形式で入力して変換すると、変換候補に住所が表示され、入力した郵便番号を住所に変換することができます。

```
108－0022
1  108-0022
2  １０８－００２２
3  東京都港区海岸
```

文書の保存と発行

ここでは、Wordで作成した文書をファイルとして保存する方法について学習します。

> ■ **名前を付けて保存**
> 新しく作成した文書に名前を付けて保存する場合や、既存の文書に別の名前を付けて新しいファイルとして保存する場合に使用します。
>
> ■ **上書き保存**
> 既存の文書への変換を保存して、文書を最新の状態に更新します。新しく作成した文書でこのコマンドを使用すると [名前を付けて保存] 画面が表示されます。
>
> ここでは、[名前を付けて保存] コマンドで文書を保存する方法を学習します。

文書の保存

作成した文書は、ファイルとしてディスクに保存します。保存せずに文書を閉じると、作成した文書は消えてしまいますので注意しましょう。

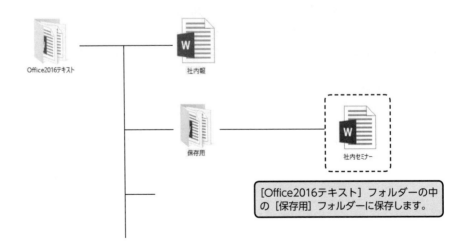

[Office2016テキスト] フォルダーの中の [保存用] フォルダーに保存します。

操作 ☞ 文書に名前を付けて保存する

編集した文書に「社内セミナー」という名前を付けて保存しましょう。

Step 1 [名前を付けて保存] ダイアログボックスを表示します。

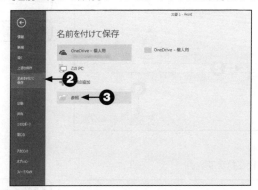

❶ [ファイル] タブをクリックします。

❷ [名前を付けて保存] をクリックします。

❸ [参照] をクリックします。

Step 2 [ドキュメント] フォルダーを開きます。

❶ [PC] の [ドキュメント] をクリックします。

❷ [Office2016テキスト] フォルダーをダブルクリックします。

Step 3 [保存用] フォルダーを開きます。

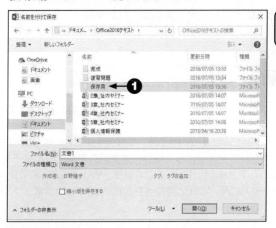

❶ [保存用] フォルダーをダブルクリックします。

Step 4 ファイル名を指定します。

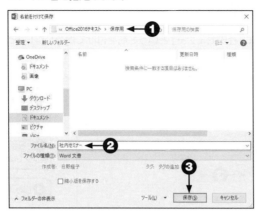

❶「保存用」と表示されていることを確認します。

❷[ファイル名]ボックスに「社内セミナー」と入力します。

❸[保存]をクリックします。

💡 **ヒント**
ファイル名の付け方
ファイルの内容を示すようなわかりやすい名前を付けましょう。なお、ファイル名に次の半角記号は使用できません。
```
/   スラッシュ
*   アスタリスク
|   縦棒
¥   円記号
?   疑問符
:   コロン
<>  不等号
"   ダブルクォーテーション
```

Step 5 ファイルが保存されます。

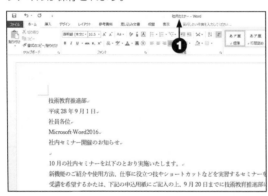

❶タイトルバーに「社内セミナー」と表示されていることを確認します。

⚠️ **重要**
上書き保存
上書き保存では、間違って上書きしても保存を取り消すことができないので注意が必要です。

💡 **ヒント**　**拡張子について**
ファイルには、指定したファイル名にファイルの種類を識別するために半角文字の拡張子が付けられます。Word 2016文書の拡張子は、「.docx」です。拡張子は保存時に自動的に付けられるので入力する必要はありません。ただし、拡張子はWindowsの初期設定で表示されないようになっているため、通常はアイコンの形でWordのファイルを識別します。

互換性を残して保存

Word 2007からXMLベースのファイル形式が導入され、通常は拡張子「.docx」で保存されます。同じ拡張子でもWord 2007/2010のファイル形式とWord 2013/2016のファイル形式は異なるため、Word 2007/2010で作成したファイルをWord 2016で開いて保存するときには[以前のバージョンのWordと互換性を保持する]チェックボックスをオンにして保存します。この場合の拡張子も「.docx」になりますが、Word 2007/2010に対応したファイル形式で保存されます。Word 2013/2016形式で作成された文書を保存するときには[以前のバージョンのWordと互換性を保持する]チェックボックスは表示されません。

操作 Word 2010形式のファイルを互換性を残して保存する

ファイル「社内セミナー（2010形式）」を開き、Word 2010形式のファイルの互換を残して保存しましょう。

Step 1 ［ファイルを開く］ダイアログボックスを表示します。

❶［ファイル］タブをクリックします。

❷［開く］をクリックします。

❸［参照］をクリックします。

Step 2 Word 2010形式の「社内セミナー（2010形式）」を開きます。

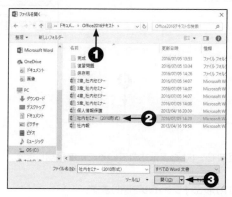

❶［Office2016テキスト］をクリックします。

❷「社内セミナー（2010形式）」をクリックします。

❸「開く」をクリックします。

Step 3 Word 2010形式のファイルが開いたことを確認します。

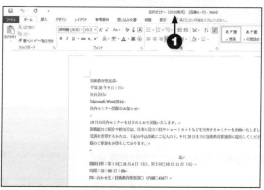

❶タイトルバーに「社内セミナー（2010形式）［互換モード］」と表示されていることを確認します。

第1章 新規文書の作成

Step 4 現在のフォルダーを開きます。

💡 ヒント
最近使ったフォルダー
この前の操作で[保存用]フォルダーに文書を保存したため、[今日]の一覧に[保存用]フォルダーが表示されます。ここをクリックして[名前を付けて保存]ダイアログボックスを[保存用]フォルダーが開いた状態で開くこともできます。

❶ [ファイル]タブをクリックし、[名前を付けて保存]をクリックします。

❷ [現在のフォルダー]をクリックします。

Step 5 互換性を残したまま[保存用]フォルダーに保存します。

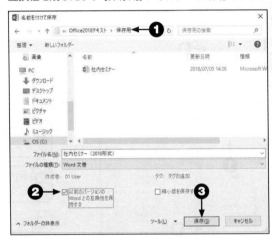

❶ [保存用]フォルダーを開きます。

❷ [以前のバージョンのWordとの互換性を保持する]チェックボックスをクリックしてオンにします。

❸ [保存]をクリックします。

Step 6 タイトルバーに[互換モード]と表示されていることを確認します。

Step 7 「社内セミナー(2010形式)」ファイルを閉じます。

💡 ヒント **互換性チェックについて**
[ファイル]タブの[情報]の[問題のチェック]をクリックして[互換性チェック]をクリックすると、[Microsoft Word互換性チェック]ダイアログボックスが表示されます。
[文書を保存するときに互換性を確認する]チェックボックスをオンにすると、文書ファイルを保存するときに、Wordの以前のバージョンの形式でサポートされていない要素や動作が異なる要素が含まれていないかどうかが確認されます。

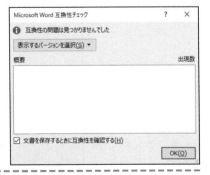

PDFファイルとして発行

Word 2016では、PDFやXPSのファイル形式でファイルを発行することができます。Wordのファイル形式で保存した文書はWord文書を開くことができるアプリケーションがインストールされていないと表示できず、また異なるオペレーティングシステムや異なるバージョンのWordで表示した場合にレイアウトが崩れる場合があります。PDF形式で発行したドキュメントは広く普及している「Adobe Reader」やその他のPDF閲覧ソフトウェアがインストールされていれば、異なるオペレーティングシステムでも同じ状態で表示したり印刷したりすることができます。また、Windows 10の標準の「Microsoft Edge」で閲覧することもできます。

操作 ☞ PDF形式で発行する

ファイル「社内セミナー」をPDF形式で発行しましょう。

Step 1 [PDFまたはXPS形式で発行] ダイアログボックスを開きます。

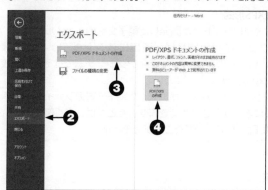

❶[ファイル] タブをクリックします。

❷[エクスポート] をクリックします。

❸[PDF/XPSドキュメントの作成] をクリックします。

❹[PDF/XPSの作成] をクリックします。

Step 2 PDF形式でファイル「社内セミナー」を発行します。

💡 **ヒント**
[名前を付けて保存]ダイアログボックスで保存
[ファイル] タブの [名前を付けて保存] をクリックし、[名前を付けて保存] ダイアログボックスの [ファイルの種類] ボックスで「PDF」を選択すると、ファイルをPDF形式で保存することができます。

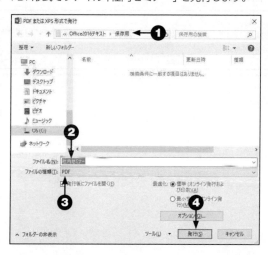

❶「保存用」と表示されていることを確認します。

❷[ファイル名] ボックスに「社内セミナー」と表示されていることを確認します。

❸[ファイルの種類] ボックスに「PDF」と表示されていることを確認します。

❹[発行] をクリックします。

第1章 新規文書の作成 | 25

Step 3 PDFファイルを確認して閉じます。

❶ PDFファイル「社内セミナー」が開いたことを確認します。

❷ 画面の右上の[閉じる]をクリックします。

💡 ヒント
発行後にファイルを開く
[PDFまたはXPS形式で発行]ダイアログボックスの[発行後にファイルを開く]チェックボックスをオフにしてから発行した場合は、保存後にMicrosoft Edgeは起動されません。

Step 4 元のWord文書「社内セミナー」が表示されたことを確認します。

💡 ヒント
PDF形式とXPS形式
「XPS」はマイクロソフト社が開発した電子文書のファイル形式で、XPSビューアーと呼ばれるソフトウェアを利用すれば、環境に依存せずファイルの表示が可能です。また、Windows Vista以降のオペレーティングシステムではそのまま表示することができます。拡張子は「.xps」です。
「PDF」はアドビシステムズ社が開発した電子文書のファイル形式で、さまざまな機器や環境で同じように表示することができます。たとえば、広く普及している「Adobe Reader」や「Microsoft Edge」などで開くことができます。

💡 ヒント
PDFの編集
Word 2016ではPDFファイルを開いて閲覧や編集ができます。Wordの[ファイル]タブの[開く]からPDFファイルを開きます。ただし、元のPDFファイルとまったく同じ表示にはならない場合があります。

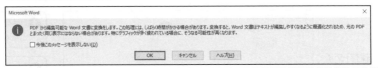

📡 この章の確認

- ☐ 新しい文書ウィンドウを開くことができますか？
- ☐ 用紙サイズや余白サイズなどページレイアウトの設定を変更できますか？
- ☐ ページの行数と文字数を設定できますか？
- ☐ 文章を入力できますか？
- ☐ 文字や記号を挿入できますか？
- ☐ 手書きで漢字を入力できますか？
- ☐ 文書に名前を付けて保存できますか？
- ☐ PDF/XPS形式でファイルを保存できますか？

復習問題 問題 1-1

文書に余白を設定し、文字や記号を挿入しましょう。

1. ［復習問題］フォルダーから「復習1-1　歓迎会」を開きましょう。
2. 上下の余白を20mmに設定しましょう。
3. 文字数を44に設定しましょう。
4. 9行目の「本田」の後に「(内線　4587)」と入力しましょう。
5. 14行目の「03-1234-5678」の前に「」を挿入しましょう。
6. ［保存用］フォルダーに「復習2-1　歓迎会」という名前で保存して閉じましょう。

完成例

平成28年10月3日
関係者各位
総務部□本田

歓迎会のお知らせ

10月の人事異動で、3名が総務部に異動してきました。新しい仲間との親交を深めるため、下記のように歓迎会を開催したいと存じます。
つきましては、下記フォームにご記入いただき10月7日（金）までに、本田（内線□4587）にご提出いただきたくお願いします。

　　　　　　　　　　　　　　　　記

場所居酒屋「いっぺい」（みさき銀行となりのビル□1階）
TEL☎03-1234-5678
参加費5,000円
日時平成28年10月14日（金）

　　　　　　　　　　　　　　　　　　　　　　　　　　　　以上

＜10月に異動してきた方々＞
吉田秀雄（新潟支社より異動）
斉藤明人（大阪支社より異動）
森崎一郎（名古屋支社より異動）

切り取り線

氏名
参加・不参加

問題 1-2

文書の用紙サイズを確認し、文字や記号を挿入しましょう。

1. ［復習問題］フォルダーから「復習1-2　社員旅行」を開きましょう。
2. 開いた文書の用紙サイズを確認しましょう。
3. 8行目の「ご参加ください」の前に「是非とも」と入力しましょう。
4. 12行目の「箱根レイクサイド」の前に「♨」を挿入しましょう。
5. ［保存用］フォルダーに「復習1-2　社員旅行」という名前で保存しましょう。
6. ［保存用］フォルダーに「復習1-2　社員旅行（PDF形式）」という名前でPDF形式で保存してMicrosoft Edgeで確認し、Microsoft Edgeを閉じましょう。
7. 「復習1-2　社員旅行」を閉じましょう。

完成例

福利厚生課
平成 28 年 10 月 3 日
社員各位

社員旅行のご案内

今年も恒例の社員旅行の時期となりました。下記の通り社員旅行を実施いたします。今年は、現地集合とバスの参加が選べます。皆さま、是非ともご参加ください。

日程
日時：平成 28 年 11 月 12 日（土）～13 日（日）
宿泊先：箱根レイクサイド・ビレッジホテル（TEL☎□0120-2222-3333）
担当者：三枝（福利厚生課□内線□1234）

料金および集合時間

参加申込書

第2章

文書の編集

- 文書編集の流れ
- 範囲選択
- 移動とコピー
- 文字の書式設定
- 段落の書式設定
- 段落の並べ替え

文書編集の流れ

文字入力が終わったら、見やすくなるように文書のレイアウトを変えたり、文字のフォントを変更したりします。この章ではさまざまな文書の編集方法を学習します。

文字のコピー、書式設定、配置の設定、箇条書きの設定などを行い、文章を見やすくします。

■ 完成例

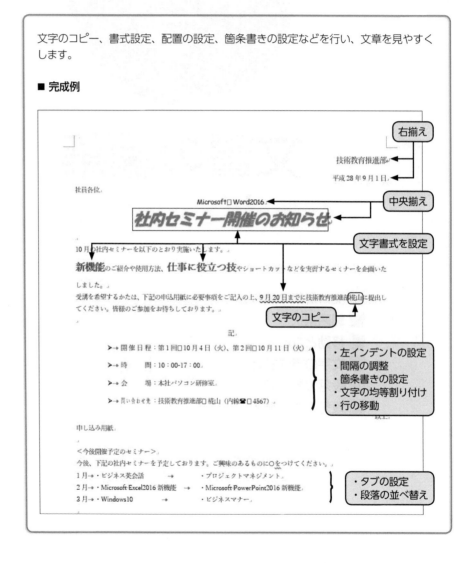

範囲選択

文書の編集作業を行うには、編集したい文字や行、段落をあらかじめ範囲選択してからコマンドを実行します。ここでは、編集する範囲を文字単位、行単位で選択する方法を学習します。

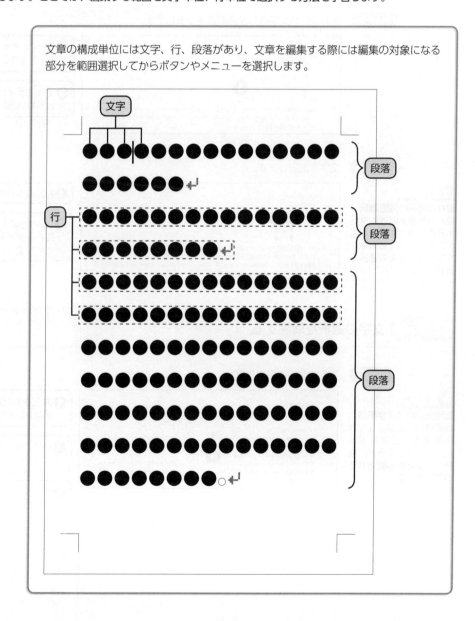

操作 ☞ 文字単位で選択する

7行目の「社内セミナー」を選択しましょう。

Step 1 [保存用]フォルダーにある文書「社内セミナー」を開きます。本章から学習を開始する場合は、[Office2016テキスト]フォルダーにある文書「2章_社内セミナー」を開きます。

Step 2 選択したい文字列の左側をポイントします。

❶「社内セミナー」の左側をポイントします。

❷マウスポインターの形状が I になっていることを確認します。

Step 3 文字を選択します。

💡 ヒント
離れた範囲の同時選択
離れた範囲を同時に選択する場合は、最初の範囲を選択した後、**Ctrl**キーを押しながら次の範囲を選択します。

❶右方向へドラッグします。

❷「社内セミナー」の文字が灰色にハイライトされ、文字が選択されます。

操作 ☞ 文字の選択を解除する

Step 1 文字の選択を解除します。

💡 ヒント
範囲選択時の注意事項
範囲選択した部分をマウスでドラッグアンドドロップしてしまうと、選択した部分が移動されるので注意しましょう。

❶選択された範囲外の場所をポイントします。

❷マウスポインターの形状が I になっていることを確認します。

❸ポイントしている位置をクリックします。

Step 2 文字の選択が解除されます。

操作 行単位で範囲を選択する

8行目を選択して選択を解除し、8～10行目を選択しましょう。

Step 1 選択したい行の左余白をポイントします。

❶8行目の「新機能のご紹介や使用方法、」の左余白をポイントします。

❷マウスポインターの形状が ⇗ に変わったことを確認します。

Step 2 行を選択します。

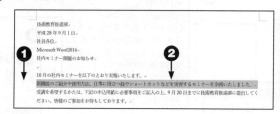

❶ポイントしている位置をクリックします。

❷8行目が灰色にハイライトされ、行が選択されます。

Step 3 選択された範囲以外の場所をクリックし、行が選択されている状態を解除します。

Step 4 選択したい最初の行（8行目）の左余白をポイントします。

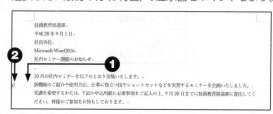

❶8行目の「新機能のご紹介や使用方法、」の左余白をポイントします。

❷マウスポインターの形状が ⇗ に変わったことを確認します。

Step 5 複数行を選択します。

❶ポイントしている位置から下方向に10行目までドラッグします。

❷8～10行目が灰色にハイライトされ、複数の行が選択されます。

Step 6 選択された範囲以外の場所をクリックし、行が選択されている状態を解除します。

移動とコピー

文章の入力後に文字列や文章の順序を入れ替えるには、対象の範囲を「移動」します。また、同じような文章を再入力せずに効率よく文書を作成するには、対象の範囲を「コピー」して利用すると便利です。ここでは、文字列や文章の「移動」と「コピー」の方法を学習します。

文字列や文章の移動やコピーをするには、[ホーム] タブの [切り取り] ボタン、[コピー] ボタン、[貼り付け] ボタンを使用します。

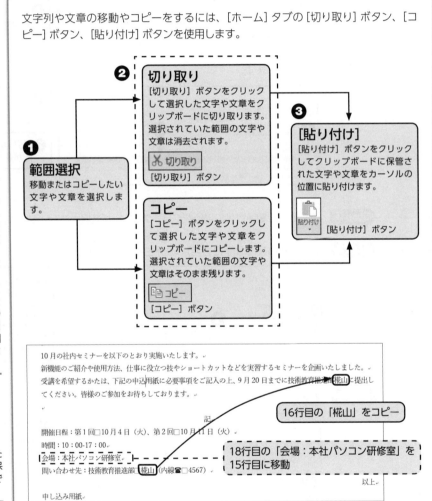

ヒント

選択範囲の修正

選択しようとしている範囲を超えてドラッグしてしまった場合、マウスのボタンを離していなければ、上方向に(文字単位で選択していた場合は左方向に)ドラッグすると、選択範囲を修正することができます。
マウスのボタンを離している場合は、**Shift**キーを押しながらキーボードの矢印キー「→」「←」「↓」「↑」を押すと、選択範囲を修正することができます。

用語

クリップボード

切り取ったりコピーしたりした情報を一時的に保存しておく領域のことです。

操作 行単位で移動する

18行目を15行目に移動しましょう。

Step 1 移動する行を切り取ります。

❶ 18行目「会場：本社パソコン研修室」の行を行単位で選択します。

❷ [ホーム] タブをクリックします。

❸ [切り取り] ボタンをクリックします。

Step 2 切り取った行を貼り付けます。

❶ 行が切り取られていることを確認します。

❷ 15行目「問い合せ先：技術教育推進部」の行の先頭位置にカーソルを移動します。

❸ [貼り付け] ボタンをクリックします。

Step 3 行が移動します。

❶ 18行目「会場：本社パソコン研修室」の行が15行目に移動したことを確認します。

❷ スマートタグが表示されている場合は**Esc**キーを押して、スマートタグを消します。

ヒント
スマートタグ
貼り付けの操作を行うと貼り付けた部分の右下にスマートタグが表示され、クリックすると貼り付けの形式を選択することができます。次の操作をするか**Esc**キーを押すとスマートタグが消えます。

重要　操作を間違ってしまった場合

入力や削除、編集作業など操作を間違ってしまった場合は、クイックアクセスツールバーの [元に戻す] ボタンをクリックします。ボタンをクリックするたびに直前に行った操作を1操作ずつ元に戻すことができます。また、複数の操作を一度に取り消したい場合は、[元に戻す] ボタンの▼をクリックし、一覧からどの操作までを取り消すかを選択します。ただし、元に戻せない処理もあります。

第2章 文書の編集 | 37

操作 文字単位でコピーする

16行目の「椛山」を9行目の「技術教育推進部」の右の位置にコピーしましょう。

Step 1 文字列を選択してコピーします。

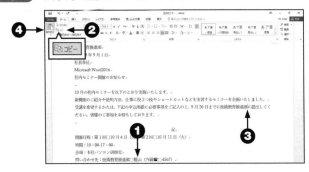

❶ 16行目の「椛山」を文字単位で選択します。

❷ [コピー] ボタンをクリックします。

❸ 9行目の「技術教育推進部」の右側をクリックします。

❹ [貼り付け] ボタンをクリックします。

Step 2 文字列が貼り付けられます。

❶ 「技術教育推進部」の右に「椛山」がコピーされたことを確認します。

ヒント　クリップボードの表示

[切り取り] や [コピー] を使用すると、選択されていた範囲の情報は「クリップボード」と呼ばれる場所に格納 (一時的に保存) されます。クリップボードには最大24個までのデータを格納することができ、データが格納されている間は繰り返し必要なデータを目的の位置に貼り付けることができます。
クリップボードを表示するには [ホーム] タブの [クリップボード] グループの [　] [クリップボード] ボタンをクリックします。クリップボードに表示されているアイテムをクリックすると、現在カーソルのある位置に貼り付けることができます。

「クリップボード」ボタン

文字の書式設定

ここでは、文字書式を設定する方法を学習します。

文字書式を設定するには、[ホーム] タブの [フォント] グループを使用します。
設定を変更したい文字を選択し、変更したい項目のボタンをクリックします。設定項目によっては▼をクリックして項目を選択します。
設定を解除するには、設定するときに使用したボタンを再度クリックするか、[すべての書式のクリア] ボタンをクリックします。

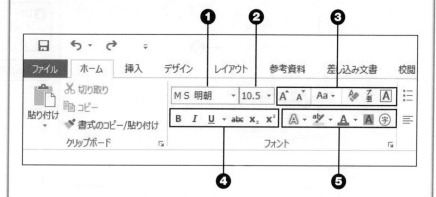

用語
フォント
文字の書体のことです。Word 2016の既定は日本語フォントも、英文フォント（半角の英数字や記号用のフォント）も「游明朝」です。

用語
フォントサイズ
文字の大きさのことです。フォントサイズは「ポイント」という単位で表されます。1ポイントは約0.35mmです。Wordでの既定のフォントサイズは10.5ポイントです。

❶	[MS 明朝▼] [フォント] ボックス		フォントを変更します。
❷	[10.5▼] [フォントサイズ] ボックス		フォントサイズを変更します。
❸	A˄ [フォントサイズの拡大] A˅ [フォントサイズの縮小] Aa▼ [文字種の変換] ア [ルビ]	✎ [書式のクリア] A [囲み線]	フォントの拡大や縮小、設定されている書式のクリアなどを行います。
❹	B [太字] abc [取り消し線]	I [斜体] U▼ [下線] X₂ [下付き] X² [上付き]	フォントに太字や斜体などの設定を行います。
❺	A▼ [文字の効果と体裁] A▼ [フォントの色] ㋕ [囲い文字]	ab▼ [蛍光ペンの色] A [文字の網かけ]	フォントに影や反射の効果を設定したり、フォントの色の変更などをしたりします。

ヒント
ミニツールバー
文字列や文章を選択すると、その範囲の近くに右のような「ミニツールバー」が表示されます。ミニツールバーからも選択した文字列や文章に書式を設定することができます。

フォントサイズとフォント

フォントサイズとフォントを変更することにより、特定の文字列を文書の中で目立たせたり、文書のイメージを変えたりすることができます。

操作 フォントサイズを変更する

5行目の「社内セミナー開催のお知らせ」のフォントサイズを24ポイントに変更しましょう。

Step 1 フォントサイズを変更します。

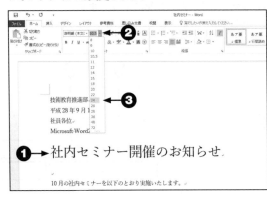

❶ 5行目の「社内セミナー開催のお知らせ」を行選択します。

❷ [ホーム] タブの [フォントサイズ] ボックスの▼をクリックします。

❸ [24] をクリックします。

Step 2 フォントサイズが変更されたことを確認します。

ヒント
ミニツールバーの [フォントサイズ] ボタン
ミニツールバーの [フォントサイズ] ボタンを利用して文字サイズを変更することもできます。

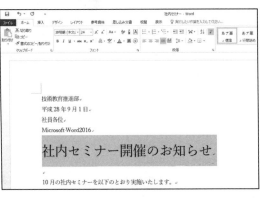

ヒント
リアルタイムプレビュー
フォントサイズの一覧から候補をポイントすると、選択中の文字がポイントしているフォントサイズで表示されます。候補をクリックして選択するまでフォントサイズは適用されません。文字の書体や色、下線、蛍光ペンの色などを変更するときにも、このようにリアルタイムでプレビューされます。これにより、何度も設定し直して確認しなくても、文書のイメージに合った最適な書式を効率よく選択することができます。

操作 フォントを拡大する

1行目の「技術教育推進部」のフォントサイズを12ポイントに拡大しましょう。

Step 1 [フォントサイズの拡大] ボタンを利用してフォントサイズを変更します。

ヒント
フォントの拡大/縮小
[フォントサイズの拡大] ボタン/[フォントサイズの縮小] ボタンを利用すると、クリックするごとに選択中の文字のサイズが拡大/縮小されます。現在のフォントサイズがわからなくても、ポイント数を意識しないで文字のサイズを調整することができます。

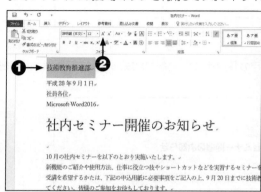

❶1行目の「技術教育推進部」を行単位で選択します。

❷[フォントサイズの拡大] ボタンを2回クリックし、フォントサイズを12ポイントに変更します。

❸フォントサイズが変更されたことを確認します。

操作 フォントを変更する

4行目の「Microsoft Word2016」のフォントを「Comic Sans MS」に、5行目の「社内セミナー開催のお知らせ」のフォントを「HG創英角ポップ体」に変更しましょう。

Step 1 フォントを変更する行を選択します。

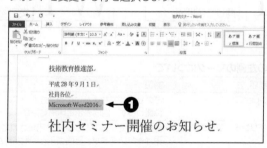

❶4行目の「Microsoft Word 2016」を行単位で選択します。

Step 2 フォントを変更します。

❶[フォント] ボックスの▼をクリックします。

❷[Comic Sans MS] が表示されるまでスクロールします。

❸[Comic Sans MS] をクリックします。

第2章 文書の編集 41

Step 3 フォントが変更されたことを確認します。

Step 4 同様に5行目の「社内セミナー開催のお知らせ」のフォントを「HG創英角ポップ体」に変更します。

ヒント プロポーショナルフォントについて

「MSP明朝」や「MSPゴシック」など、フォント名に「P」の付くフォントは「プロポーショナルフォント」です。プロポーショナルフォントを使うと、文字幅や文字間隔が自動的に調整されます。

MS明朝
どの文字も同じ幅、同じ文字間隔

MSP明朝
文字によって文字幅が違い、文字間隔も異なる

ヒント フォント名の左側のマークについて

マーク	種類	説明
𝒪	Open Typeフォント	どのサイズでもきれいに表示されるフォントです。OSや機種の違いに関わらず、画面表示と印刷結果がほぼ一致します。
🖨	プリンターフォント	登録されているプリンターに用意されているフォントです。印刷結果はきれいですが、画面表示と印刷結果が異なる場合があります。
TT	TrueTypeフォント	どのサイズでもギザギザにならずに、なめらかな曲線で描かれるフォントです。画面表示と印刷結果がほぼ一致します。

ヒント 日本語フォントと英文フォントについて

フォントには日本語用の「日本語フォント」と英数字用の「英文フォント」があります。
日本語フォントはフォント名の中に日本語が含まれています。代表的なものに「ゴシック体」や「明朝体」などがあり、漢字やかな、記号、英数字などに使用できます。
英文フォントはフォント名がアルファベットのみになっています。使用できるのは半角のアルファベットや数字のみで、全角の文字(ひらがなや漢字など)には使用できません。
また、「Wingdings」など入力すると絵文字が表示されるフォントもあります。

文字飾り

文字列や文章に太字や斜体、色の変更などの文字飾りを適用することで、特定の部分を強調することができます。

操作 文字飾りを変更する

5行目の「社内セミナー開催のお知らせ」の行に「斜体」、「囲み線」、「塗りつぶし：青、アクセントカラー1；影」の文字の効果を設定しましょう。

Step 1 文字飾りを変更する行を選択します。

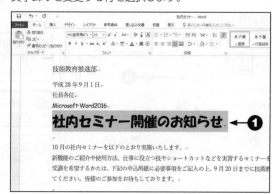

❶5行目の「社内セミナー開催のお知らせ」を行単位で選択します。

Step 2 文字を斜体にします。

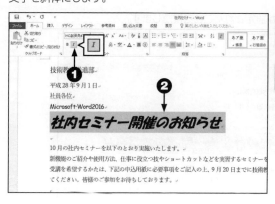

❶[斜体]ボタンをクリックします。

❷文字が斜体になったことを確認します。

第2章 文書の編集 43

Step 3 囲み線を設定します。

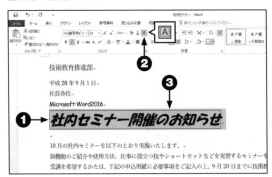

① 5行目の「社内セミナー開催のお知らせ」が行単位で選択されていることを確認します。

② [囲み線] ボタンをクリックします。

③ 文字に囲み線が設定されたことを確認します。

Step 4 文字の効果を設定します。

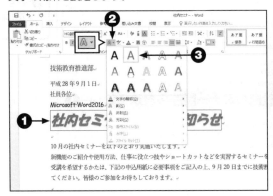

① 5行目の「社内セミナー開催のお知らせ」が行単位で選択されていることを確認します。

② [文字の効果と体裁] ボタンをクリックします。

③ [塗りつぶし：青、アクセントカラー1；影]（上から1番目、左から2番目）をクリックします。

Step 5 文字飾りが設定されたことを確認します。

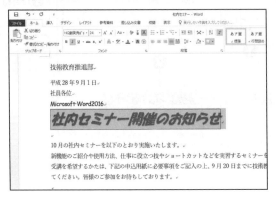

💡 **ヒント**　**文字のスタイルを解除するには**

スタイルを設定すると、設定されているスタイルのボタンの背景色が水色になります。スタイルの設定を解除するには、スタイルが設定されている文字を選択し、同じボタンをもう一度クリックします。

操作 文字に下線を設定する

9行目の「9月20日までに」の文字列に「波線の下線」を引きましょう。

Step 1 下線を引く文字列を選択します。

❶ 9行目の「9月20日までに」を文字単位で選択します。

Step 2 下線の種類を選択して、下線を引きます。

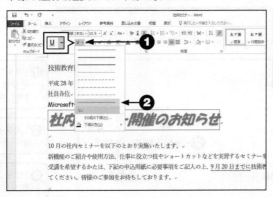

❶ [下線]ボタンの▼をクリックします。

❷ 上から8番目の[波線の下線]をクリックします。

ヒント
[下線]ボタン
[下線]ボタンの▼ではなく左側の部分をクリックすると、既定の下線(一重下線)または前回に選択した下線が設定されます。

Step 3 波線の下線が設定されたことを確認します。

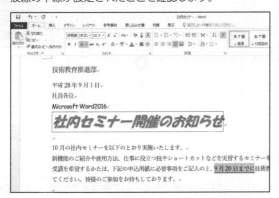

第2章 文書の編集 | 45

操作 複数の書式をまとめて設定する

[フォント]ダイアログボックスを使用すると、文字にフォントやフォントの色、下線など複数の書式をまとめて設定できます。
[フォント]ダイアログボックスを使用して、8行目の「新機能のご紹介や使用方法」のフォントの色を「青」、スタイルを太字、サイズを16ポイントに設定しましょう。

Step 1 書式を設定する文字列を選択し、[フォント]ダイアログボックスを開きます。

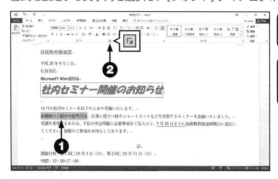

❶ 8行目の「新機能のご紹介や使用方法」を選択します。

❷ [フォント]グループの右下の[フォント]ボタンをクリックします。

Step 2 複数の書式を設定します。

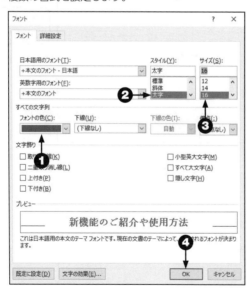

❶ [フォントの色]ボックスの▼をクリックし、標準の色の中の[青]をクリックします。

❷ [スタイル]ボックスから[太字]をクリックします。

❸ [サイズ]ボックスから[16]をクリックします。

❹ [OK]をクリックします。

❺ 書式が設定されたことを確認します。

操作 複数の書式を解除する

文字に設定されている複数の書式をまとめて解除するには、[すべての書式をクリア]ボタンを利用します。8行目の「のご紹介や使用方法」に設定されている書式を、[すべての書式をクリア]ボタンを使って解除しましょう。

Step 1 書式をクリアしたい文字列を選択します。

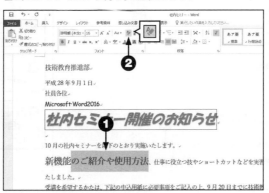

❶ 8行目の「のご紹介や使用方法」を選択します。

❷ [すべての書式をクリア] ボタンをクリックします。

Step 2 8行目の「のご紹介や使用方法」の書式がクリアされたことを確認します。

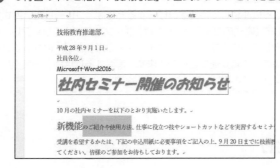

書式のコピー/貼り付け

書式のコピー/貼り付けを使うと、設定した複数の書式を他の文字列に簡単に設定することができます。

操作 文字列に書式をコピーする

8行目の「新機能」に設定されている書式を、8行目の「仕事に役立つ技」にコピーしましょう。

Step 1 書式が設定されている文字列から書式をコピーします。

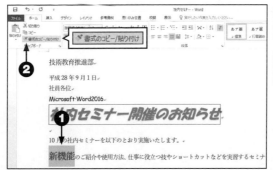

❶ 8行目の「新機能」を選択します。

❷ [書式のコピー/貼り付け] ボタンをクリックします。

第2章 文書の編集　47

Step 2 書式を文字列に貼り付けます。

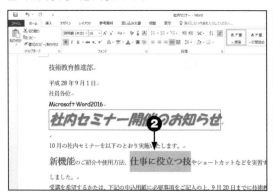

❶ マウスポインターの形状が に変わったことを確認します。

❷ 8行目の「仕事の役立つ技」を選択します。

❸ 8行目の「新機能」の書式が8行目の「仕事に役立つ技」にコピーされたことを確認します。

💡 ヒント　連続して書式をコピーする

離れたところに連続して書式をコピーするときは、コピーしたい書式が設定されている文字列を選択して [書式のコピー/貼り付け] ボタンをダブルクリックし、書式をコピーしたい文字列を選択していきます。マウスポインターの形状が になっている間、選択した文字列に対して連続して書式をコピーできます。解除するにはもう一度 [書式のコピー/貼り付け] ボタンをクリックするか、**Esc**キーを押します。

文字の均等割り付け

文字間隔を調整することによって、指定した文字数分の幅に表示されるように調整する機能を「均等割り付け」といいます。複数の単語を列挙するような場合、次のように各単語の表示幅を揃えることで、文字列を美しくレイアウトすることができます。

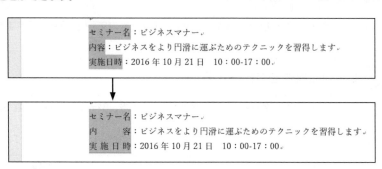

操作 文字列を均等割り付けする

14行目「開催日程」、15行目「時間」、16行目「会場」、17行目「問合せ先」、19行目「申し込み用紙」が5文字分の幅になるように均等割り付けを設定しましょう。

Step 1 文字列を選択して均等割り付けを設定します。

ヒント
均等割り付けする範囲の選択

文字数を指定して均等割り付けを行う場合は、↵(段落記号)を含めないように対象の範囲を選択します。段落記号を含めて範囲選択して[均等割り付け]ボタンをクリックすると、段落全体の幅で均等割り付けされてしまいます。

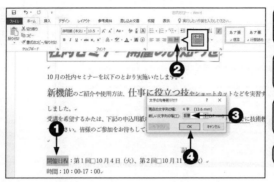

❶ 14行目の「開催日程」を文字単位で選択します。

❷ [均等割り付け]ボタンをクリックします。

❸ [新しい文字列の幅]ボックスの数値を「5」に変更します。

❹ [OK]をクリックします。

Step 2 同様に他の文字列にも均等割り付けを設定します。

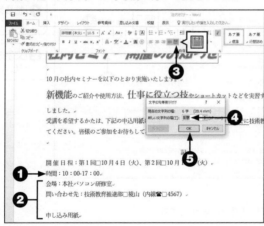

❶ 15行目の「時間」を文字単位で選択します。

❷ **Ctrl**キーを押しながら16行目の「会場」、17行目の「問い合わせ先」、19行目の「申し込み用紙」を選択します。

❸ [均等割り付け]ボタンをクリックします。

❹ [新しい文字列の幅]ボックスの数値を「5」に変更します。

❺ [OK]をクリックします。

Step 3 文字列が均等割り付けされたことを確認します。

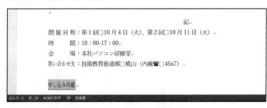

第2章 文書の編集

操作 均等割り付けの設定を解除する

19行目の「申し込み用紙」に設定されている均等割り付けの設定を[拡張書式]ボタンを利用して解除しましょう。

Step 1 均等割り付けを解除したい文字列を選択します。

❶ 19行目の「申し込み用紙」の中にカーソルを移動します。

Step 2 [文字の均等割り付け]ダイアログボックスを開きます。

❶ [拡張書式]ボタンをクリックします。

❷ [文字の均等割り付け]をクリックします。

Step 3 文字の均等割り付けを解除します。

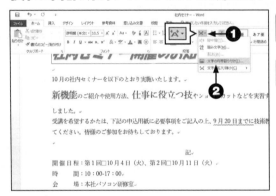

❶ [文字の均等割り付け]ダイアログボックスが表示されたら、[解除]をクリックします。

💡 ヒント
文字の均等割り付け解除のもう1つの方法
均等割り付けを解除したい文字列を選択するか文字列内にカーソルを移動して[均等割り付け]ボタンをクリックします。[文字の均等割り付け]ダイアログボックスが表示されたら[解除]をクリックします。

Step 4 19行目の「申し込み用紙」の文字の均等割り付けが解除されたことを確認します。

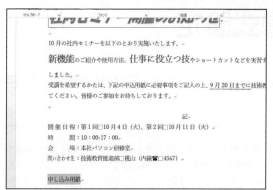

ヒント　同じ動作を繰り返したい場合

[拡張書式] ボタンを使用して文字列の解除を行った後、他の均等割り付けを解除したい文字列にカーソルを移動して**F4**キーを押すことにより、続けて均等割り付けを解除することができます。違う操作を行うまで、**F4**キーを押すことにより均等割り付けの解除を行えます。
F4キーは直前の動作を繰り返し行うショートカットキーです。文字の入力、文字飾りの設定、コピーした文字列の貼り付けなど、直前に行ったさまざまな動作を繰り返すことができます。

段落の書式設定

文字列の配置（中央揃えや右揃え）や行間隔、インデントなどの書式は、段落に対して設定します。

Wordには文章を編集する際の単位として「段落」という単位があります。段落とは**Enter**キーを押して作成される文章のブロックで、ブロックの末尾には ↵（段落記号）が表示されます。この段落記号の次の行から次の段落記号までを「1段落」といいます。

1段落です。

2段落を範囲選択している状態です。

↵（段落記号）までが1つの段落です。
この9行の文章は3段落で構成されています。

■ 段落書式の設定

中央揃えや右揃えなどの文字列の配置、行間隔、インデント、タブは段落単位で設定することができます。これらの段落単位で設定する書式を「段落書式」といい、[ホーム] タブの [段落] グループのボタンで設定することができます。

■ 完成例

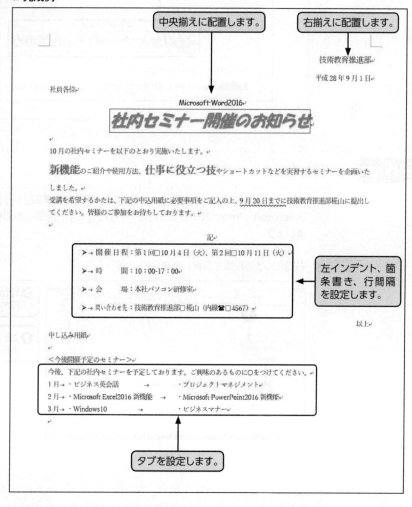

第 2 章 文書の編集 | 53

文字配置の変更

入力した文字列を余白の内側の範囲で「中央揃え」や「右揃え」に配置することができます。配置を変更した後、対象の段落に文字を追加したり削除したりしても、設定した中央揃えや右揃えの配置はそのまま保たれます。

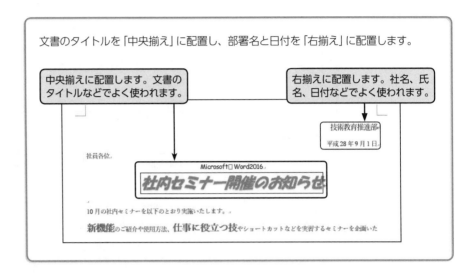

文書のタイトルを「中央揃え」に配置し、部署名と日付を「右揃え」に配置します。

中央揃えに配置します。文書のタイトルなどでよく使われます。

右揃えに配置します。社名、氏名、日付などでよく使われます。

操作 👉 文字列を右揃え、中央揃えにする

1行目の「技術教育推進部」と2行目の「平成28年9月1日」を右揃えに、4行目の「Microsoft　Word2016」と5行目の「社内セミナー開催のお知らせ」を中央揃えに配置しましょう。

Step 1 右揃えにする段落を選択します。

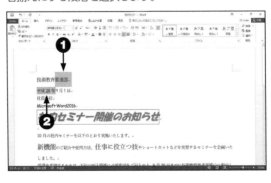

❶ 1行目の「技術教育推進部」の行内をクリックします。

❷ 2行目の「平成28年9月1日」の行内までドラッグします。

Step 2 右揃えに配置します。

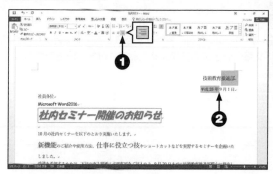

❶[右揃え] ボタンをクリックします。

❷文字列が右揃えに配置されたことを確認します。

Step 3 中央揃えに配置します。

❶4行目の「Microsoft Word 2016」と5行目の「社内セミナー開催のお知らせ」を行選択します。

❷[中央揃え] ボタンをクリックします。

❸文字列が中央揃えに配置されたことを確認します。

ヒント　文字列の配置を解除するには

文字列の配置を設定すると、[中央揃え] ボタンなどの背景色が水色に変わります。設定を解除するには、文字列の配置が変更されている段落を選択し、同じボタンをもう一度クリックします。

ヒント　段落の選択方法

1段落を選択するには、対象の段落内にカーソルを移動するか、行単位の選択で対象の段落のすべての行を選択します。
複数の段落を選択するには、各段落の一部を含むようにドラッグするか、行単位の選択で対象の段落のすべての行を選択します。

インデントの設定

用紙の左余白(または右余白)からさらに内側に字下げすることを「インデント」といいます。インデントを設定して余白からさらに内側に文章の表示位置を揃えることで、対象の段落を強調し、文書にメリハリをつけることができます。

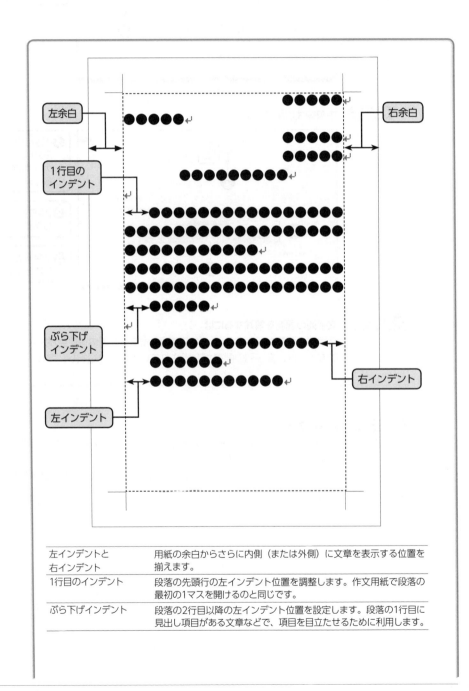

左インデントと右インデント	用紙の余白からさらに内側(または外側)に文章を表示する位置を揃えます。
1行目のインデント	段落の先頭行の左インデント位置を調整します。作文用紙で段落の最初の1マスを開けるのと同じです。
ぶら下げインデント	段落の2行目以降の左インデント位置を設定します。段落の1行目に見出し項目がある文章などで、項目を目立たせるために利用します。

■ インデントとインデントマーカーの関係

インデントは、ルーラーのインデントマーカーを使うと簡単に設定できます。ルーラーの表示と非表示は、[表示]タブの[表示]グループにある[ルーラー]チェックボックスで切り替えられます。

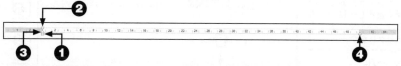

マーカー名	機能
❶ 左インデントマーカー	左のインデント位置を設定します。
❷ 1行目のインデントマーカー	段落の先頭行の左インデント位置を設定します。
❸ ぶら下げインデントマーカー	段落の2行目以降の左インデント位置を設定します。
❹ 右インデントマーカー	右のインデント位置を設定します。

■ インデントの例

左側には、異なるインデントを3とおり設定できます。
使用するインデントマーカーは以下のとおりです。

操作☞ 左インデントを設定する

14行目の「開催日程」から17行目「(内線☎ 4567)」までの4段落に、約5文字分の左インデントを設定しましょう。

Step 1 インデントを設定する段落を選択します。

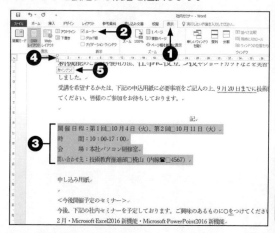

❶[表示]タブをクリックします。

❷[ルーラー]をクリックしてオンにします。

❸14行目の「開催日程」から17行目「(内線☎ 4567)」までの4段落を選択します。

❹[左インデント]マーカーをポイントします。

❺「左インデント」と表示されていることを確認します。

Step 2 左インデントを設定します。

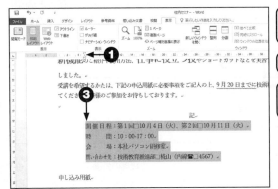

❶ [左インデント] マーカーを約5文字分右にドラッグします。

❷ マウスのボタンを離します。

❸ 左インデントが設定されたことを確認します。

> **ヒント**
> **最初の行にインデントを設定するには**
> インデントを設定したい段落を選択し、[1行目のインデント] マーカーをドラッグします。

> **ヒント**
> **インデントを解除するには**
> インデントが設定された段落を選択し、インデントマーカーを元の位置までドラッグします。

> **ヒント**

インデントを文字数で指定するには

[段落] ダイアログボックスを利用すると、各インデントを文字数で正確に指定することができます。手順は次のとおりです。

1. [ホーム] タブの [段落] グループ右下の [段落の設定] ボタンをクリックします。
2. [段落] ダイアログボックスの [インデントと行間隔] タブをクリックし、[左]、[右]、[幅] の各テキストボックスに文字数を指定します。各テキストボックスに「0」を指定すると、一度にインデントを解除できます。

また、段落を選択して [ホーム] タブの [インデントを増やす] ボタンをクリックすると1字分ずつ左インデントを設定することができ、[インデントを減らす] ボタンをクリックすると1字分ずつ解除することができます。

タブの設定

Tabキーを利用して、文字列を配置する位置を揃える機能を「タブ」といいます。複数の文字列を1行内に並べて表示したい場合などに利用します。既定では**Tab**キーを1度押すごとに4文字単位の左揃えタブが設定されていますが、この間隔は段落ごとに自由に変更することができます。

タブの種類は既定で左揃えタブが選択されています。設定するタブの種類を切り替えるには、水平ルーラーの左側にある L をクリックします。 ⊥ (中央揃えタブ)、 ⌐ (右揃えタブ)、 ⊥ (小数点揃えタブ)、 | (縦棒タブ)、 ♡ (1行目のインデント)、 △ (ぶら下げインデント) の順に表示が変わります。たとえば、 ⌐ (右揃えタブ) が表示されているときに水平ルーラー上をクリックすると、その位置に右揃えタブが設定されます。

ヒント
編集記号の表示
Tabキーを押すと、タブが挿入されたことを表す →（タブ）記号が表示されます。**Tab**キーを押しても→が表示されない場合は、[ホーム] タブの [編集記号の表示/非表示] ボタンをクリックして編集記号を表示します。

編集記号の表示/非表示

L 左揃えタブ：指定されたタブ位置で文字列の先頭の文字を左に揃えて配置

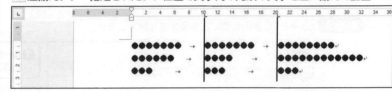

⊥ 中央揃えタブ：指定されたタブ位置で文字列を中央に揃えて配置

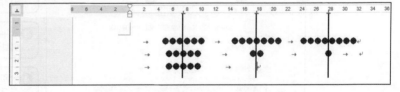

⌐ 右揃えタブ：指定されたタブ位置で文字列の最後の文字を右に揃えて配置

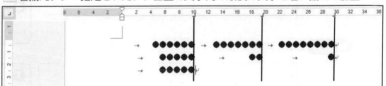

⊥ 小数点揃えタブ：指定されたタブ位置で数値の小数点の位置を揃えて配置

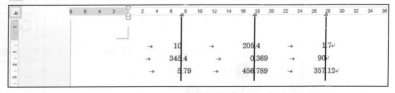

| 縦棒タブ：指定されたタブ位置に縦線を配置

操作 **タブを設定する**

23行目「2月」から25行目「プロジェクトマネジメント」までの3段落に対して、3字と20字の位置にタブを設定しましょう。設定後、23行目から25行目に入力されている「月」と「セミナー名」の間に左揃えタブを入力しましょう。

Step 1 3字と20字の位置に左揃えタブを設定します。

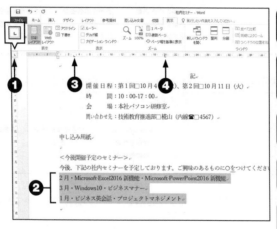

❶ルーラーが左揃えタブになっていることを確認します。

❷23行目「2月」から25行目「プロジェクトマネジメント」までの3段落を選択します。

❸水平ルーラーの約3字の位置をクリックします。

❹水平ルーラーの約20字の位置をクリックします。

❺水平ルーラーの3字と20字の位置にタブマーカーが表示されたことを確認します。

Step 2 タブを入力します。

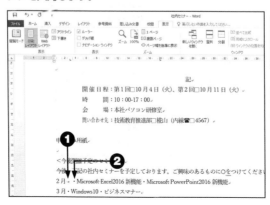

❶23行目「・Microsoft Excel 2016新機能」の左の位置にカーソルを移動し、**Tab**キーを押します。

❷23行目「・Microsoft Excel 2016新機能」が3字の位置に移動したことを確認します。

Step 3 各セミナーの表示位置を3字、20字の位置に揃えます。

❶各セミナーの「・」の左にカーソルを移動し、**Tab**キーを押します。

❷各セミナーの表示位置が3字、20字の位置に揃えられたことを確認します。

💡 **ヒント**
タブを解除するには
タブを設定した段落を選択し、水平ルーラーに表示されたタブマーカーを文書内にドラッグすると、タブを解除することができます。

💡 **ヒント**
タブ位置を文字数で指定するには
[タブとリーダー]ダイアログボックスを利用すると、タブを設定する位置を文字数で指定することができます。設定方法は次のとおりです。

1. [ホーム]タブの[段落]グループ右下の[段落の設定]ボタンをクリックします。
2. [段落]ダイアログボックスの[タブ設定]をクリックします。
3. [タブとリーダー]ダイアログボックスの[タブ位置]ボックスに、タブを設定したい文字位置を入力します。
4. [配置]からタブの種類を選択します。
5. リーダー(右下の図を参照)を使用する場合はリーダーの種類を選択します。
6. [設定]をクリックします。
7. すべてのタブ位置の指定が完了したら[OK]をクリックします。

■ 設定例

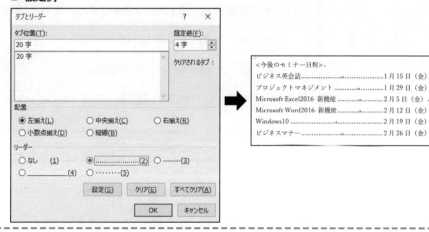

第2章 文書の編集

箇条書きの設定

段落の先頭に記号や番号を付けることができます。箇条書きの文章を読みやすくまとめたい場合に利用します。ここでは、段落の先頭に記号を付ける方法について学習します。

■ **箇条書き**
次のように、段落の先頭に指定した種類の記号（■や●、➢など）を表示することができます。

- ● 開 催 日 程：平成28年10月4日（火）
- ● 時　　　　間：10：00-17：00
- ● 会　　　　場：本社パソコン研修室
- ● 問い合わせ先：技術教育推進部　椛山　（内線☎　4567）

■ **段落番号**
次のように、段落の先頭に指定した種類の番号（「①②③・・・」や「1.2.3.・・・」、「A) B) C)・・・)」など）を表示することができます。

1. 開 催 日 程：平成28年10月4日（火）
2. 時　　　　間：10：00-17：00
3. 会　　　　場：本社パソコン研修室
4. 問い合わせ先：技術教育推進部　椛山　（内線☎　4567）

■ **完成例**

記

- ➢ 開 催 日 程：第1回□10月4日（火）、第2回□10月11日（火）
- ➢ 時　　　　間：10：00-17：00
- ➢ 会　　　　場：本社パソコン研修室
- ➢ 問い合わせ先：技術教育推進部□椛山（内線☎□4567）

操作 ☞ 段落の先頭に記号を付ける

14行目「開催日程」から17行目「問合せ先」までの4段落の先頭に「➢」を付けましょう。

Step 1 箇条書きの記号を付ける段落を選択します。

❶14行目「開催日程」から17行目「問合せ先」までの4段落を選択します。

Step 2 箇条書きの記号を選択します。

❶[ホーム]タブの[箇条書き]ボタンの▼をクリックします。

❷行頭文字ライブラリの一覧から➢をクリックします。

Step 3 選択を解除して、段落の先頭に記号が付いたことを確認します。

💡 ヒント
箇条書きを解除するには
箇条書きを設定した段落を選択し、[箇条書き]ボタンをクリックします。

ヒント 段落にその他の記号を付けるには
箇条書き記号には、[箇条書き] ボタンをクリックして表示される記号以外も設定できます。手順は次のとおりです。
1. [ホーム] タブの [箇条書き] ボタンの▼をクリックし、[新しい行頭文字の定義] をクリックします。
2. [新しい行頭文字の定義] ダイアログボックスの [記号] をクリックします。
3. [記号と特殊文字] ダイアログボックスで段落の先頭に付ける記号を選択し、[OK] をクリックします。

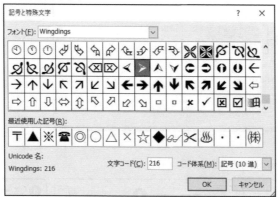

ヒント 段落に番号を付けるには
段落に番号を付けたい場合は次の方法で行います。
1. 番号を付けたい段落を選択します。
2. [ホーム] タブの [段落番号] ボタンの▼をクリックし、番号ライブラリの一覧から段落番号の書式を選択します。

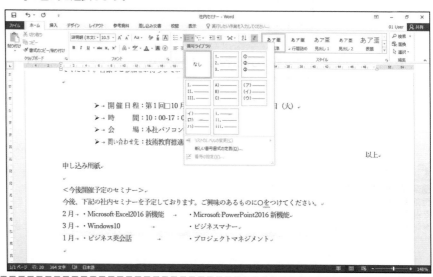

行間の変更

Wordでは、行の下端から次の行の下端までの間隔のことを「行間」といいます。行間の設定値を変更すると、選択されている段落のすべての行の行間が調整されます。

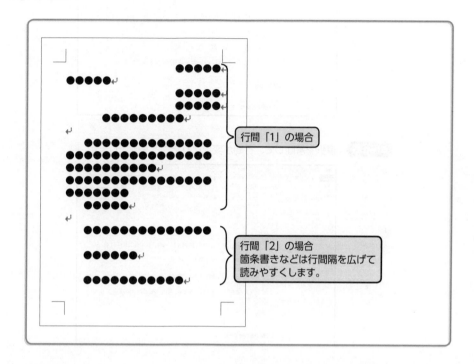

操作☞ 行間を変更する

14行目「開催日程」から17行目「問い合せ先」までの4段落の行間を「1.5」に変更しましょう。

Step 1 行間を変更する段落を選択します。

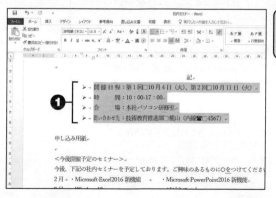

❶14行目「開催日程」から17行目「問い合せ先」までの4段落を選択します。

第2章 文書の編集

Step 2 行間を変更します。

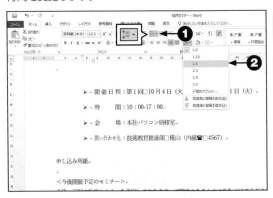

❶ [行と段落の間隔] ボタンをクリックします。

❷ [1.5] をクリックします。

Step 3 選択を解除して、行間が変更されたことを確認します。

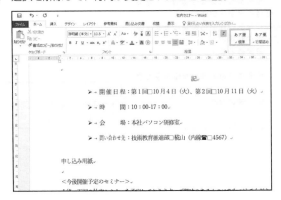

💡 ヒント　行間を微調整するには

[段落] ダイアログボックスを使うと、行間をポイント単位で指定して、微調整することができます。手順は次のとおりです。

1. [ホーム] タブの [行と段落の間隔] ボタンをクリックし、[行間のオプション] を選択します。
2. [段落] ダイアログボックスで [インデントと行間隔] タブをクリックします。
3. [行間] ボックスから [固定値] または [最小値] を選択します。
4. [間隔] ボックスにポイント単位で行間隔を指定します。

固定値	対象の段落に入力された文字に関係なく、行間を指定した値に固定します。
最小値	[間隔] ボックスに指定した値より大きなサイズの文字が対象の段落に入力されている場合、その文字に合わせて行間が調整されます。

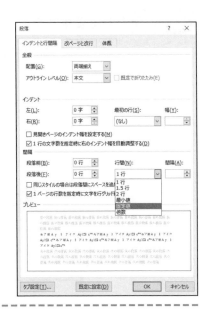

段落の並べ替え

入力した文章は段落単位で日付や五十音順などに並べ替えることができます。ここでは、段落単位で並べ替える方法について学習します。

[並べ替え] ダイアログボックスの [種類] の一覧から選択できる並べ替えの種類は次のとおりです。

種類	並べ替えの順序
JISコード	JISコード番号順（半角1～9、A～Z、a～z、あ～ん、ア～ン、漢字）の順に並べ替えられます。
数値	全角、半角を区別しないで値の小さい順に並べ替えられます。
日付	日付と時刻の順に並べ替えられます。
五十音順	「A～Z、あ～ん」の順に並べ替えられます。ひらがな、カタカナは区別しません。

操作 段落単位で並べ替える

23行目「2月」から25行目「1月」までの3段落を並べ替えましょう。

Step 1 並べ替える段落を選択し、[並べ替え] ダイアログボックスを開きます。

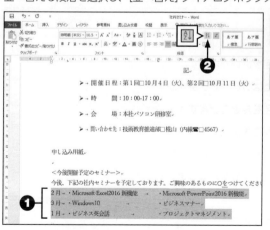

❶ 23行目「2月」から25行目「1月」までの3段落を選択します。

❷ [並べ替え] ボタンをクリックします。

第2章 文書の編集

Step 2 段落を並べ替えます

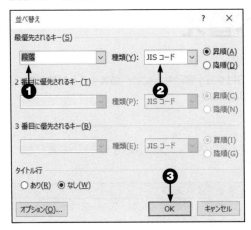

❶ [最優先されるキー] ボックスで「段落」が選択されていることを確認します。

❷ [種類] ボックスで「JISコード」が選択されていることを確認します。

❸ [OK] をクリックします。

Step 3 選択を解除し、段落が並べ替えられていることを確認します。

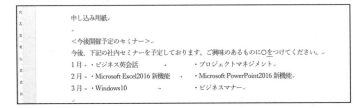

Step 4 🖫 [上書き保存] ボタンをクリックして文書を上書き保存します。

📶 この章の確認

☐ 文字単位や行単位で範囲を選択できますか？

☐ 選択した文章を移動またはコピーできますか？

☐ 文字のサイズや書体、色を変更できますか？

☐ 文字に下線を引くことができますか？

☐ 文字列を均等割り付けすることができますか？

☐ 文字列の配置(中央揃えや右揃え)を変更できますか？

☐ 段落にインデントを設定できますか？

☐ 段落にタブを設定できますか？

☐ 段落に箇条書きや段落番号を設定できますか？

☐ 段落の行間隔や段落間隔を変更できますか？

☐ 段落を並べ替えることができますか？

問題 2-1

文字のフォントサイズ、書体、種類を変更し、均等割り付けや下線を設定しましょう。また、文字列の配置の変更、行や段落の間隔の変更、タブの設定をしましょう。

1. ［復習問題］フォルダーから「復習2-1　歓迎会」を開きましょう。
2. 21行目の「＜10月に異動してきた方々＞」のフォントサイズを14ポイントに変更し、太字と二重下線を設定しましょう。
3. 28行目の「氏名」と29行目の「参加・不参加」のフォントサイズを16ポイントに変更し、フォントを「HG創英角ゴシックUB」に変更しましょう。
4. 16行目の「日時平成28年10月14日（金）」を13行目に移動しましょう。
5. 9行目の「10月7日（金）」に波線の下線を設定しましょう。
6. 13行目の「日時」、14行目の「場所」、15行目の「TEL」、16行目の「参加費」が3文字幅になるように、均等割り付けを設定しましょう。
7. 1行目の「平成28年10月3日」と3行目の「総務部　本田」を右揃えにし、26行目の「切り取り線」を中央揃えにしましょう。
8. 13行目の「日時」から16行目の「5,000円」までの段落の後に間隔を追加しましょう。
9. 22行目の「吉田秀雄」から24行目の「（名古屋支店より異動）」までの行間隔を1.5に変更しましょう。
10. 13行目の「日時」から16行目の「5,000円」までの4段落の14文字目にタブを設定してから、項目名（「日時」、「場所」など）と内容の間にタブを入力しましょう。
11. 13行目の「日時」から16行目の「5,000円」までの4段落と、20行目の「吉田秀雄」から22行目の「（名古屋支店より異動）」までの3段落に約6文字分の左インデントを設定しましょう。
12. ［保存用］フォルダーに「復習2-1　歓迎会」という名前で保存して閉じましょう。

完成例

平成 28 年 10 月 3 日

関係者各位

総務部　本田

歓迎会のお知らせ

10月の人事異動で、3名が総務部に異動してきました。新しい仲間との親交を深めるため、下記のように歓迎会を開催したいと存じます。
つきましては、下記フォームにご記入いただき<u>10月7日（金）</u>までに、本田（内線　4587）にご提出いただきたくお願いします。

記

日　時　→　平成 28 年 10 月 14 日（金）

場　所　→　居酒屋「いっぺい」（みさき銀行となりのビル　1 階）

T E L　→　☎03-1234-5678

参加費　→　5,000 円

以上

＜10月に異動してきた方々＞

吉田秀雄（新潟支社より異動）

斉藤明人（大阪支社より異動）

森崎一郎（名古屋支社より異動）

切り取り線

氏名

参加・不参加

問題 2-2

文字を他の場所にコピーをしましょう。文字のフォントサイズと色を変更し、均等割り付けや下線を設定しましょう。文字列の配置を変更し、インデントや箇条書き記号を設定しましょう。

1. ［復習問題］フォルダーから「復習2-2　社員旅行」を開きましょう。

2. 12行目の「☎」を13行目の「内線」の後ろにコピーしましょう。

3. 5行目の「社員旅行のご案内」のフォントサイズを24ポイントに変更し、「塗りつぶし：ゴールド、アクセントカラー4；面取り（ソフト）」の文字の効果と体裁を設定しましょう。

4. 10行目の「日程」と 15行目の「料金および集合時間」のフォントサイズを12ポイントに変更し、太字と二重下線を設定しましょう。

5. 11行目の「日時」、「宿泊先」、「担当者」が6文字幅になるように均等割り付けを設定しましょう。

6. 1行目の「福利厚生課」、2行目の「平成28年10月3日」を右揃えにし、5行目の「社員旅行のご案内」を中央揃えにしましょう。

7. 7行目の「今年も」から8行目の「ご参加ください。」までの段落の最初の行に、約1文字分のインデントを設定しましょう。

8. 11行目の「日時」から13行目の「担当者」の先頭に、箇条書き記号「◆」を付けましょう。

9. ［保存用］フォルダーに「復習2-2　社員旅行」という名前で保存して閉じましょう。

完成例

福利厚生課
平成 28 年 10 月 3 日

社員各位

社員旅行のご案内

　今年も恒例の社員旅行の時期となりました。下記の通り社員旅行を実施いたします。今年は、現地集合とバスの参加が選べます。皆さま、是非ともご参加ください。

日程

◆　日　　　時：平成 28 年 11 月 12 日（土）～13 日（日）
◆　宿　泊　先：箱根レイクサイド・ビレッジホテル（TEL☎0120-2222-3333）
◆　担　当　者：三枝（福利厚生課　内線☎1234）

料金および集合時間

参加申込書

第3章

表の作成と編集

- ■ 表の概念と構成要素
- ■ 表の挿入
- ■ 表への文字の入力
- ■ 表の編集
- ■ 表のデザインと配置

表の概念と構成要素

表を利用すると、集計値や項目を見やすくまとめたり、文字や画像を整列して配置したりすることができます。

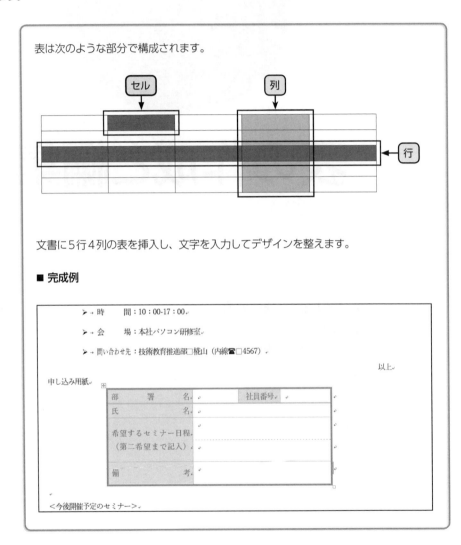

表は次のような部分で構成されます。

文書に5行4列の表を挿入し、文字を入力してデザインを整えます。

■ 完成例

表の挿入

Wordには、表を作成するためのさまざまなツールが用意されています。必要な列数と行数を指定して作成することも、マウスのドラッグ操作で線を引きながら作成することもできます。また、既に入力されたタブ区切りの文字列を表に変換することもできます。

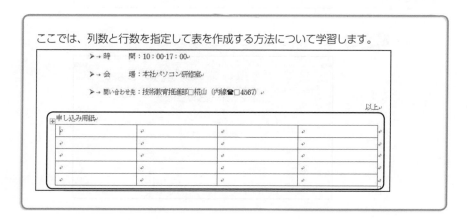

操作 表を挿入する

20行目、「申し込み用紙」の次の行に5行4列の表を挿入しましょう。

Step 1 [保存用] フォルダーにある文書「社内セミナー」を開きます。本章から学習を開始する場合は、[Office2016テキスト] フォルダーにある文書「3章_社内セミナー」を開きます。

Step 2 表を挿入する位置にカーソルを移動します。

❶20行目、「申し込み用紙」の次の行をクリックします。

第3章 表の作成と編集 | 75

Step 3 表を挿入します。

❶ [挿入] タブをクリックします。

❷ [表] ボタンをクリックします。

❸ 5行4列の位置のボックスをクリックします。

ヒント
表のプレビュー
[表] ボタンをクリックしてボックスをポイントすると、表が文書にリアルタイムでプレビューされ、挿入される表を事前に確認できます。

Step 4 表が挿入されたことを確認します。

ヒント
[表ツール] の [デザイン] タブ
文書に表を挿入すると、リボンは表を編集するためのボタンが集められた [表ツール] の [デザイン] タブに自動的に切り替えられます。表以外の編集作業中に、再度 [表ツール] の [デザイン] タブに切り替えるには、表内をクリックします。

ヒント
表を誤って挿入した場合
表を挿入する場所を間違えたり行や列の数を間違えたりした場合、[元に戻す] ボタンで操作を元に戻すことができます。また、次の操作で表を削除することができます。
1. 挿入した表にカーソルを移動します。
2. [表ツール] の [レイアウト] タブをクリックします。
3. [行と列] グループにある [削除] ボタンをクリックし、削除する対象 (セル、行、列、または表) を選択します。セルを選択した場合は [表の行/列/セルの削除] ダイアログボックスが表示されるので、削除後に左または上のどちらに詰めるかを選択します。

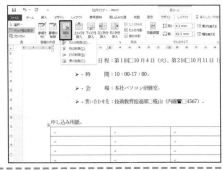

💡ヒント　その他の表の作成方法

表を作成する他の方法として、次のような方法があります。

■ マウスのドラッグ操作で作成する方法

1. [挿入] タブの [表] ボタンをクリックし、[罫線を引く] をクリックします。
2. マウスポインターの形状が ✎ に変わったことを確認し、斜め方向にドラッグして表の外郭の四角形を作成します。
3. 四角形の中で横方向または縦方向にドラッグして罫線を引き、行と列を作成します。
4. 誤った罫線を引いてしまった場合は [表ツール] の [レイアウト] タブにある [罫線の削除] ボタンをクリックし、削除したい罫線をクリックします。再び罫線を引く場合は [罫線を引く] ボタンをクリックします。
5. **Esc** キーを押して作成を終了します。

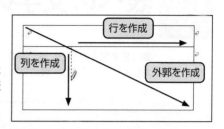

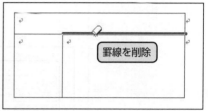

■ 列数と行数を指定して作成する方法

1. 表を挿入する位置にカーソルを移動します。
2. [挿入] タブの [表] ボタンをクリックし、[表の挿入] をクリックします。
3. [表の挿入] ダイアログボックスで作成する表の列数と行数を指定し、[OK] をクリックします。

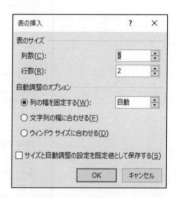

■ タブ区切りの文字列を表に変換する方法

1. 表に変換したいタブ区切りの文字列を選択します。
2. [挿入] タブの [表] ボタンをクリックし、[文字列を表にする] をクリックします。
3. [文字列を表にする] ダイアログボックスで列数と行数を確認し、[OK] をクリックします。

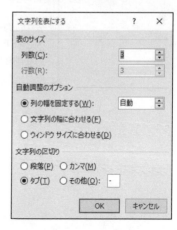

表への文字の入力

表に文字を入力するには、マウスまたはキー操作で文字を入力したいセルにカーソルを移動して入力します。ここでは、表に文字を入力する方法を学習します。

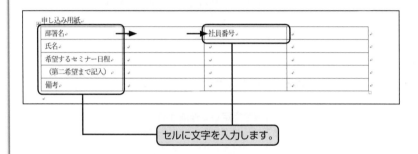

次のキー操作でカーソルを移動することができます。

キー操作	動作
Tabキーまたは→キー	右のセルにカーソルを移動します。 右端のセルにカーソルがある場合は次の行に移動します。
Shift+**Tab**キーまたは←キー	左のセルにカーソルを移動します。 左端のセルにカーソルがある場合は上の行に移動します。
↓キー	下のセルにカーソルを移動します。
↑キー	上のセルにカーソルを移動します。

表中にカーソルがある状態で**Enter**キーを押すと、セル内で改行され、行の高さが拡大されます。誤って**Enter**キーを押してしまった場合は、**BackSpace**キーを押して改行を削除します。

操作　セルに文字を入力する

Step 1　1行目1列目と3列目のセルに文字を入力します。

❶ 1行目1列目のセルをクリックします。

❷ 「部署名」と入力します。

❸ **Tab**キーを2回押してカーソルを1行目3列目のセルに移動します。

❹ 「社員番号」と入力します。

Step 2　同様に他の文字を入力します。

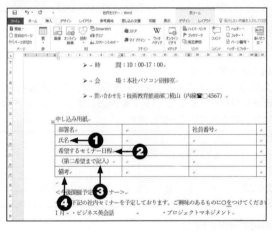

❶ 2行目1列目のセルをクリックし、「氏名」と入力して↓キーを押します。

❷ 3行目1列目のセルに「希望するセミナー日程」と入力して↓キーを押します。

❸ 4行目1列目のセル「(第二希望まで記入)」と入力して↓キーを押します。

❹ 5行目1列目のセルに「備考」と入力します。

第3章　表の作成と編集　79

表の編集

作成した表の列の幅、行の高さ、線の種類や色、セルの背景色を自由に変更することができます。また、複数のセルを結合して1つのセルにしたり、1つのセルを複数のセルに分割したりすることもできます。
各セルに入力する文字列の内容や量を考慮して表の編集を行うことで、見栄えよくバランスのとれた表に仕上げることができます。

表を編集するには、まず編集する範囲を行、列、セルの単位で選択します。

■ 行単位で選択するには
選択する行の左側にマウスポインターを移動し、マウスポインターの形状が ⇗ に変わったときにクリックすると、1行を範囲選択することができます。複数行を選択する場合は上下の方向にドラッグします。

■ 列単位で選択するには
選択する列の上側にマウスポインターを移動し、マウスポインターの形状が ↓ に変わったときにクリックすると、1列を範囲選択することができます。複数列を選択する場合は左右の方向にドラッグします。

■ セル単位で選択するには
選択するセルの内側の左端をポイントし、マウスポインターの形状が ➚ に変わったときにクリックすると、1つのセルを選択することができます。複数のセルを選択する場合はマウスポインターの形状が ➚ のとき、またはセル内をポイントして Ｉ に変わったときにドラッグします。

■ 表全体を選択するには
表をポイントし、表の左上に表示される ✥ (表の移動ハンドル) をクリックして表全体を選択することができます。カーソルを表内に移動して [表ツール] の [レイアウト] タブの [表] グループにある [選択] ボタンをクリックし、[表全体の選択] をクリックして表全体を選択することもできます。

■ 選択を解除するには
行、列、セル、表全体の選択を解除するには、選択範囲以外の場所をクリックします。

行や列の挿入と削除

挿入した表に行や列を追加または削除することができます。

操作 行を挿入する

表の3行目の上に行を挿入しましょう。

Step 1 挿入する行を選択します

❶ 3行目のいずれかのセルをクリックします。

Step 2 行を挿入します。

❶ [表ツール] の [レイアウト] タブをクリックします。

❷ [上に行を挿入] ボタンをクリックします。

❸ 3行目に行が挿入されたことを確認します。

第3章 表の作成と編集 81

ヒント　行と列の挿入ボタンについて

[表ツール] の [レイアウト] タブにある [行と列] グループの各ボタンを利用して、表に行や列を挿入することができます。

ボタン	機能	ボタン	機能
上に行を挿入	選択した行の上の位置に行が挿入されます。	下に行を挿入	選択した行の下の位置に行が挿入されます。
左に列を挿入	選択した列の左の位置に列が挿入されます。	右に列を挿入	選択した列の右の位置に列が挿入されます。

ヒント　[セルの挿入] ボタンを使った挿入

[セルの挿入] ボタンを使用すると、行や列の他にセルの挿入もできます。手順は次のとおりです。

1. セル内にカーソルを移動します。
2. [表ツール] の [レイアウト] タブをクリックし、[行と列] グループ右下の [セルの挿入] ボタンをクリックします。
3. [表の行/列/セルの挿入] ダイアログボックスが表示されたら、目的の操作をクリックして [OK] をクリックします。

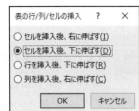

ヒント　行と列の挿入ガイドについて

行や列の境目にマウスポインターを合わせるとガイドが表示されます。クリックすると、ガイドが表示された位置に行や列を挿入することができます。

操作 行を削除する

3行目を削除しましょう。

Step 1 行を削除します。

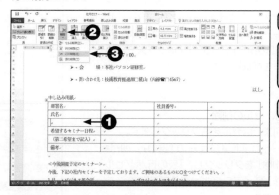

❶ 3行目のセルをクリックします。

❷ [表ツール] の [レイアウト] タブの [削除] ボタンをクリックします。

❸ [行の削除] をクリックします。

Step 2 行が削除されたことを確認します。

ヒント [削除] ボタンについて

[表ツール] の [レイアウト] タブにある [削除] ボタンをクリックすると次のボタンが表示され、表の行、列、セル、および表自体を削除することができます。

ボタン	機能
セルの削除(D)...	選択したセルを削除します。
列の削除(C)	選択した列を削除します。
行の削除(R)	選択した行を削除します。
表の削除(T)	選択した表を削除します。

ヒント　右クリックによる行、列、セルの挿入と削除について

行、列、セルを右クリックして表示されるメニューからも挿入や削除が行えます。

■ 行、列、セルの挿入
1. セルを右クリックします。
2. ショートカットメニューの [挿入] から行や列を挿入する位置をクリックします。[セルの挿入] をクリックした場合は [表の行/列/セルの挿入] ダイアログボックスで目的の操作を選択します。

■ 行、列、セルの削除
1. 行、列またはセルを右クリックします。
2. ショートカットメニューの [表の行/列/セルの削除] をクリックし、[表の行/列/セルの削除] ダイアログボックスで削除方法を選択します。

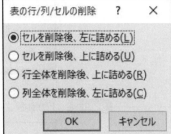

列の幅と行の高さの変更

列の幅や行の高さを調整して、セルのサイズをそれぞれの項目に記入してもらう分量に適したものにしたり、入力されている文字列の幅に合わせて見栄えをよくしたりします。

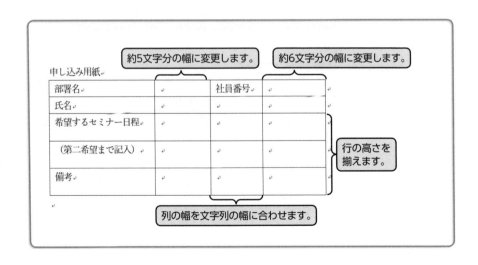

操作 ☞ 列の幅を変更する

2列目を約5文字分の幅に、4列目を約6文字分の幅に変更し、3列目は入力されている文字列の幅に合わせましょう。

Step 1 2列目の幅を変更します。

❶ 2列目の右側の罫線をポイントします。

❷ マウスポインターの形状が ╫ に変わったら、水平ルーラーの18の位置まで左方向へドラッグします。

Step 2 同様に4列目の幅を変更します。

💡 ヒント
列の幅を数値で指定するには
幅を変更したい列を列単位で選択し、[表ツール] の [レイアウト] タブにある [セルのサイズ] グループの [列の幅の設定] ボックスで数値を指定します。

❶ 4列目の右側の罫線をポイントします。

❷ マウスポインターの形状が ╫ に変わったら、水平ルーラーの44の位置まで左方向へドラッグします。

Step 3 3列目の幅を文字列に合わせます。

💡 ヒント
列の幅を均等に揃えるには
対象の列を範囲選択し、[表ツール] の [レイアウト] タブにある [セルのサイズ] グループの [幅を揃える] ボタンをクリックします。

❶ 3列目の右側の罫線をポイントします。

❷ マウスポインターの形状が ╫ に変わったら、ダブルクリックします。

❸ 文字列に合わせて3列目の列の幅が調整されたことを確認します。

第3章 表の作成と編集

操作 行の高さを変更する

5行目の行の高さを3行分に変更してから、3～5行目の行の高さを揃えましょう。

Step 1 5行目の行の高さを変更します。

❶ 5行目のセルの下側の罫線をポイントします。

❷ マウスポインターの形状が⇳に変わったら、約2行分下にドラッグします。

Step 2 行の高さを揃えます。

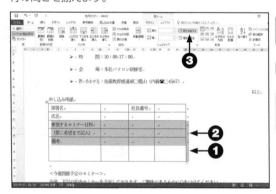

❶ 5行目の行の高さが変更されたことを確認します。

❷ 3～5行目を選択します。

❸ ［表ツール］の［レイアウト］タブの［高さを揃える］ボタンをクリックします。

Step 3 3～5行目の行の高さが揃ったことを確認します。

セルの結合と分割

複数のセルを1つのセルとして結合したり、1つのセルを複数のセルに分割したりすることにより、さまざまな構造の表を作成することができます。

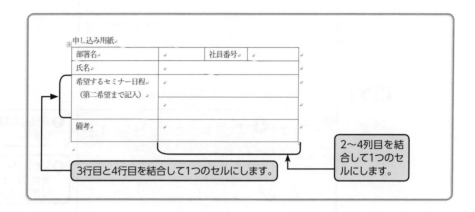

操作☞ セルを結合する

2～5行目の2～4列目のセルを結合し、1列目の3行目と4行目のセルを結合しましょう。

Step 1 2行目の2～4列目のセルを範囲選択します。

❶2行目の2列目のセルをポイントします。

❷マウスポインターの形状がIに変わったら、4列目まで右方向にドラッグします。

❸2～4列目のセルが灰色にハイライトされ、選択されたことを確認します。

Step 2 選択したセルを結合します。

❶[表ツール]の[レイアウト]タブが選択されていることを確認します。

❷[セルの結合]ボタンをクリックします。

💡 ヒント
セルの結合ボタン
[セルの結合]ボタンは複数セルを範囲選択していない状態のときは色が薄く表示され、利用できません。

第3章 表の作成と編集 | **87**

Step 3 同様に3～5行目の2～4列目のセルを結合します。

Step 4 3行目と4行目の1列目のセルを結合します。

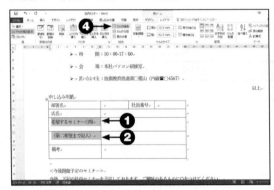

❶ 3行目1列目のセルをポイントします。

❷ マウスポインターの形状がIに変わったら、4行目まで下方向にドラッグします。

❸ 3、4行目のセルが灰色にハイライトされ、選択されたことを確認します。

❹ ［表ツール］の［レイアウト］タブの［セルの結合］ボタンをクリックします。

Step 5 セルが結合されたことを確認します。

💡 ヒント　**セルを分割するには**

1つのセルを複数のセルに分割するには、分割したいセルを選択して［表ツール］の［レイアウト］タブの［セルの分割］ボタンをクリックします。［セルの分割］ダイアログボックスが表示されるので、分割する列数や行数を指定して［OK］をクリックします。指定した列数、行数にセルが分割されます。

表のデザインと配置

作成した表の線の種類や色、セルの背景色などを変更することで、表中の重要な部分を強調することや表を見栄えよく整えることができます。また、セルの中での文字の配置や文書内での表の配置を変更することができます。

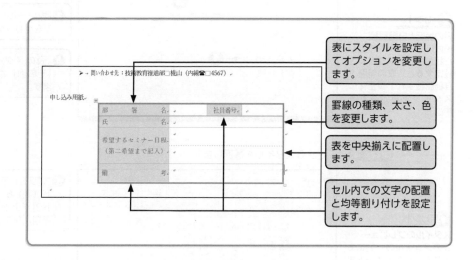

表のスタイルの利用

Wordでは、あらかじめ多数の表のスタイルが用意されています。表にスタイルを適用することで、表の線の色や種類、セルの色などのデザインを簡単に設定することができます。また、新しい表のスタイルに名前を付けて登録し、繰り返し利用することもできます。

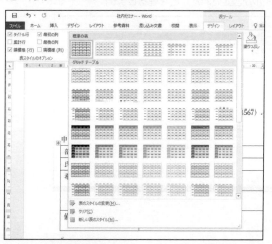

第3章 表の作成と編集

操作☞ 表にスタイルを設定する

表にスタイル「グリッド(表)6 カラフル-アクセント2」を設定しましょう。

Step 1 表を選択し、表のスタイルの一覧を表示します。

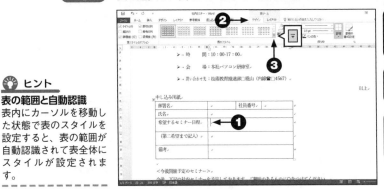

❶ 表内をクリックし、表内にカーソルが移動したことを確認します。

❷ [表ツール]の[デザイン]タブをクリックします。

❸ [表のスタイル]グループの[その他]ボタンをクリックします。

 ヒント
表の範囲と自動認識
表内にカーソルを移動した状態で表のスタイルを設定すると、表の範囲が自動認識されて表全体にスタイルが設定されます。

Step 2 設定するスタイルを選択します。

❶ [グリッドテーブル]の[グリッド(表)6 カラフル-アクセント2](上から6番目、左から3番目)をクリックします。

ヒント
スタイルのプレビュー
表のスタイルの一覧にあるスタイルをポイントすると、表がポイントしているスタイルで表示され、結果を確認することができます。クリックして選択するまでスタイルは適用されません。

Step 3 表にスタイルが設定されたことを確認します。

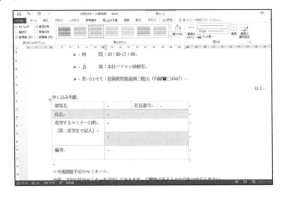

操作 表のスタイルのオプションを変更する

行単位の塗りつぶしを解除し、列単位で塗りつぶしが設定されるようにスタイルのオプションを変更しましょう。

Step 1 タイトル行（1行目）のデザインを解除します。

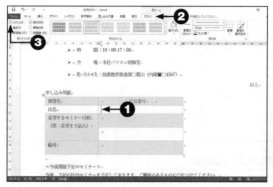

❶表内にカーソルがあることを確認します。

❷[表ツール]の[デザイン]タブが選択されていることを確認します。

❸[タイトル行]のチェックボックスをオフにします。

❹タイトル行（1行目）のスタイルが解除されたことを確認します。

Step 2 同様に、最初の列（1列目）と縞模様（行）のデザインを解除します。

❶[最初の列]と[縞模様（行）]のチェックボックスをオフにします。

❷最初の列（1列目）のテキストの太字スタイルと行単位の塗りつぶしの設定が解除されたことを確認します。

Step 3 [縞模様（列）]のデザインを設定します。

❶[縞模様（列）]のチェックボックスをオンにします。

❷列単位の塗りつぶしが設定されたことを確認します。

ヒント
表スタイルのオプション
[表スタイルのオプション]グループの各チェックボックスを調整後、[表のスタイル]グループの[その他]ボタンをクリックすると、設定したオプションが適用されたスタイル一覧からスタイルを適用することができます。

第3章 表の作成と編集 91

文字の配置

セルの高さや幅に合わせて、セルの中で文字列をバランスよく配置することができます。

［表ツール］の［レイアウト］タブにある［配置］グループのボタンを使って、次のようにセル内で文字列の配置を変更できます。

■ **両端揃え(上)(既定値)**

■ **中央揃え**

■ **中央揃え(右)**

操作 文字の配置を変更する

1列目と3列目の文字列がセルの縦横の中央に表示されるように配置し、1列目のセルの中で文字列を均等割り付けしましょう。

Step 1 文字列の配置を変更するセルを選択します。

❶1列目を選択します。

Step 2 文字列をセルの中央に配置します。

❶[表ツール]の[レイアウト]タブをクリックします。

❷[中央揃え]ボタンをクリックします。

❸文字列がセルの中央に配置されたことを確認します。

Step 3 1行目3列目の文字列をセルの中央に配置します。

❶1行目3列目のセル内をクリックします。

❷[中央揃え]ボタンをクリックします。

❸文字列がセルの中央に配置されたことを確認します。

第3章 表の作成と編集 | 93

Step 4 1列目の文字列をセル内で均等割り付けします。

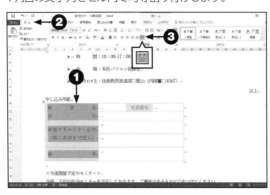

❶ 1列目を選択します。

❷ [ホーム] タブをクリックします。

❸ [均等割り付け] ボタンをクリックします。

❹ 文字列がセル内で均等割り付けされたことを確認します。

罫線の種類の変更

表にスタイルを設定した後でも、罫線のスタイルを変更することや新しい罫線を引くことができます。

操作☞ 罫線の種類を変更する

表の外枠を3ポイントの太線、1行目の下罫線を二重線、2列目3行目のセルの下罫線を点線にしましょう。罫線の色はすべて「オレンジ、アクセント2」にします。

Step 1 表を選択します。

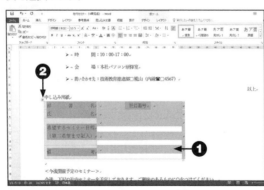

❶ 表をポイントします。

❷ 左上に表示される⊞をクリックします。

❸ 表全体が選択されたことを確認します。

💡 **ヒント**
表の移動ハンドル
⊞（表の移動ハンドル）をドラッグすると、表を文書内の任意の位置に移動することができます。

Step 2 線の太さを変更します。

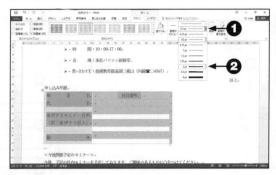

❶ [表ツール] の [デザイン] タブの [ペンの太さ] ボックスをクリックします。

❷ [3pt] をクリックします。

Step 3 線の色として「オレンジ、アクセント2」を設定します。

❶ [ペンの色] ボタンをクリックします。

❷ [オレンジ、アクセント2] をクリックします。

Step 4 外枠の太さを変更します。

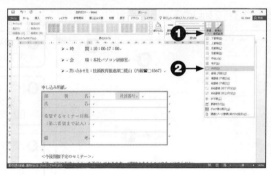

❶ [表ツール] の [デザイン] タブの [罫線] ボタンの▼をクリックします。

❷ [外枠] をクリックします。

Step 5 二重線を設定します。

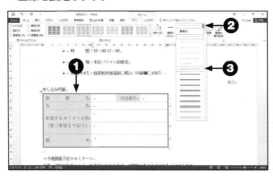

① 表全体の選択を解除して表内をクリックし、表内にカーソルが移動したことを確認します。

② [ペンのスタイル] ボックスをクリックします。

③ 二重線（上から8番目）を選択します。

④ マウスポインターの形状が に変わったことを確認します。

Step 6 1行目の下罫線を二重線にします。

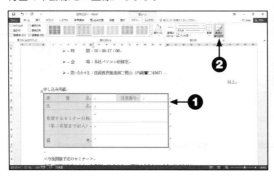

① 1行目の下の罫線をドラッグします。

② [罫線の書式設定] ボタンをクリックしてオフにします。

Step 7 [罫線] ボタンで3行2列目の下罫線を点線にします。

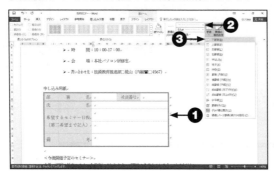

① 3行2列目のセルをクリックします。

② [ペンのスタイル] ボックスをクリックし、点線（上から5番目）をクリックします。

③ [罫線] ボタンの▼をクリックし、[下罫線] をクリックします。

> 💡 **ヒント**　**罫線を引く操作を終了するには**
> ペンのスタイル、太さ、色のいずれかを選択すると、マウスポインターの形状が変わって [罫線の書式設定] ボタンがオンになります。**Esc**キーを押すか [罫線の書式設定] ボタンをクリックすると、マウスポインターの形状が元に戻り [罫線の書式設定] ボタンがオフになります。

ヒント [線種とページ罫線と網かけの設定]ダイアログボックスを使用した罫線の設定

[表ツール]の[デザイン]タブにある[罫線]ボタンの▼をクリックし、[線種とページ罫線と網かけの設定]をクリックすると、[線種とページ罫線と網かけの設定]ダイアログボックスが表示されます。[罫線]タブでは選択している表の罫線の設定をまとめて行うことができます。

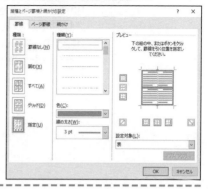

ヒント 段落に罫線を引くには

表の罫線を引くときと同じような操作で、文章の段落に罫線を引くことができます。手順は次のとおりです。
1. 罫線を引きたい段落を選択します。
2. [ホーム]タブの[罫線]ボタンの▼をクリックし、罫線を引く場所を選択します。[線種とページ罫線と網かけの設定]を選択すると、罫線の種類や色を変更することができます。

ヒント ページ罫線

ページ罫線を設定すると、ページの周りに罫線を引いて文書を華やかな印象にすることができます。設定方法は次のとおりです。
1. [ホーム]タブの[罫線]ボタンの▼をクリックし、[線種とページ罫線と網かけの設定]をクリックします。
2. [ページ罫線]タブをクリックします。
3. [種類]の一覧から[囲む]をクリックし、線の種類、色、太さを選択するか、[絵柄]ボックスで絵柄を選択します。
4. プレビューで確認し[OK]をクリックします。

ヒント　ページ罫線の削除

[線種とページ罫線と網かけの設定]ダイアログボックスの[ページ罫線]タブの[種類]の一覧から[罫線なし]をクリックすると、ページ罫線を削除できます。

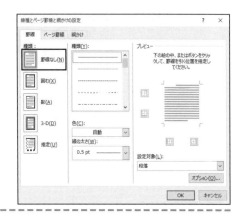

重要　ページ罫線の設定範囲について

ページ罫線は通常文書全体に表示されます。設定対象を変更したい場合は、[ページ罫線]タブの[設定対象]の▼をクリックし、設定対象を選択します。

表の配置

文書内でバランスよく表を配置することができます。

操作　表の配置を変更する

表を中央揃えに配置しましょう。

Step 1 表を中央に配置します。

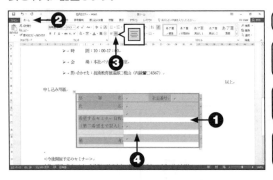

❶表全体を選択します。

❷[ホーム]タブをクリックします。

❸[中央揃え]ボタンをクリックします。

❹表が中央に配置されたことを確認します。

Step 2 [上書き保存]ボタンをクリックして文書を上書き保存します。

この章の確認

- ☐ 表を作成できますか？
- ☐ 表に文字列を入力できますか？
- ☐ 行や列の挿入と削除ができますか？
- ☐ 行の高さや列の幅を変更できますか？
- ☐ セルの結合や分割ができますか？
- ☐ 表にスタイルを設定できますか？
- ☐ 表スタイルのオプションを変更できますか？
- ☐ セル内の文字列の配置を変更できますか？
- ☐ 罫線の種類を変更できますか？
- ☐ 表の配置を変更できますか？

問題 3-1

文書に表を挿入し、サイズと配置を変更しましょう。

1. ［復習問題］フォルダーから「復習3-1　歓迎会」を開きましょう。
2. 17行目の位置に1行2列の表を挿入し、表に次のように文字を入力しましょう。

| HPアドレス | http://www.ippeiXXXX.com |

3. 表の1列目の幅を30mm、2列目の幅を60mmに変更しましょう。
4. 表を中央揃えにしましょう。
5. ［保存用］フォルダーに「復習3-1　歓迎会」という名前で保存して閉じましょう。

完成例

平成 28 年 10 月 3 日

関係者各位

総務部 本田

歓迎会のお知らせ

10 月の人事異動で、3 名が総務部に異動してきました。新しい仲間との親交を深めるため、下記のように歓迎会を開催したいと存じます。
つきましては、下記フォームにご記入いただき 10 月 7 日（金）までに、本田（内線 4587）にご提出いただきたくお願いします。

記

日　時	→	平成 28 年 10 月 14 日（金）
場　所	→	居酒屋「いっぺい」（みさき銀行となりのビル 1 階）
Ｔ Ｅ Ｌ	→	☎03-1234-5678
参加費	→	5,000 円

| HP アドレス | http://www.ippeiXXXX.com |

以上

＜10 月に異動してきた方々＞

吉田秀雄（新潟支社より異動）

斉藤明人（大阪支社より異動）

森崎一郎（名古屋支社より異動）

切り取り線

氏名

参加・不参加

問題 3-2

文書に表を挿入し、サイズやスタイル、文字の配置を変更しましょう。

1. ［復習問題］フォルダーから「復習3-2　社員旅行」を開きましょう。

2. 16行目の位置に3行3列の表を挿入し、次のように文字を入力しましょう。

集合方法	料金	集合場所および時間
バス	10,000円（昼食、夕食、朝食付き）	本社1階玄関前に8時集合
現地集合	7,000円（夕食、朝食付き）	17時までにホテルチェックイン

3. 挿入した「料金および集合時間」の表の1列目を20㎜、2列目を70㎜、3列目を60㎜に変更しましょう。

4. 20行目の位置に3行4列の表を挿入し、次のように文字を入力しましょう。

部署名		社員番号	
氏名			
参加方法	バス・現地集合		

5. 挿入した「参加申込書」の表の2行目の2列目から4列目と、3行目の2列目から4列目を結合しましょう。

6. 「料金および集合時間」の表にスタイル「一覧（表）3-アクセント4」を適用し、［タイトル行］チェックボックス以外をオフにしましょう。

7. 「参加申込書」の表にスタイル「グリッド（表）4-アクセント4」を適用し、［縞模様（列）］チェックボックスをオンにし、それ以外のチェックボックスをオフにしましょう。

8. 「参加申込書」の表のすべてのセルの文字列がセルの中心に表示されるように配置を変更しましょう。

9. ［保存用］フォルダーに「復習3-2　社員旅行」という名前で保存して閉じましょう。

完成例

福利厚生課
平成 28 年 10 月 3 日

社員各位

社員旅行のご案内

　今年も恒例の社員旅行の時期となりました。下記の通り社員旅行を実施いたします。今年は、現地集合とバスの参加が選べます。皆さま、是非ともご参加ください。

日程

- ◆ 日　　時：平成 28 年 11 月 12 日（土）～13 日（日）
- ◆ 宿 泊 先：箱根レイクサイド・ビレッジホテル（TEL☎0120-2222-3333）
- ◆ 担 当 者：三枝（福利厚生課　内線☎1234）

料金および集合時間

集合方法	料金	集合場所および時間
バス	10,000 円（昼食、夕食、朝食付き）	本社 1 階玄関前に 8 時集合
現地集合	7,000 円（夕食、朝食付き）	17 時までにホテルチェックイン

参加申込書

部署名		社員番号	
氏名			
参加方法	バス・現地集合		

第4章

グラフィックスの利用

- ■ グラフィックス利用の効果
- ■ ワードアートの利用
- ■ 画像の利用
- ■ 図形の利用

グラフィックス利用の効果

グラフィックスを利用することで、文書にインパクトを与え、視覚効果を得られます。

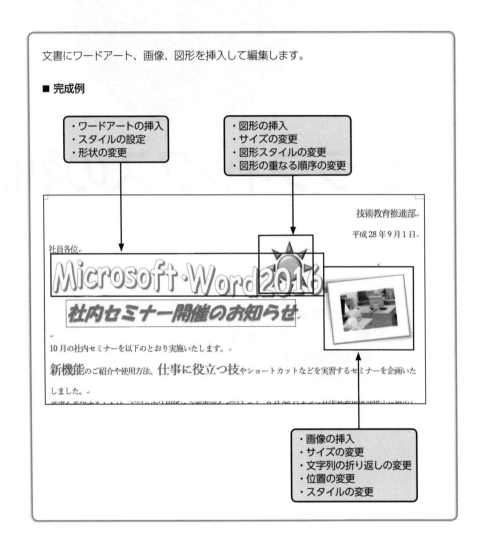

ワードアートの利用

タイトルなどの強調したい文字列に「ワードアート」を使用することで、文字の色やサイズ、書体だけでなく、さまざまな特殊効果を与えることができます。ここでは、ワードアートを挿入および編集する方法について学習します。

ワードアートを挿入してスタイルや形状を変更します。

■ 完成例

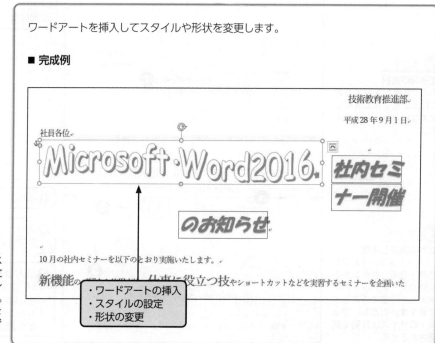

用語

ワードアート
あらかじめ用意されたスタイルから選択して、文字にさまざまなデザイン効果を与える機能です。インパクトのある文字を文書に挿入することができます。

ワードアートの挿入

文書にワードアートを挿入するには、入力済みの文字列をワードアートに変換する方法と、新規に文字列を入力してワードアートを作成する方法があります。ここでは、入力済みの文字列をワードアートに変換する方法について学習します。

操作 ワードアートを挿入する

4行目の「Microsoft Word2016」をワードアートに変換しましょう。

Step 1 [保存用] フォルダーにある文書「社内セミナー」を開きます。本章から学習を開始する場合は、[Office2016テキスト] フォルダーにある文書「4章_社内セミナー」を開きます。

Step 2 ワードアートに変換する文字列を選択します。

❶4行目の「Microsoft Word 2016」を選択します。段落記号は含まないようにします。

💡 **ヒント**
文字列の選択
ここでは改行を残すために段落記号を範囲選択に含めないようにしています。

Step 3 挿入するワードアートのスタイルを選択します。

❶[挿入] タブをクリックします。

❷[ワードアートの挿入] ボタンをクリックします。

❸[塗りつぶし：白；輪郭：オレンジ、アクセントカラー2；影（ぼかしなし）：オレンジ、アクセントカラー2]（上から3番目、右から2番目）をクリックします。

💡 **ヒント**
文字の効果と体裁
[ホーム] タブの [文字の効果と体裁] ボタンからも同じワードアートのスタイルを設定することができます。ただし、フォントのサイズは自動で変更されません。

 Step 4 設定されたワードアートを確認します。

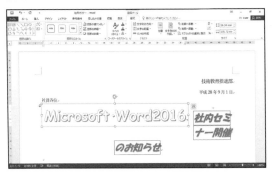

💡 **ヒント**
ワードアートのテキストを修正するには
ワードアート内の修正したい場所をクリックし、カーソルが表示された状態で直接修正します。

💡 ヒント **文字列を新規に入力してワードアートを挿入するには**
先にワードアートのスタイルを選択してから文字を入力することもできます。次の手順で操作します。
1. ワードアートを挿入したい位置にカーソルを移動します。
2. [挿入] タブの [ワードアートの挿入] ボタンをクリックし、挿入したいスタイルをクリックします。
3. 「ここに文字を入力」と表示された場所に文字列を入力します。

ワードアートの編集

挿入したワードアートは、形状を変更したり、グラデーションや影、3-D効果などの特殊効果を設定したりすることで、よりイメージどおりのインパクトのある文字にできます。

文書にワードアートを挿入すると、リボンはワードアートを編集するためのボタンが集められた [描画ツール] の [書式] タブに自動的に切り替えられます。

ワードアート以外の編集作業中に、再度 [描画ツール] の [書式] タブを表示するには、文書に挿入されたワードアートをクリックします。

操作 ワードアートの形状を変更する

ワードアートの形状を「大波1」に変更しましょう。

Step 1 ワードアートを変形します。

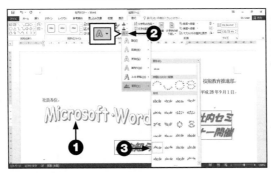

❶「Microsoft Word2016」のワードアート内をクリックします。

❷[書式]タブの[文字の効果]ボタンをクリックします。

❸[変形]をポイントし、[形状]の[波:下向き]をクリックします。

Step 2 ワードアートが変形されたことを確認します。

ヒント　ワードアートのスタイルを変更するには

ワードアートの挿入後にスタイルを変更するには、ワードアート内をクリックし、[書式]タブにある[クイックスタイル]ボタンをクリックしてスタイルを選択します。

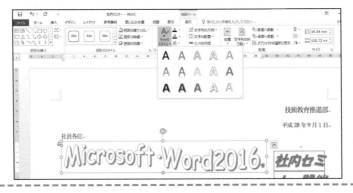

ヒント ワードアートの文字の効果について

ワードアートの文字の効果には、「変形」の他に「影」、「反射」、「光彩」、「面取り」、「3-D回転」があります。また、各効果のオプションで細かい設定が可能です。

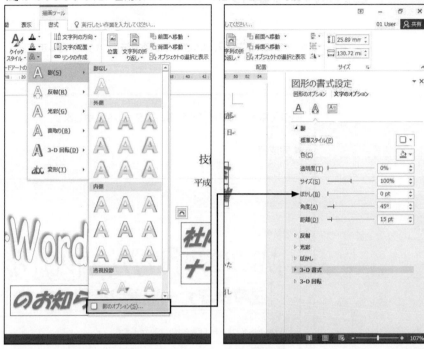

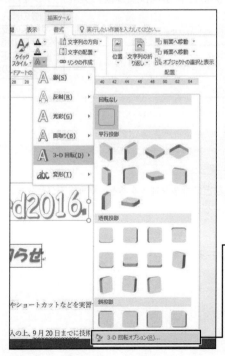

画像の利用

ここでは、画像（イラスト）を挿入および編集する方法について学習します。

画像を挿入してサイズや配置、スタイルを変更します。

■ **完成例**

画像の挿入

文書の内容に関連するイラストや写真などの画像を挿入すると、文書にアクセントを与えたり、華やかにしたりすることができます。

操作 画像を挿入する

[Office2016テキスト] フォルダーに保存されている画像ファイル「研修室」を6行目の「10月の社内セミナーを下記の通り開催いたします。」の上に挿入しましょう。

Step 1 [図の挿入] ダイアログボックスを開きます。

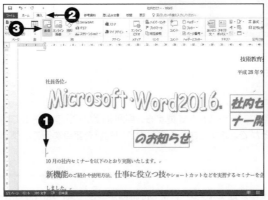

❶6行目の「10月の社内セミナーを下記の通り開催いたします。」の上の行をクリックします。

❷[挿入] タブをクリックします。

❸[画像] ボタンをクリックします。

Step 2 開くファイルが保存されているフォルダーを指定します。

❶[ドキュメント] をクリックします。

❷[Office2016テキスト] フォルダーをダブルクリックします。

Step 3 挿入するファイルを指定します。

❶挿入する画像をクリックします。

❷[挿入] をクリックします。

第4章 グラフィックスの利用

Step 4 画像が文書内に挿入されたことを確認します。

画像の編集

挿入した画像には、明るさやコントラストを変更する、周囲をぼかす、フレームで囲う、影を付けるなど、さまざまな効果を設定することができます。また、文書内での配置を変更することができます。

文書に画像を挿入すると、リボンは画像を編集するためのボタンが集められた [図ツール] の [書式] タブに自動的に切り替えられます。

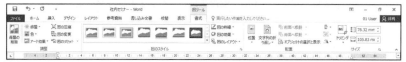

画像以外の編集作業中に、再度 [図ツール] の [書式] タブを表示するには、文書に挿入された画像をクリックします。

■ グラフィックスの選択と解除

グラフィックスを選択するには、グラフィックスをクリックします。選択されているグラフィックスの周囲にはハンドルが表示されます。グラフィックスの選択を解除するには、選択されているグラフィックス以外の部分をクリックします。

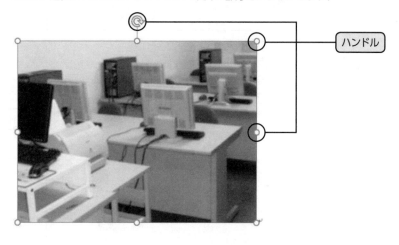

■ グラフィックスの移動とコピー

グラフィックスを移動するには、グラフィックスをポイントし、マウスポインターの形状が に変わったら目的の位置までドラッグします。**Shift**キーを押しながらドラッグすると、グラフィックスを水平または垂直方向のみに移動することができます。ただし、後述する文字列の折り返しの種類によっては移動できません。
Ctrlキーを押しながらドラッグすると、移動ではなくコピーになります。

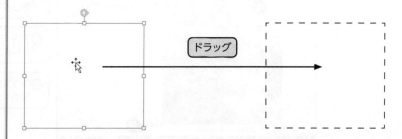

■ グラフィックスの拡大/縮小

グラフィックスの拡大/縮小を行うには、グラフィックスを選択してからハンドルをポイントし、マウスポインターの形状が のいずれかに変わったら目的の大きさになるまでドラッグします。

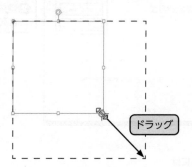

■ グラフィックスの回転

グラフィックスを回転させるには、グラフィックスを選択したときに上部に表示されるハンドルをドラッグします。図形の中心点を軸にして、ドラッグする方向に回転させることができます。

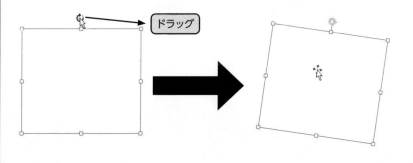

操作 画像のサイズを変更する

画像のサイズを小さく(約3cmの幅に)調整しましょう。

Step 1 画像のサイズ変更ハンドルをポイントします。

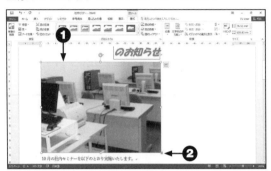

❶ 画像が選択されていることを確認します。

❷ 画像の右下のハンドルをポイントします。

❸ マウスポインターの形状が に変わったことを確認します。

Step 2 画像のサイズを小さくします。

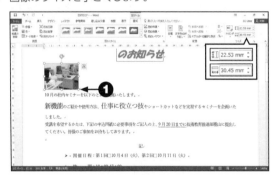

❶ 左上の方向にドラッグします。

❷ 画像のサイズが変更されたことを確認します。

💡 ヒント　サイズを正確に変更するには

[書式] タブにある [図形の高さ] ボックスや [図形の幅] ボックスを利用して、図形のサイズをmm単位で変更することもできます。既定では縦横比が固定になっているため、どちらかのサイズを変更するともう一方のサイズも自動的に調整されます。

図形の高さ　　　　図形の幅

操作 画像の文字列の折り返しの種類を変更する

画像の文字列の折り返しの種類を「四角形」に変更しましょう。

Step 1 画像の文字列の折り返しの種類を選択します。

ヒント
レイアウトオプション
画像の右に表示されるレイアウトオプションのボタンをクリックして文字列の折り返しの種類を設定することもできます。

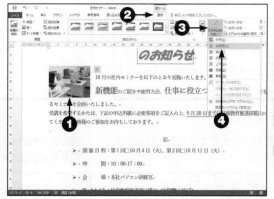

❶画像が選択されていることを確認します。

❷[書式]タブが選択されていることを確認します。

❸[文字列の折り返し]ボタンをクリックします。

❹[四角形]をクリックします。

Step 2 画像の周囲の文字列が折り返していることを確認します。

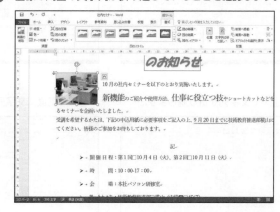

第4章 グラフィックスの利用 115

ヒント　文字列の折り返しの種類

■ 行内
文字と同様にカーソルのある位置に図形が挿入されます。

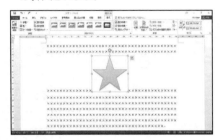

■ 四角形
図形の周囲のボックスの線に沿って文字列を折り返します。

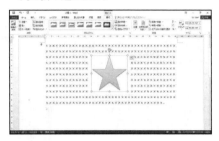

■ 狭く
図形の形状に沿って文字列を折り返します。

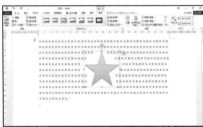

■ 内部
図形の周囲および内部の空白部分に文字列を折り返します。

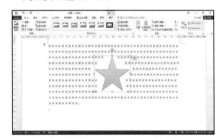

■ 上下
図形の上下で文字列を折り返します。

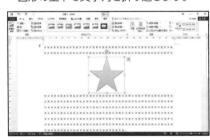

■ 背面
図形の前面に文字列を表示します。

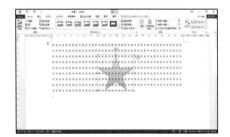

■ 前面
図形の背面に文字列を表示します。

■ 折り返し点の編集
折り返す位置を編集できます。

操作 画像を移動する

画像を5行目の「社内セミナー開催のお知らせ」の右に移動しましょう。

Step 1 画像をポイントします。

❶画像をポイントします。

❷マウスポインターの形状が に変わったことを確認します。

Step 2 画像を移動します。

❶5行目「社内セミナー開催のお知らせ」の右の位置までドラッグします。

ヒント
配置ガイド
文書内の画像や図形を移動すると、文書の余白や中央などに合わせて緑色の配置ガイドが表示されます。

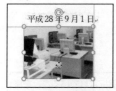

Step 3 画像が移動したことを確認します。

ヒント
方向キーによる移動
文字列の折り返しが「行内」以外に設定されている場合、画像を選択した状態で↑キー、↓キー、→キー、←キーを押すと矢印の方向に少しずつ移動することができます。

ヒント

画像の位置

画像を選択し、[書式] タブにある [オブジェクトの配置] ボタンをクリックして [左揃え] や [右揃え] を選択することで、配置を変更することができます。

また、[書式] タブの [位置] ボタンをクリックして画像をページのどの位置に表示するかを選択することもできます。

操作　画像のスタイルを変更する

画像のスタイルを「回転、白」に変更しましょう。

Step 1 スタイルの一覧を表示します。

❶ 画像が選択されていることを確認します。

❷ [書式] タブが選択されていることを確認します。

❸ [図のスタイル] グループの [その他] ボタンをクリックします。

Step 2 画像のスタイルを選択します。

❶ 図のスタイルの一覧から [回転、白] (上から4番目、左から3番目) をクリックします。

ヒント

スタイルの一覧

Wordのウィンドウサイズによって、スタイルの一覧の行数、列数は異なります。

Step 3 画像のスタイルが変更されたことを確認します。

ヒント
ワードアートが隠れた場合
画像を回転させたことによりワードアートの一部に重なってしまった場合は、画像のサイズや位置を調整してください。

ヒント
オンライン画像の挿入

Officeからインターネットを経由して画像を挿入することもできます。インターネットに接続した状態で[挿入]タブの[図]の[オンライン画像]ボタンをクリックすると[画像の挿入]ウィンドウが表示され、キーワードを入力してインターネット上の画像を検索することができます。ただし、その画像が利用可能かどうか、可能な場合は画像にどのようなライセンスが適用されているかを確認して、それに準拠した形で使う必要があります。なお、MicrosoftアカウントでOfficeにサインインしている場合は、[画像の挿入]ウィンドウからOneDriveに保存されている画像を挿入することができます。

ヒント
図の背景を削除する

図の背景を削除することができます。操作方法は次のとおりです。
1. 挿入した図を選択します。
2. [書式]タブの[背景の削除]ボタンをクリックします。
3. ドラッグして範囲を調節し、[背景の削除]タブのボタンで保持または削除する領域を設定します。
4. 調整が終わったら[変更を保持]ボタンをクリックします。

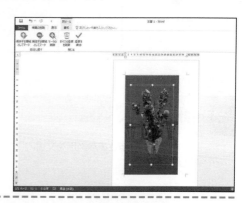

第4章 グラフィックスの利用

図形の利用

円や四角形などの基本図形、矢印やフローチャート用の図形、星や吹き出しなどの特殊図形など、用途に応じてさまざまな図形を文書に挿入することができます。また、挿入した図形には、線や塗りつぶしの色、グラデーション、影、3-Dなど、さまざまな特殊効果を設定することができます。

Wordで使用できる図形には、線（直線、曲線、矢印など）、基本図形（多角形、円、立方体など）、ブロック矢印、フローチャート（流れ図に用いられる図形）、吹き出し、星とリボンがあります。これらの図形を組み合わせれば、簡単な地図や図面を描くことも可能です。

■ 完成例

図形の挿入

用途に応じてさまざまな図形を文書内に挿入することができます。ここでは、図形を挿入する方法について学習します。

操作 図形を挿入する

ワードアートの右上に図形「太陽」を挿入しましょう。

Step 1 挿入する図形を選択します。

① [挿入] タブをクリックします。

② [図形] ボタンをクリックします。

③ 「基本図形」の一覧から [太陽]（上から3番目、右から3番目）をクリックします。

Step 2 図形を挿入します。

① マウスポインターの形状が＋に変わったことを確認します。

② 図形を挿入したい位置をポイントします。

③ 左上から右下に向かってドラッグします。

Step 3 図形が挿入されたことを確認します。

ヒント
図形の削除
図形を削除するには、図形を選択して**Del**キーを押します。

第4章 グラフィックスの利用

図形の編集

文書に図形を挿入すると、ワードアートの場合と同様に、リボンは図形を編集するためのボタンが集められた [描画ツール] の [書式] タブに切り替えられます。
挿入した図形には、さまざまな特殊効果を設定することができます。また、挿入した図形を文章の背面に配置したり、図形内に文章を入力したりすることで、文書の一部を効果的に強調することができます。ここでは、図形を編集する方法について学習します。

操作 図形のサイズを変更する

Step 1 図形のサイズを大きくします。

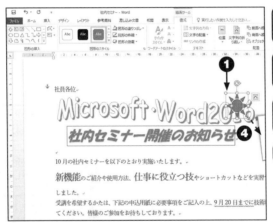

❶ 図形が選択されていることを確認します。

❷ 図形の右下のハンドルをポイントします。

❸ マウスポインターの形状が に変わったことを確認します。

❹ 右下の方向にドラッグします。

ヒント
図形の縦横比
図形は画像とは異なり既定で縦横比が固定になっていません。同じ縦横比で図形を挿入またはサイズを変更したい場合は、**Shift**キーを押しながらハンドルをドラッグします。

Step 2 図形のサイズが変更されたことを確認します。

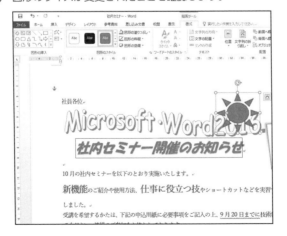

122 図形の利用

操作 図形のスタイルを変更する

図形のスタイルを「パステル-オレンジ、アクセント2」に変更しましょう。

Step 1 図形のスタイルを変更します。

❶ 図形が選択されていることを確認します。

❷ [書式] タブが選択されていることを確認します。

❸ [図形のスタイル] グループの [その他] ボタンをクリックします。

Step 2 図形のスタイルを選択します。

❶ [パステル-オレンジ、アクセント2] (上から4番目、左から3番目) をクリックします。

Step 3 図形のスタイルが変更されたことを確認します。

第4章 グラフィックスの利用

操作 ☞ 図形に面取り効果を設定する

Step 1 図形に面取り効果「丸」を設定します。

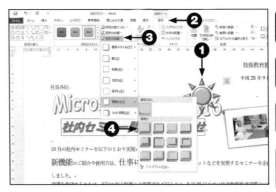

❶ 図形が選択されていることを確認します。

❷ [書式] タブが選択されていることを確認します。

❸ [図形の効果] ボタンをクリックします。

❹ [面取り] をポイントし、[丸] (「面取り」の上から1番目、左から1番目) をクリックします。

Step 2 面取り効果が設定されたことを確認します。

❶ 丸みを帯びた立体的な図形に変わったことを確認します。

💡 ヒント
図形の効果
図形の効果には、「面取り」の他に「影」、「反射」、「光彩」、「ぼかし」、「3-D回転」があります。また、各効果のオプションで細かい設定が可能です。

操作 ☞ 図形とワードアートの重なる順番を変更する

Step 1 図形をワードアートの背面へ移動します。

❶ 図形が選択されていることを確認します。

❷ [書式] タブが選択されていることを確認します。

❸ [背面へ移動] ボタンの▼をクリックします。

❹ [テキストの背面へ移動] をクリックします。

Step 2　図形がテキストの背面へ移動したことを確認します。

Step 3　[上書き保存] ボタンをクリックして文書を上書き保存します。

ヒント　テキストと図形の重なる順序

既に文字列が入力されている文書に図形を挿入した場合、後から挿入した図形が文字列の前面に配置されます。図形と文字列の重なる順序を変更するには、対象の図形を選択した状態で [背面へ移動] [背面へ移動] ボタンまたは [前面へ移動] [前面へ移動] ボタンの▼をクリックし、[テキストの背面へ移動] または [テキストの前面へ移動] をクリックします。

ヒント　テキストの背景にある図形を選択するには

図形がテキストの背面に隠れてしまって選択できない場合は、[ホーム] タブの [選択] ボタンをクリックして [オブジェクトの選択] をクリックします。マウスポインターの形状が変わり、テキストの背面に隠れた図形を選択できるようになります。元のマウスポインターに戻すには、再び [選択] ボタンをクリックして [オブジェクトの選択] をクリックするか、**Esc**キーを押します。

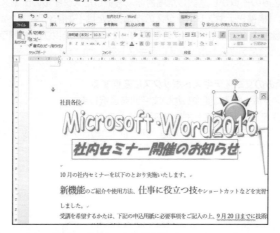

第4章　グラフィックスの利用　125

ヒント　複数の図形を1つのオブジェクトとして扱うには

「描画キャンパス」を使うと、複数の図形を1つのオブジェクトとして扱うことができます。それには、[挿入] タブの [図形] ボタンをクリックし、[新しい描画キャンパス] をクリックします。この描画キャンパスの中に挿入した図は1つのオブジェクトとして扱われるため、コピーや移動などを同時に行うことができます。

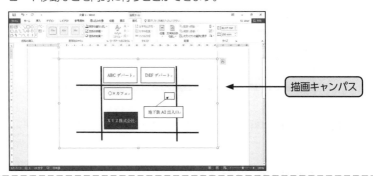

ヒント　テキストボックス

文書内の一部の文章の周囲をボックスで囲うことで、図形のようにテキストの色を変更したり、さまざまな効果を設定したりすることができるようになります。この文章を囲むボックスのことを「テキストボックス」といいます。
テキストボックスは次の2つの方法で作成できます。

■ **文書にテキストボックスを挿入する**
1. [挿入] タブの [テキストボックス] ボタンをクリックします。
2. 組み込みの一覧から選択するか、[横書きテキストボックスの描画] または [縦書きテキストボックスの描画] を選択します。
3. 組み込みの一覧から選択した場合は、選択したスタイルのテキストボックスが挿入されます。[横書きテキストボックスの描画] または [縦書きテキストボックスの描画] を選択した場合は、テキストボックスを挿入したい位置で斜め方向にドラッグして挿入します。
4. 挿入されたテキストボックスにテキストを入力します。

■ **入力済みの文章をテキストボックスに変換する**
1. テキストボックスに変換したい文字列を選択します。
2. [挿入] タブの [テキストボックス] ボタンをクリックします。
3. [横書きテキストボックスの描画] または [縦書きテキストボックスの描画] を選択します。

📶 この章の確認

- ☐ ワードアートを挿入できますか？
- ☐ ワードアートの形状を変更できますか？
- ☐ 画像を挿入できますか？
- ☐ 画像のサイズを変更できますか？
- ☐ 画像の文字列の折り返しの種類を変更できますか？
- ☐ 画像を移動できますか？
- ☐ 画像のスタイルを変更できますか？
- ☐ 図形を挿入できますか？
- ☐ 図形のサイズやスタイルを変更できますか？
- ☐ 図形に効果を設定できますか？
- ☐ 図形の重ね合わせの順番を変更できますか？

問題 4-1

文書にワードアート、図形、画像を挿入して編集しましょう。

1. ［復習問題］フォルダーから「復習4-1　歓迎会」を開きましょう。
2. 5行目「歓迎会のお知らせ」を「塗りつぶし（グラデーション）：ゴールド、アクセントカラー4；輪郭：ゴールド、アクセントカラー4」のワードアートに変換しましょう。
3. ワードアートに「三角形：上向き」の変形の文字の効果を設定しましょう。
4. ［復習問題］フォルダーから画像ファイル「お祝い」をワードアートの右側に挿入しましょう。
5. 画像を高さと幅が約30mmになるよう小さくしましょう。
6. 画像の文字列の折り返しを「四角形」にしましょう。
7. 画像に「透視投影、影付き、白」のスタイルに設定し、完成例を参考に移動しましょう。
8. 完成例を参考に、26行目の「切り取り線」の左右に「直線」の図形を挿入しましょう。
9. ［保存用］フォルダーに「復習4-1　歓迎会」という名前で保存して閉じましょう。

完成例

平成 28 年 10 月 3 日

関係者各位

総務部　本田

歓迎会のお知らせ

10 月の人事異動で、3 名が総務部に異動してきました。新しい仲間との親交を深めるため、下記のように歓迎会を開催したいと存じます。
つきましては、下記フォームにご記入いただき 10 月 7 日（金）までに、本田（内線　4587）にご提出いただきたくお願いします。

記

日　時	→	平成 28 年 10 月 14 日（金）
場　所	→	居酒屋「いっぺい」（みさき銀行となりのビル　1 階）
ＴＥＬ	→	☎03-1234-5678
参加費	→	5,000 円

| HP アドレス | http://www.ippeiXXXX.com |

以上

<u>＜10 月に異動してきた方々＞</u>

吉田秀雄（新潟支社より異動）

斉藤明人（大阪支社より異動）

森崎一郎（名古屋支社より異動）

──────── 切り取り線 ────────

氏名

参加・不参加

問題 4-2

文書に画像を挿入して編集しましょう。

1. ［復習問題］フォルダーから「復習4-2　社員旅行」を開きましょう。
2. ［復習問題］フォルダーから画像ファイル「森林」を任意の位置に挿入しましょう。
3. 画像の高さを約30mmにしましょう。
4. 画像の文字の折り返しを「四角形」に変更しましょう。
5. 画像に「面取り、反射付き、白」のクイックスタイルを設定しましょう。
6. 完成例を参考に、画像を「日程」の右側に移動しましょう。
7. ［保存用］フォルダーに「復習4-2　社員旅行」という名前で保存して閉じましょう。

福利厚生課
平成 28 年 10 月 3 日

社員各位

社員旅行のご案内

　今年も恒例の社員旅行の時期となりました。下記の通り社員旅行を実施いたします。今年は、現地集合とバスの参加が選べます。皆さま、是非ともご参加ください。

日程

- ◆　日　　時：平成 28 年 11 月 12 日（土）～13 日（日）
- ◆　宿　泊　先：箱根レイクサイド・ビレッジホテル
　　　　（TEL☎ 0120-2222-3333）
- ◆　担　当　者：三枝（福利厚生課　内線☎ 1234）

料金および集合時間

集合方法	料金	集合場所および時間
バス	10,000 円（昼食、夕食、朝食付き）	本社 1 階玄関前に 8 時集合
現地集合	7,000 円（夕食、朝食付き）	17 時までにホテルチェックイン

参加申込書

部署名		社員番号	
氏名			
参加方法	バス・現地集合		

第5章

文書の印刷

■ 印刷プレビューの確認
■ 文書の印刷

印刷プレビューの確認

実際に印刷する前に印刷したときのイメージを画面で確認することを「印刷プレビュー」といいます。印刷前に文書の内容や印刷したときのイメージを確認することで、印刷ミスを防ぎ、印刷に要する時間や用紙の無駄を省くことができます。

[ファイル] タブの [印刷] を選択すると、印刷に関する設定項目と印刷プレビューが並んで表示され、設定を変更した場合の結果をすぐに確認することができます。印刷プレビューでは余白のマークや編集記号は非表示となり、実際に印刷される内容のみが表示されます。

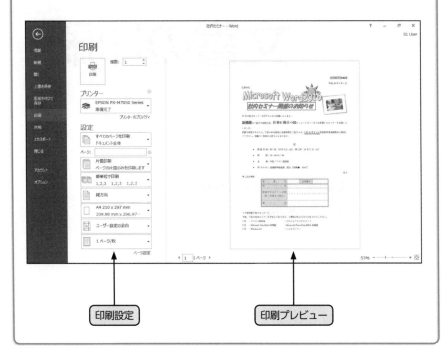

操作 ☞ 印刷イメージを確認する

Step 1 [保存用] フォルダーにある文書「社内セミナー」を開きます。本章から学習を開始する場合は、[Office2016テキスト] フォルダーにある文書「5章_社内セミナー」を開きます。

Step 2 印刷イメージを表示します。

❶[ファイル] タブをクリックします。

❷[印刷] をクリックします。

Step 3 右側に印刷イメージが表示されます。

操作 ☞ 印刷イメージを拡大または縮小して確認する

Step 1 拡大された印刷イメージを確認し、印刷イメージを縮小します。

💡 ヒント
ズームスライダー
ズームスライダーの[拡大]/[縮小] ボタンをクリックすると10％単位で、つまみを左右にドラッグすると細かい単位で表示倍率を変更することができます。右端の[ページに合わせる] ボタンをクリックすると画面に合わせて表示されます。

❶ズームスライダーの[拡大] ボタンをクリックします。

❷文字が囲み線からはみ出していることを確認します。

❸ズームスライダーの[縮小] ボタンをクリックします。

第5章 文書の印刷 **133**

Step 2 縮小された印刷イメージを確認します。

💡 ヒント
複数ページの場合
文書が複数ページにわたる場合、印刷イメージを縮小していくと複数ページが同時に表示されるようになります。

操作 👉 印刷プレビューを終了して文書を編集する

Step 1 印刷プレビューを終了します。

❶ ⊖をクリックします。

Step 2 文書を修正します。

❶「社内セミナー開催のお知らせ」の後ろに半角スペースを1つ挿入します。

❷［上書き保存］ボタンをクリックします。

文書の印刷

文書の印刷時には、使用するプリンターや印刷する範囲、部数、拡大/縮小などを指定することができます。

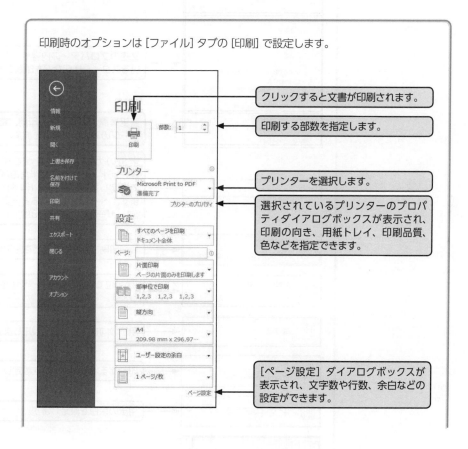

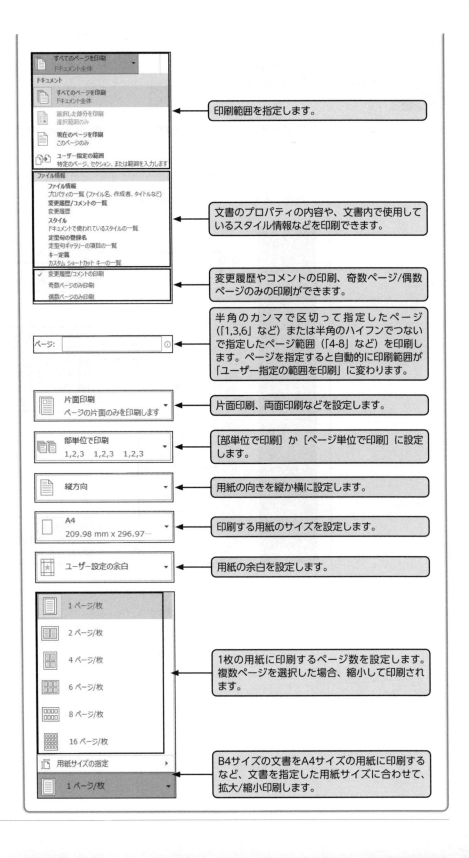

操作 ☞ 文書を印刷する

印刷オプションを確認し、文書を印刷してみましょう。

Step 1 印刷画面にします。

❶ [ファイル] タブをクリックします。

❷ [印刷] をクリックします。

Step 2 印刷オプションを確認後、印刷します。

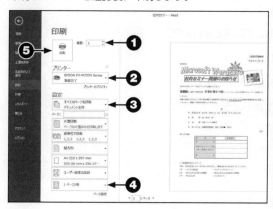

❶ [部数] が「1」になっていることを確認します。

❷ 印刷に使用するプリンターが選択されていることを確認します。

❸ 「すべてのページを印刷」になっていることを確認します。

❹ 「1ページ/枚」になっていることを確認します。

❺ [印刷] をクリックします。

Step 3 [ファイル] タブをクリックして [閉じる] をクリックし、ファイル「社内セミナー」を閉じます。

💡 ヒント　クイック印刷

クイックアクセスツールバーに [クイック印刷] ボタンを登録しておくと、クリックしたときに現在設定されている印刷オプションで印刷が実行されます。前回と同じ設定で印刷する場合、すぐに印刷処理を実行することができて便利です。

📶 この章の確認

- ☐ 印刷イメージを確認できますか？
- ☐ 印刷イメージの拡大や縮小ができますか？
- ☐ 文書を印刷できますか？
- ☐ はがきの宛名面を作成することができますか？
- ☐ はがきに宛名データを差し込むことができますか？
- ☐ はがきの文面を作成することができますか？

復習問題 問題 5-1

文書を印刷プレビューで表示し、オプションを確認して印刷しましょう。

1. ［復習問題］フォルダーから「復習5-1　社員旅行」を開きましょう。
2. 印刷プレビューを表示しましょう。
3. 印刷プレビューを拡大表示し、元に戻しましょう。
4. 印刷プレビューを終了しましょう。
5. 印刷オプションを確認し、文書を印刷しましょう。
6. 「復習5-1　社員旅行」を閉じましょう。

第6章

書式設定

■ 文字書式と段落書式
■ スタイルの登録と利用
■ 組み込みスタイルの利用

文字書式と段落書式

書式設定の単位には主に「文字」と「段落」があります。書式を設定する際、その対象を正しく選択することが大切です。

■ 文字

文字とは、英数字やかな、漢字などの文字列や、記号、スペースなどのことです。文字に設定する書式を「文字書式」といいます。

・文字書式を設定するには、対象となる文字を範囲選択してから設定を行います。
・文字書式には、フォント、フォントサイズ、スタイル（太字、斜体など）、下線、文字の色、文字飾り（取り消し線、影付きなど）、文字間隔、文字の位置（上付き、下付き）などがあります。

文字書式は主に、リボンのボタンで設定することができます。

また、[フォント]ダイアログボックスを利用するとプレビュー欄で設定後のイメージを確認しながら複数の書式をまとめて設定することができます。

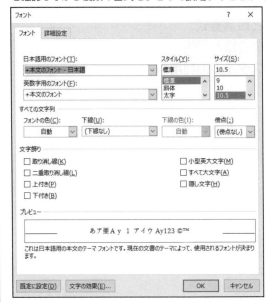

■ 段落

段落とは、文書の先頭または段落記号の次の行から次の段落記号までのことです。段落全体に設定する書式を「段落書式」といいます。

・段落書式を設定するには、対象となる段落の中にカーソルを移動してから設定を行います。また、複数の段落に書式を設定する場合は、各段落の一部または全体が選択されるように範囲選択します。
・段落書式には、段落の配置（右揃えや中央揃えなど）、インデント、段落の前後の間隔、行間隔、禁則処理、日本語と英数字の間隔の自動調整などがあります。

段落書式は主に、リボンのボタンで設定することができます。

また、[段落] ダイアログボックスを利用するとプレビュー欄で設定後のイメージを確認しながら複数の書式をまとめて設定することができます。

操作 文字書式を設定する

ヒント
スタイル
ここでのスタイルは文字の書体を指します。次項で説明する「書式に名前を付けて登録したもの」とは異なります。

Wordを起動して [Office2016テキスト] フォルダーの中にあるファイル「社内報」を開き、1ページ5行目の「温泉で健康に」に次の文字書式を設定しましょう。

フォント	MSゴシック
スタイル	太字
フォントの色	青
傍点	・

Step 1 Wordを起動し、ファイル「社内報」を開きます。

重要
ファイルを開く際の表示
ファイルを開くときに「保護ビュー　注意-インターネットから入手したファイルは、ウイルスに感染している可能性があります。編集する必要がなければ、保護ビューのままにしておくことをお勧めします。」というメッセージバーが表示されることがあります。その場合は、[編集を有効にする] をクリックして操作を進めてください。

Step 2 書式を設定する文字を範囲選択し、[フォント] ダイアログボックスを開きます。

❶5行目の「温泉で健康に」を範囲選択します。

❷[ホーム] タブの [フォント] グループの右下の [フォント] ボタンをクリックします。

Step 3 [フォント] ダイアログボックスで文字書式を設定します。

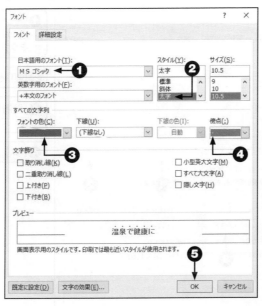

❶ [日本語用のフォント] ボックスの一覧から [MSゴシック] をクリックします。

❷ [スタイル] ボックスの一覧から [太字] をクリックします。

❸ [フォントの色] ボックスの一覧から [青] をクリックします。

❹ [傍点] ボックスの一覧から [・] をクリックします。

❺ [OK] をクリックします。

Step 4 範囲選択を解除し、文字書式が設定されたことを確認します。

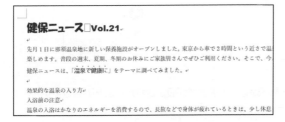

操作 👉 段落書式を設定する

1ページ9～13行目の2つの段落の最初の行を1文字分字下げし、段落後の行間を0.5行に設定しましょう。

Step 1 書式を設定する段落を選択し、[段落] ダイアログボックスを開きます。

❶ 9～13行目の2段落を範囲選択します。

❷ [ホーム] タブの [段落] グループの右下の [段落の設定] ボタンをクリックします。

第6章 書式設定 | 143

Step 2 [段落] ダイアログボックスで書式を設定します。

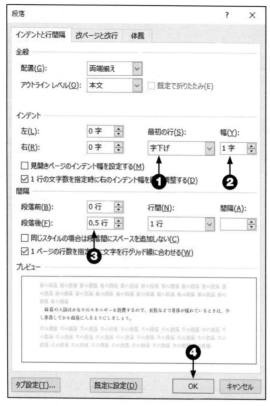

❶ [インデント] の [最初の行] ボックスの一覧から [字下げ] をクリックします。

❷ [幅] を [1字] に設定します。

❸ [間隔] の [段落後] を [0.5 行] に設定します。

❹ [OK] をクリックします。

Step 3 範囲選択を解除し、段落書式が設定されたことを確認します。

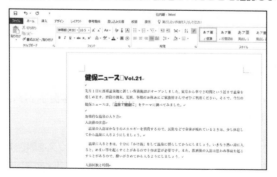

重要　文字書式と段落書式による違い

文字単位で範囲選択して [均等割り付け] ボタンをクリックすると、文字列の幅を指定するダイアログボックスが表示され、選択した文字列が指定した幅に均等に割り付けられます。これは文字書式の均等割り付けです。文字列を範囲選択するとき ↵ 段落記号を含んでしまうと、段落書式の均等割り付けが設定されてしまうので注意しましょう。段落単位で範囲選択して [均等割り付け] ボタンをクリックした場合は、対象の段落の左右インデントの内側の幅に文字列が均等に割り付けられます。

スタイルの登録と利用

ここでは、使用頻度の高い書式をスタイルとして登録する方法と「スタイルギャラリー」を利用してスタイルを設定する方法について学習します。

■ スタイルとは
スタイルとは、よく使う文字書式や段落書式にわかりやすい名前を付けて登録し、繰り返し利用できるようにしたものです。あらかじめ登録されている「組み込みスタイル」の他、オリジナルのスタイルを登録して利用することもできます。
スタイルを利用すると次のようなメリットがあります。
・同じ書式を繰り返し設定する必要がなくなる
・同じスタイルが適用された複数箇所の書式変更を一斉に行うことができる

■ スタイルの種類
スタイルには「文字スタイル」、「段落スタイル」、「リンクスタイル」があります。
・文字スタイルには、フォント、フォントサイズ、太字、斜体などの文字書式を登録します。
・段落スタイルには、文字の配置、インデント、行間隔、段落前後の間隔などの段落書式を登録します。
・リンクスタイルには、文字書式と段落書式をセットにして登録できます。特に、組み込みスタイルの「見出し」は段落書式のアウトライン機能（長文を作成する際に文書全体の見出しの構成を編集/管理するのに便利な機能で、見出しから自動的に目次や索引を作ることもできる）が設定されているリンクスタイルです。

■ スタイルギャラリー
[スタイル] グループの ▼ [その他] ボタンをクリックすると、スタイルギャラリーに登録されているスタイルが一覧表示されます。スタイルギャラリーでスタイル名をポイントすると、選択している文字や段落にスタイルを適用した結果がプレビューされ、実際の文書でイメージを確認しながら設定することができます。

用語
クイックスタイル
スタイルギャラリーに表示されるスタイルを「クイックスタイル」といい、文字や段落に素早くスタイルを適用することができます。

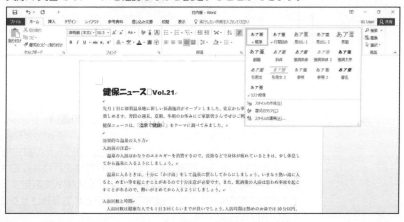

■ スタイルウィンドウ

[スタイル] グループ右下の [スタイル] ボタンをクリックすると、スタイルウィンドウに組み込みスタイルや追加登録したスタイルが一覧表示されます。スタイル名の右にはスタイルの種類を示す a (文字スタイル)、↵ (段落スタイル)、↵a (リンクスタイル) のアイコンが表示されます。

また、スタイル名をポイントすると、そのスタイルに登録されている書式の詳細情報がポップアップ表示されます。

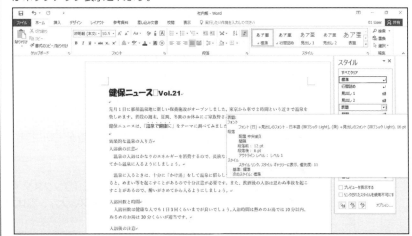

■ スタイルセット

「スタイルセット」では、文字列や段落に設定されているスタイルに応じてフォントの種類やサイズ、行間などをまとめて設定し、文書全体を統一感のある書式にすることができます。[デザイン] タブの [ドキュメントの書式設定] グループのギャラリーからスタイルセットを選択します。

> 💡 ヒント 「スタイルの設定」と「書式のコピー/貼り付け」との違い
>
> 文字や段落の書式を他の文字列に設定するには、[書式のコピー/貼り付け] ボタンを使う方法もあります。この場合、コピー元の書式を変更し、その変更を反映したい場合には、もう一度書式のコピー/貼り付けを行わなくてはなりません。スタイルで書式を設定した場合は、スタイルに保存されている書式を変更するだけで、そのスタイルが設定されているすべての文字や段落の書式にまとめて反映させることができます。用途によって使い分けるとよいでしょう。

文字スタイルの登録と利用

文字スタイルを登録して利用するには、以下の手順で作業します。

1. 文字に書式を設定する
2. 文字スタイルを登録する
3. 登録した文字スタイルを適用する

操作 ☞ 文字に書式を設定する

1ページ3行目の「東京から車で2時間」に次の文字書式を設定しましょう。

フォント	MSゴシック
スタイル	太字
下線	波線

Step 1 書式を設定する文字範囲を選択し、[フォント] ダイアログボックスを開きます。

❶ 3行目の「東京から車で2時間」を範囲選択します。

❷ [ホーム] タブの [フォント] グループの右下の [フォント] ボタンをクリックします。

Step 2 [フォント] ダイアログボックスで書式を設定します。

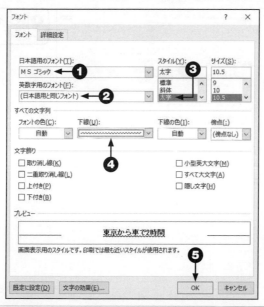

❶ [日本語用のフォント] ボックスの一覧から [MSゴシック] をクリックします。

❷ [英数字用のフォント] ボックスの一覧から [(日本語用と同じフォント)] をクリックします。

❸ [スタイル] ボックスの一覧から [太字] をクリックします。

❹ [下線] ボックスの一覧から波線をクリックします。

❺ [OK] をクリックします。

第6章 書式設定 | 147

Step 3 範囲選択を解除して、文字書式が設定されたことを確認します。

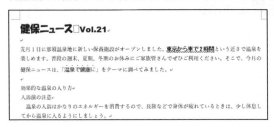

操作 ☞ 文字スタイルを登録する

「東京から車で2時間」に設定した文字書式を「強調」という名前で文字スタイルとして登録しましょう。

Step 1 スタイルとして登録する書式が設定された文字列を選択し、スタイルギャラリーを表示します。

❶「東京から車で2時間」を範囲選択します。

❷[スタイル]グループの[その他]ボタンをクリックします。

Step 2 [書式から新しいスタイルを作成]ダイアログボックスを開きます。

❶[スタイルの作成]をクリックします。

Step 3 登録するスタイルの名前を指定します。

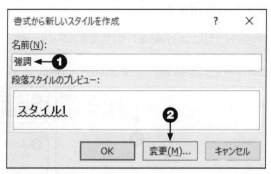

❶ [名前] ボックスに [強調] と入力します。

❷ [変更] をクリックします。

Step 4 スタイルの種類を指定します。

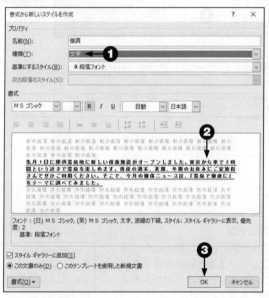

❶ [種類] ボックスの一覧から [文字] をクリックします。

❷ 登録するスタイル情報をプレビュー領域で確認します。

❸ [OK] をクリックします。

Step 5 [強調] スタイルが登録されたことを確認します。

❶ スタイルギャラリーに [強調] が表示されていることを確認します。

第6章 書式設定

操作 登録した文字スタイルを利用する

1ページ11行目の「十分に「かけ湯」をして」に文字スタイル [強調] を設定しましょう。

Step 1 スタイルを設定する文字範囲を選択し、文字スタイル [強調] を設定します。

❶「十分に「かけ湯」をして」を範囲選択します。

❷スタイル [強調] をポイントし、設定した結果がプレビュー表示されるのを確認します。

❸[強調] をクリックします。

💡 **ヒント**
複数の領域に一度にスタイルを設定するには
Ctrlキーを押しながら文字列や段落を選択すると、連続していない複数の領域を選択することができます。この状態でスタイルを設定します。

Step 2 範囲選択を解除して、スタイルが設定されたことを確認します。

先月1日に那須温泉地に新しい保養施設がオープンしました。東京から車で2時間という近さで温泉を楽しめます。普段の週末、夏期、冬期のお体みにご家族皆さんでぜひご利用ください。そこで、今月の健保ニュースは、「温泉で健康に」をテーマに調べてみました。

効果的な温泉の入り方
入浴前の注意
　温泉の入浴はかなりのエネルギーを消費するので、長旅などで身体が疲れているときは、少し休息してから温泉に入るようにしましょう。
　温泉に入るときは、<u>十分に「かけ湯」をして</u>温泉に慣らしてからにしましょう。いきなり熱い湯に入ると、めまい等を起こすことがあるので十分注意が必要です。また、飲酒後の入浴は思わぬ事故を起こ

💡 **ヒント** **スタイルウィンドウ**
スタイルグループの右下の 📄 [スタイル] ボタンをクリックすると表示されるスタイルウィンドウには、推奨されたスタイルが推奨順で表示されます。
すべてのスタイルを表示したり表示順序を変更したりするには、スタイルウィンドウの [オプション...] をクリックし、[スタイルウィンドウオプション] ダイアログボックスでオプションを変更して [OK] をクリックします。

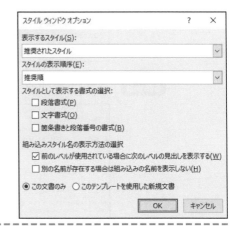

スタイルの編集

登録した文字スタイルを編集すると、そのスタイルが他の設定箇所にも反映されることを確認しましょう。

操作 ☞ 文字スタイルを編集する

文字スタイル [強調] の文字の色を [濃い赤] に変更しましょう。

Step 1 [スタイルの変更] ダイアログボックスを開きます。

❶ スタイルギャラリーの [強調] を右クリックします。

❷ ショートカットメニューの [変更] をクリックします。

Step 2 [フォントの色] を [濃い赤] に変更します。

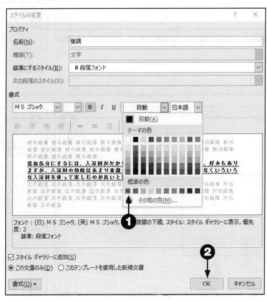

❶ [フォントの色] ボックスの一覧から [濃い赤] をクリックします。

❷ [OK] をクリックします。

💡 **ヒント**
スタイルウィンドウからスタイルを変更する場合
編集するスタイル名をポイントして▼をクリックし、[変更] をクリックすると、[スタイルの変更] ダイアログボックスが表示されます。

Step 3 文字スタイル [強調] が変更されたことを確認します。

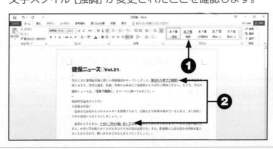

❶ スタイルギャラリーの文字スタイル [強調] の色が変更されたことを確認します。

❷ 文書内の文字スタイル [強調] が設定された文字列の色が変更されたことを確認します。

第 6 章 書式設定

スタイルの削除

登録した文字スタイルを削除しましょう。

操作☞ 文字スタイルを削除する

Step 1 文字スタイル [強調] を削除します。

❶ [スタイル] グループの右下の [スタイル] ボタンをクリックし、スタイルウィンドウを表示します。

❷ [強調] をポイントして右端の▼をクリックします。

❸ [強調の削除] をクリックします。

❹「強調スタイルを文書から削除しますか?」というメッセージが表示されたら [はい] をクリックします。

Step 2 文字スタイル [強調] が削除されたことを確認します。

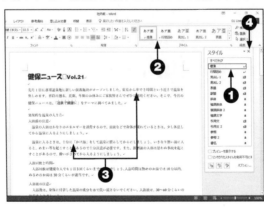

❶ スタイルウィンドウの文字スタイル [強調] が削除されたことを確認します。

❷ スタイルギャラリーの文字スタイル [強調] が削除されたことを確認します。

❸ 文字スタイル [強調] が設定されていた文字列の書式が解除されていることを確認します。

❹ スタイルウィンドウの [閉じる] ボタンをクリックします。

> 💡 **ヒント　スタイルギャラリーから削除**
> スタイル名をポイントして▼をクリックし、[スタイルギャラリーから削除] をクリックした場合、そのスタイル名はスタイルギャラリーに表示されなくなりますが、文書内には残されており、スタイルウィンドウから利用することができます。スタイルギャラリーに表示されるスタイル名を右クリックしてショートカットメニューの [スタイルギャラリーから削除] をクリックした場合も同じです。

組み込みスタイルの利用

ここでは、「組み込みスタイル」の利用方法と編集方法について学習します。

あらかじめWordに用意されているスタイルを「組み込みスタイル」といいます。代表的な「組み込みスタイル」に［標準］や［見出し1］～［見出し9］などがあります。

- ［標準］は既定のスタイルとして新規文書に適用されているスタイルで、次のような書式が設定されています。

フォント	游明朝, 10.5 pt
配置	両端揃え
行間	1行
スタイル	スタイルギャラリーに表示

- ［見出し1］～［見出し9］は9レベルのアウトラインが設定されているリンクスタイルです。文書内の見出しの書式を統一できるだけでなく、見出しから目次を抽出するなど活用の幅が広がります。たとえば［見出し1］には次のような書式が設定されています。

フォント	游ゴシックLight, 12 pt
改ページと改行	次の段落と分離しない
アウトラインレベル	レベル1
行間	1行
スタイル	リンク, スタイルギャラリーに表示, 優先度：10
基準	標準
次のスタイル	標準

💡 **ヒント** **組み込みスタイルに設定された書式を確認するには**
スタイルウィンドウに表示されるスタイル名をポイントすると、対象のスタイルに設定されている書式がポップアップ表示されます。

💡 **ヒント** **スタイルの管理**
スタイルウィンドウの下部にある ![icon] ［スタイルの管理］ボタンをクリックすると、スタイルギャラリーやスタイルウィンドウの一覧に表示されていない組み込みスタイルも含むすべてのスタイルが表示され、設定されている書式を確認したり変更したりすることができます。

第6章 書式設定

組み込みスタイルの利用

段落に「組み込みスタイル」を設定しましょう。

操作☛ 組み込みスタイルを設定する

次の各段落に組み込みスタイル [見出し1]、[見出し2] を設定しましょう。

スタイル	ページ	行番号	段落内容
見出し1	1	7	効果的な温泉の入り方
見出し1	1	20	温泉の効能
見出し1	1	27	家庭で楽しめる温泉
見出し1	1	35	紫外線対策を忘れずに！
見出し1	2	7	紫外線対策自己診断
見出し1	2	16	水分補給について
見出し2	1	8	入浴前の注意
見出し2	1	14	入浴回数と時間
見出し2	1	17	入浴後の注意
見出し2	1	28	お湯の温度
見出し2	1	31	入浴剤

Step 1 [見出し1] を設定する段落にカーソルを移動します。

❶1ページ7行目「効果的な温泉の入り方」の段落にカーソルを移動します。

Step 2 [見出し1] を設定します。

💡 ヒント
[スタイル] グループ
[スタイル] グループには最後に使用したクイックスタイルを含む5つのスタイル名が表示されます。選択したいクイックスタイルが表示されていない場合は [その他] ボタンをクリックし、スタイルギャラリーを表示して選択します。

❶スタイル [見出し1] をクリックします

❷[見出し1] が設定されたことを確認します。

❸ナビゲーションウィンドウが表示された場合は [閉じる] ボタンをクリックして閉じます。

Step 3 同様に他の箇所にも［見出し1］、［見出し2］スタイルを設定します。

- 効果的な温泉の入り方
  - 入浴前の注意 ← 見出し2

    温泉の入浴はかなりのエネルギーを消費するので、長旅などで身体が疲れているときは、少し休息してから温泉に入るようにしましょう。

    温泉に入るときは、十分に「かけ湯」をして温泉に慣らしてからにしましょう。いきなり熱い湯に入ると、めまい等を起こすことがあるので十分注意が必要です。また、飲酒後の入浴は思わぬ事故を起こすことがあるので、酔いがさめてから入るようにしましょう。

  - 入浴回数と時間 ← 見出し2

    入浴回数は健康な人でも1日3回くらいまでが良いでしょう。入浴時間は熱めのお湯では10分以内、ぬるめのお湯は30分くらいが適当です。

  - 入浴後の注意 ← 見出し2

    入浴後は、身体に付着した温泉の成分を水で洗い流さないでください。入浴後は、30～60分くらいの休息をとりましょう。

- 温泉の効能 ← 見出し1

    温泉には、一般の地下水と異なりいろいろな化学成分が多く含まれています。これらが皮膚に付着したり、皮膚から吸収されたり、ガス成分が呼吸によって肺から吸収されたりします。温泉水を飲むことによっても、薬と同じような効果がもたらされます。

    また、温泉地に行くことによって得られる効果もあります。山岳地にある温泉では、気圧が下がるために呼吸運動が活発になり呼吸機能が強化されます。静かな環境で美しい景観を見ながら温泉に浸かるという解放感は、忙しい現代人の神経をやわらげてくれます。

- 家庭で楽しめる温泉 ← 見出し1
  - お湯の温度 ← 見出し2

    従来日本人は高温（42～43度）を好むようですが、血圧の変動などを考慮すると、39度前後のぬるめのほうが身体には良いようです。

  - 入浴剤 ← 見出し2

    温泉気分にするには、入浴剤が欠かせません。入浴剤の種類は多く、好みもありますが、入浴剤の効能はあまり意識せず、1種類を使い続けるのでなくいろいろな入浴剤を使って楽しむのが良いと思いま

- 紫外線対策を忘れずに！ ← 見出し1

    これから夏本番です。夏は1年で一番紫外線量が多く7月の場合、曇っていても晴れのときの6割以上、雨の場合でも2割以上の紫外線量があるので要注意です。

    紫外線には、波長の違いによってUV-AとUV-Bがあります。波長の長いUV-Aは皮膚の奥まで浸透して"しわ"の原因となり、波長の短いUV-Bは、長く浴び続けると皮膚がんの原因になるとも言われています。戸外に出るときは、帽子は必ずかぶり、日焼け止めはこまめに塗りなおしましょう。

- 紫外線対策自己診断 ← 見出し1

    □□曇りの日でも日焼け止めを塗っている
    □□外出するときは帽子やサングラスで目にも注意をしている
    □□日のあたる部屋の中でも日焼け止めを塗っている
    □□日焼け止めはUV-Aを防ぐPAとUV-Bを防ぐSPFが両方入っているものを選ぶ
    □□できるかぎり長袖を着る。半袖のときは腕にも日焼け止めを塗っている
    □□日焼け止めは携帯して、こまめに塗りなおしている。
    ※□すべての項目にチェックが入ると紫外線対策は万全です！

- 水分補給について ← 見出し1

    暑い夏は冷たい飲み物が欲しくなりますが、ちょっとご用心。水分を補給するなら、お茶か水にしましょう。ビールや発泡酒は350mlで約120キロカロリー、スポーツ飲料は500mlで約150キロカロリーもあります。たった1本でご飯1杯、パン1枚と同じくらいのカロリーを摂取してしまうことになり

💡 **ヒント**

行の先頭の記号について
組み込みスタイルの［見出し1］～［見出し9］を設定した段落の先頭には小さい黒い四角の記号が表示されます。これは見出しと次の行を同じページに表示するための制御記号で、印刷時には印刷されません。

💡 **ヒント**

ナビゲーションウィンドウ
スタイルを設定すると画面左にナビゲーションウィンドウが表示される場合があります。ナビゲーションウィンドウは見出しの一覧、ページのサムネイル、検索結果を切り替えて表示することができ、目的の見出しやページをクリックして移動したり、文字列やコメント、図などを検索したりすることができます。

💡 **ヒント**

直前の操作を繰り返す
直前に行った操作を繰り返す場合は、対象とする範囲を選択して**F4**キーを押します。

組み込みスタイルの編集

組み込みスタイルの書式を変更し、文書内でそのスタイルが設定されている箇所の書式も自動的に更新されることを確認しましょう。

操作 組み込みスタイルの書式を編集する

スタイル［見出し1］に段落番号（書式：1. 2. 3. …）と段落後の間隔を追加し、［見出し2］に太字を追加登録しましょう。登録後、スタイルを設定したすべての箇所の書式を更新しましょう。

Step 1 ［見出し1］が設定されている段落に段落番号を設定します。

ヒント
見出しの折りたたみ
見出し行をポイントすると左側に三角が表示され、クリックすると見出しを折りたたむことができます。見出しを展開するには再び三角をクリックするか、見出し行を右クリックしてショートカットメニューの［展開/折りたたみ］から展開します。

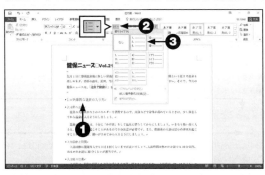

❶ 1ページ7行目の「効果的な温泉の入り方」にカーソルを移動します。

❷［ホーム］タブの［段落番号］ボタンの▼をクリックします。

❸［1.2.3］をクリックします。

Step 2 段落後の間隔を設定します。

❶ 段落番号「1.」が付いたことを確認します。

❷ 1ページ7行目の「効果的な温泉の入り方」にカーソルがあることを確認します。

❸［ホーム］タブの［行と段落の間隔］ボタンをクリックします。

❹［段落後に間隔を追加］をクリックします。

Step 3 書式が設定されたことを確認し、[見出し1]のスタイルを再登録します。

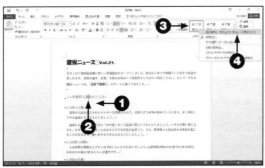

❶段落後の間隔が広がったことを確認します。

❷1ページ7行目の「1. 効果的な温泉の入り方」にカーソルがあることを確認します。

❸[見出し1]を右クリックします。

❹[選択個所と一致するように見出し1を更新する]をクリックします。

Step 4 [見出し1]の書式が変更され、[見出し1]が設定されている箇所の書式が更新されたことを確認します。

❶[見出し1]の書式が変更されたことを確認します。

❷[見出し1]が設定されている段落の書式が更新されたことを確認します。

Step 5 同様に[見出し2]に[太字]の書式を追加登録し、[見出し2]が設定されている箇所の書式を更新します。

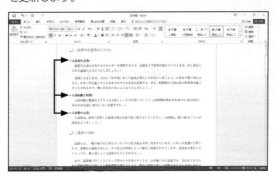

この章の確認

- ☐ 文字や段落の書式を設定できますか？
- ☐ 文字スタイルを登録できますか？
- ☐ 登録した文字スタイルを利用できますか？
- ☐ 組み込みスタイルを利用できますか？
- ☐ 組み込みスタイルの書式を更新できますか？

復習問題 問題6-1

文字や段落の書式を設定しましょう。また、スタイルを登録して適用し、更新しましょう。

1. ［復習問題］フォルダーから「復習6-1　福利厚生」を開きましょう。

2. 1ページ7行目の「施設利用のご案内」の文字書式を次のように設定しましょう。

フォントサイズ	24ポイント
フォントの色	緑、アクセント6、黒+基本色50%
フォントスタイル	太字

3. 1ページ21行目の「※　詳しくは、総務部～」の段落に4文字分の左インデントを設定しましょう。

4. 2ページ3行目の「ここちよい高原の風」に設定されている文字書式を「強調文字」という名前でクイックスタイルとして登録しましょう。

5. 登録したクイックスタイル［強調文字］を2ページの次の文字列に適用しましょう。

6～7行目	自家製生ハムは絶品
9行目	広大なドッグラン
13行目	軽井沢の森をサイクリング

6. スタイルギャラリーを利用して、2ページの次の箇所に組み込みスタイル［見出し1］を適用しましょう。

2行目	温泉
5行目	レストラン
8行目	ペット
11行目	スポーツ
15行目	アクセス

7. 2ページ2行目の文字列「温泉」を利用して、組み込みスタイル［見出し1］の書式を次のように更新しましょう。

インデント	最初の行（なし）
段落前の間隔	0.5行
フォント	HGP教科書体
フォントサイズ	14ポイント
フォントの色	緑、アクセント6、黒+基本色25%
フォントスタイル	太字

8. ［保存用］フォルダーに「復習6-1　福利厚生」という名前で保存して閉じましょう。

完成例

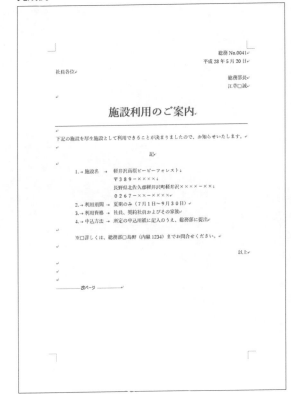

第7章

長文作成機能

■ 長文作成に役立つ機能

長文作成に役立つ機能

ここでは、長文作成時に便利な「表紙」や「ヘッダー/フッター」、「索引」などを挿入する機能を利用し、統一感のある文書を効率よく仕上げる方法について学習します。

> 仕様書や論文などのようにページ数の多い文書を作成する際に役立つ、次のような機能があります。
>
> ■ テーマの設定
> テーマを設定すると、本文や見出しのフォントスタイル、図形や罫線の色など、文書全体に統一感のある書式や配色を設定できます。あらかじめ準備されたテーマギャラリーから使用したいテーマを選択するだけで、文書のイメージを簡単に切り替えることができます。
>
> ■ 表紙の作成
> あらかじめ準備された表紙ギャラリーから使用したい表紙を選択するだけで、文書に表紙ページを挿入できます。挿入後は指示された位置にタイトルなどの情報を入力するだけで、簡単に表紙ページを完成させることができます。
>
> ■ ヘッダー/フッターの挿入
> あらかじめ準備されたデザインギャラリーから使用したいヘッダー/フッターデザインを選択するだけで、ページ番号や特定の文字列を表示できます。挿入後は自由に編集することもできます。
>
> ■ ハイパーリンクの設定
> 文書内の特定の文字列をクリックしたときに指定したWebサイトや他のファイルを開くことができる「ハイパーリンク」を設定できます。
>
> ■ 脚注の設定
> 文書内の特定の用語についての解説や補足説明などをページの下部や文末に付け加えることができます。対象の用語には番号や記号を表示して、ページ下部や文末に解説があることを示します。
>
> ■ 索引の作成
> 索引に含みたい文書内の用語を指定することで、対象の用語とその用語が出現するページ番号の一覧を索引として作成することができます。

テーマの設定

「テーマ」とは、統一されたデザイン要素(本文や見出しのフォント、文書に使用される色、図形やグラフなどのデザイン効果)の組み合わせです。テーマを適用し、文書全体のデザインを統一する方法を学習しましょう。

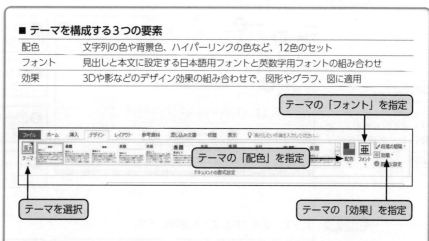

文書に適用するテーマや配色、フォント、効果は[デザイン]タブの[ドキュメントの書式設定]グループの各ボタンで変更します。組み込みのテーマとして、「イオン」や「オーガニック」、「メッシュ」などのイメージを表す21種類が用意されており、簡単な操作で文書全体のデザインを統一することができます。新規作成文書には「Office」というテーマが設定されています。

■ テーマを利用する利点
・文書全体のデザインを簡単な操作で統一できる
・Officeアプリケーション(Word、Excel、PowerPoint、Access)で共有されているため、どのアプリケーションで作成しても統一されたデザインが実現できる

💡 ヒント　**[デザイン]タブ**

[デザイン]タブでは、テーマのほかにスタイルセット、段落の間隔、透かし(注意を促すために文書の背景に半透明で表示する「至急」、「社外秘」などの文字)、ページの背景色、およびページ罫線を設定することができます。
「テーマ」が色やフォントの種類、効果などのデザインを統一できるのに対し、「スタイルセット」では文字列や段落に設定されているスタイルに応じてフォントの種類やサイズ、行間などをまとめて設定し、文書全体を統一感のある書式にすることができます。

操作　テーマを設定する

[Office2016テキスト] フォルダーの中にあるファイル「個人情報保護」を開き、文書に「レトロスペクト」というテーマを設定しましょう。

Step 1　テーマを変更します。

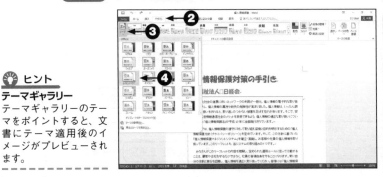

❶ ファイル「個人情報保護」を開きます。

❷ [デザイン] タブをクリックします。

❸ [テーマ] ボタンをクリックします。

❹ [レトロスペクト] をクリックします。

ヒント
テーマギャラリー
テーマギャラリーのテーマをポイントすると、文書にテーマ適用後のイメージがプレビューされます。

Step 2　テーマが変更されたことを確認します。

❶ 本文のフォントや罫線の色が変更されたことを確認します。

💡 ヒント　テーマの要素を変更するには

[配色] ボタン、[フォント] ボタン、[効果] ボタンをそれぞれクリックすると、要素ごとに書式を変更できます。「配色」と「フォント」については、下部のカスタマイズをクリックして、独自のテーマを作成することもできます。

  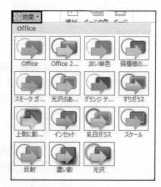

💡 ヒント　変更したテーマを保存するには

テーマの要素を変更した場合、次の手順で変更後のテーマを保存できます。

1. [テーマ] ボタンをクリックして [現在のテーマを保存] をクリックします。
2. [現在のテーマを保存] ダイアログボックスで [ファイルの種類] ボックスが [Officeテーマ] になっていることを確認します。
3. [ファイル名] ボックスに名前を入力して [保存] をクリックします。

保存したテーマはユーザー定義のテーマとしてテーマギャラリーに表示され、組み込みのテーマと同様に利用できます。

保存したテーマを削除するには、テーマギャラリーに表示されたテーマ名を右クリックし、ショートカットメニューの [削除] をクリックします。

表紙の作成

Wordには、さまざまなデザインや書式が設定された組み込みの表紙が用意されています。ここでは、表紙の作成方法について学習します。

■ 表紙の挿入

[挿入]タブの[表紙]ボタンをクリックすると、表紙ギャラリーに組み込みの表紙の一覧が表示されます。

任意の表紙をポイントするとその表紙の説明がポップヒントで表示され、クリックすると文書の先頭ページに選択した表紙が挿入されます。

■ プロパティとの連動

表紙には文書のタイトルや会社名などの「コンテンツコントロール」が配置されています。そこに文字列を入力すると、その内容は文書のプロパティと連動します。
文書のプロパティは [ファイル] タブの [情報] で確認できます。

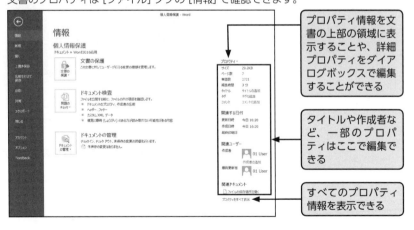

> **用語**
> **コンテンツコントロール**
> 文書内の指定した位置にユーザーが文字列を入力したり、リストから値を選択したりできるように文書内に配置する「テキストボックス」や「ドロップダウンリスト」などのことです。

操作　組み込みの表紙を挿入する

文書に「ファセット」という表紙を挿入し、コンテンツコントロールを次のように編集しましょう。

コンテンツコントロール	操作
文書のタイトル	2ページ1行目の「個人情報保護対策の手引き」を移動
文書のサブタイトル	2ページ2行目の「社会福祉法人　日経会」を移動
要約	削除
作成者	削除
電子メール	削除

Step 1 表紙を挿入します。

❶[挿入]タブをクリックします。

❷[表紙]ボタンをクリックします。

❸「ファセット」をクリックします。

Step 2 表紙が挿入されたことを確認します。

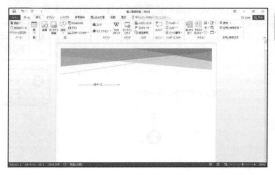

❶先頭ページに表紙が挿入されたことを確認します。

Step 3 2ページ1行目の文字列を切り取ります。

❶2ページ1行目「個人情報保護対策の手引き」を選択します。

❷[ホーム]タブの[切り取り]ボタンをクリックします。

第 7 章　長文作成機能

Step 4 文書のタイトルに設定します。

❶ 1ページ目の「[文書のタイトル]」をクリックして選択します。

❷ [ホーム] タブの [貼り付け] ボタンをクリックします。

Step 5 タイトルが設定されたことを確認します。

Step 6 2ページ1行目の文字列を文書のサブタイトルに設定します。

❶ 2ページ1行目「社会福祉法人日経会」を切り取ります。

❷ 1ページ目の「[文書のサブタイトル]」に貼り付けます。

> **ヒント**
> **作成者の名前**
> [作成者] のコンテンツコントロールには、[ファイル] タブの [情報] をクリックした時に表示される [プロパティ] の [作成者] の情報が自動的に入力されます。

Step 7　要約を削除します。

❶ [要約] コントロールを含むテキストボックスを選択します。

❷ Deleteキーを押します。

ヒント
コンテンツコントロールを利用しない場合
自動的に配置されたコンテンツコントロールのうち、利用しないコンテンツコントロールは削除しておきます。

Step 8　作成者と電子メールを削除します。

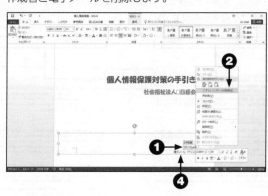

❶ ユーザー名か表示されている [作成者] コントロールを右クリックします。

❷ [コンテンツコントロールの削除] をクリックします。

❸ 作成者の文字列を削除します。

❹ [電子メール] コントロールを右クリックして [コンテンツコントロールの削除] をクリックします。

ヒント
コントロールの削除
ここでは操作の確認のために個別にコントロールを削除していますが、要約と同様にコントロールを含むテキストボックスごと削除することもできます。

Step 9　[要約]、[作成者]、[電子メール] のコンテンツコントロールが削除されたことを確認します。

ヒント　**挿入した表紙を変更/削除するには**
挿入後に表紙のデザインを変更するには、[挿入] タブの [ページ] ボタンから [表紙] ボタンをクリックし、表紙ギャラリーから変更後の表紙を選択します。コンテンツコントロールに入力した文書のタイトル、作成者名、日付などの情報は変更後の表紙に引き継がれます。表紙ギャラリーの [現在の表紙を削除] をクリックすると、挿入した表紙を削除することができます。

ヘッダー/フッターの設定

Wordには、さまざまなデザインや書式が設定された組み込みのヘッダー/フッターが用意されています。ここでは、ヘッダー/フッターの挿入と編集方法について学習します。

■ **ヘッダー/フッターとは**

ヘッダー	用紙の上端から本文領域までの上余白、または上余白に入力する情報
フッター	用紙の下端から本文領域までの下余白、または下余白に入力する情報

ヘッダーやフッターに文書のタイトルやページ番号、日付と時刻、会社や商品のロゴを挿入すると、文書の内容をより明確に表現できるほか、印刷した文書が管理しやすくなる、などの効果もあります。

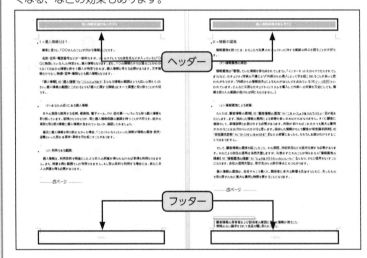

■ **ヘッダー/フッターの挿入**

[挿入]タブの[ヘッダーとフッター]グループにある[ヘッダー]ボタンまたは[フッター]ボタンをクリックすると、ヘッダー/フッターギャラリーに組み込みのヘッダー/フッターの一覧が表示されます。
任意のヘッダー/フッターをポイントすると、そのヘッダー/フッターの説明がポップヒントで表示されます。また、クリックするとヘッダー/フッターが挿入されます。

■ ヘッダー /フッターの編集モード表示

ヘッダー /フッター領域の内容は淡色で表示され、本文の表示と区別されています。ヘッダー /フッターを挿入した直後やヘッダー /フッター領域をダブルクリックしたときには、本文領域は淡色、ヘッダー /フッター領域は標準の色で表示され、ヘッダー /フッターの編集モードになります。

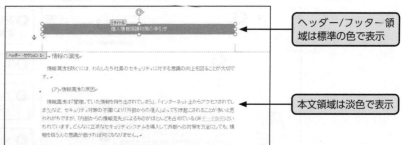

■ ヘッダー /フッターが反映されるページ

ヘッダー /フッターに設定した内容は通常すべてのページに適用されますが、先頭ページおよび奇数ページと偶数ページで異なる設定にすることもできます。これにより、印刷して製本する場合などに、表紙や左右のページのヘッダー /フッターに表示する内容や表示位置を変えることができます。また、セクション単位で異なる設定にすることもできます。

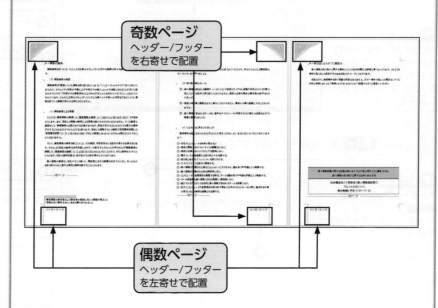

■ ヘッダー /フッターの保存

ヘッダーやフッターの編集後、オリジナルのヘッダーやフッターとしてギャラリーに保存し、繰り返し利用することもできます。

操作 ヘッダーを設定する

先頭ページを除くすべてのページに、組み込みのヘッダー「縞模様」を設定しましょう。

Step 1 ヘッダーを設定します。

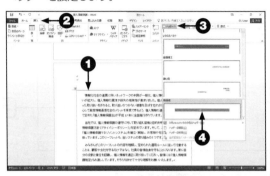

❶ 2ページ目にカーソルを移動します。

❷ [挿入] タブをクリックします。

❸ [ヘッダー] ボタンをクリックします。

❹ ヘッダーギャラリーをスクロールして「縞模様」をクリックします。

Step 2 ヘッダーが挿入されたことを確認します。

💡 ヒント
自動的に挿入される内容
表紙の挿入時に入力した文書のプロパティ情報は、ヘッダーやフッターに反映されます。

❶ ヘッダー領域に文書のタイトルが表示されたことを確認します。

❷ ページをスクロールして、先頭ページ以外にヘッダーが挿入されていることを確認します。

Step 3 先頭ページが別指定となっていることを確認します。

💡 ヒント
ヘッダー/フッターの編集画面
ヘッダー/フッターの編集画面に切り替わると、リボンにはヘッダー/フッターに関するコマンドが集められた[ヘッダー/フッターツール]の[デザイン] タブが自動的に表示されます。

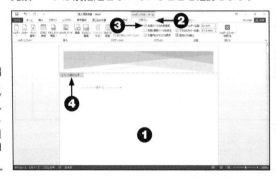

❶ 1ページ目を表示します。

❷ [ヘッダー/フッターツール] の [デザイン] タブをクリックします。

❸ [先頭ページのみ別指定] チェックボックスがオンになっていることを確認します。

❹ [1ページ目のヘッダー] と表示されていることを確認します。

172　長文作成に役立つ機能

💡 **ヒント** **ヘッダー/フッターの編集画面の点線**
ヘッダー/フッターの編集画面では、ヘッダー/フッター領域と本文領域が点線で区切られて表示され、本文の内容は淡色で表示されます。この点線は印刷されません。

💡 **ヒント** **ヘッダー/フッターの位置**
ヘッダーやフッターを表示する位置は、[ヘッダー/フッターツール] の [デザイン] タブにある [位置] グループで変更することができます。

💡 **ヒント** **先頭ページや奇数/偶数ページを別指定するには**
「先頭ページのみ別指定」や「偶数奇数ページ別指定」に設定する場合は、[ヘッダー/フッターツール] の [デザイン] タブの [オプション] グループにある各チェックボックスで指定します。また、[ページレイアウト] タブの [ページ設定] グループのダイアログボックス起動ツールをクリックし、[ページ設定] ダイアログボックスの [その他] タブで設定することもできます。

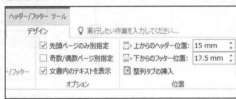

操作 フッターを設定する

先頭ページを除くすべてのページに、組み込みのフッター「サイドライン」を設定しましょう。

Step 1 フッター領域を確認します。

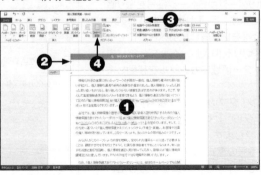

❶ 2ページ目を表示します。

❷ ヘッダー領域にカーソルが表示されていることを確認します。

❸ [ヘッダー/フッターツール] の [デザイン] タブが選択されていることを確認します。

❹ [フッターに移動] ボタンをクリックします。

💡 **ヒント**
効率的なカーソル移動
[ヘッダーに移動] ボタンや [フッターに移動] ボタンをクリックすると、ヘッダー/フッター間でカーソルを移動できます。

第7章 長文作成機能

Step 2 フッターを設定します。

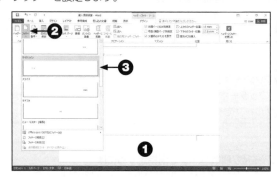

❶ フッター領域にカーソルが移動したことを確認します。

❷ [デザイン] タブの [フッター] ボタンをクリックします。

❸ フッターギャラリーをスクロールして「サイドライン」をクリックします。

Step 3 フッターが挿入されたことを確認し、ヘッダー / フッターの編集を終了します。

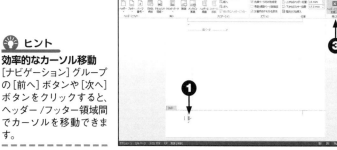

❶ フッター領域にページ番号「1」が表示されたことを確認します。

❷ 画面をスクロールして、先頭ページ以外にフッターが挿入されていること確認します。

❸ [デザイン] タブの [ヘッダーとフッターを閉じる] ボタンをクリックします。

💡 ヒント
効率的なカーソル移動
[ナビゲーション] グループの [前へ] ボタンや [次へ] ボタンをクリックすると、ヘッダー / フッター領域間でカーソルを移動できます。

💡 ヒント
ページ番号の挿入と編集

ページ番号は [挿入] タブまたは [ヘッダー / フッターツール] の [デザイン] タブの [ページ番号] ボタンから挿入することもできます。ページの上部、下部、余白、または現在のカーソル位置に挿入できます。

また、任意のページからページ番号を振り直すことができます。手順は次のとおりです。

1. ページ番号を振り直したいページにセクション区切りを挿入し、ヘッダー領域またはフッター領域にカーソルを移動します。
2. [デザイン] タブの [ページ番号] ボタンをクリックし、[ページ番号の書式設定] をクリックします。
3. [ページ番号の書式] ダイアログボックスの [開始番号] ボックスに振り直したい番号を入力し、[OK] をクリックします。

💡 ヒント　ヘッダー/フッターを修正または削除するには

ヘッダーやフッターを修正するには、[挿入] タブの [ヘッダー] / [フッター] ボタンから [ヘッダーの編集] / [フッターの編集] をクリックします。削除するには [ヘッダー] / [フッター] ボタンから [ヘッダーの削除] / [フッターの削除] をクリックします。また、設定済みのヘッダー/フッター領域でダブルクリックしてヘッダー/フッターの編集画面に切り替えることもできます。ヘッダー/フッターは通常の文字列と同様に修正できます。

💡 ヒント　異なるヘッダー/フッターを設定するには

添付資料や別紙などのように、特定のページ以降から異なるヘッダーやフッターを設定するには、セクションを分ける必要があります。次の手順で行います。

1. 異なるヘッダーやフッターを作成したい最初の位置にセクション区切りを挿入します。
2. 異なるヘッダーやフッターを作成したいセクションにカーソルを移動します。
3. [挿入] タブの [ヘッダー] / [フッター] ボタンをクリックし、[ヘッダーの編集] / [フッターの編集] をクリックします。
4. [ナビゲーション] グループの [前と同じヘッダー/フッター] ボタンをクリックしてオフにします。
   - [前と同じヘッダー/フッター] ボタンがオンの場合は、現在のセクションと前のセクションのヘッダー/フッターが連動していることを示します。現在のセクションでヘッダー/フッターを変更すると、前のセクションの内容も変更されます。
   - [前と同じヘッダー/フッター] ボタンがオフの場合は、前のセクションのヘッダー/フッターとの連動が解除されていることを示します。現在のセクションでヘッダー/フッターを変更しても、前のセクションの内容は変更されません。
5. 現在のセクションで、既存のヘッダーやフッターを変更するか、新しいヘッダーやフッターを作成します。

ヘッダーやフッターを変更すると、以降のすべてのセクションのヘッダーやフッターが自動的に変更されます。部分的に異なる内容のヘッダーやフッターを設定する場合には、異なるヘッダーやフッターを作成したい最後のページの文末にセクション区切りを挿入し、手順2〜5を繰り返します。

💡 ヒント　文書パーツオーガナイザー

ヘッダー/フッター、ページ番号などのように、ギャラリーに表示して再利用可能にしたコンテンツのことを「文書パーツ」といいます。
[挿入] タブの [クイックパーツの表示] ボタンをクリックし、[文書パーツオーガナイザー] をクリックすると、「文書パーツオーガナイザー」に文書パーツの一覧が表示されます。
文書パーツオーガナイザーを使用すると、文書パーツを文書に挿入したり、登録内容を変更または削除したりすることができます。

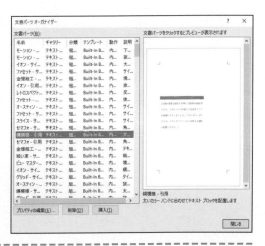

この章の確認

- ☐ テーマを設定できますか？
- ☐ 表紙を挿入できますか？
- ☐ ヘッダーやフッターを設定できますか？

 問題 7-1

文書のテーマを変更し、表紙を挿入してヘッダーとフッターを設定しましょう。

1. ［復習問題］フォルダーから「復習7-1　育児介護規定」を開きましょう。
2. 文書にテーマ「オーガニック」を設定しましょう。
3. 表紙「セマフォ」を挿入し、コンテンツコントロールを次のように編集しましょう。

日付	（コンテンツコントロールを削除）
文書のタイトル	育児・介護規定
文書のサブタイトル	平成28年4月1日
作成者	（変更なし）
会社名	NBPサービス株式会社
会社の住所	（コンテンツコントロールを削除）

4. 先頭ページを除くすべてのページに次の組み込みヘッダー/フッターを挿入し、編集しましょう。

ヘッダー	「空白」を挿入して「20160401」と入力し、右寄せに配置
フッター	「セマフォ」を挿入

5. ［保存用］フォルダーに「復習7-1　育児介護規定」という名前で保存して閉じましょう。

完成例（1～2ページ目）

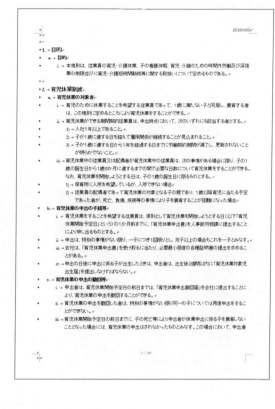

第2部

表計算ソフト Excel 2016 の利用

- 第8章　　表の作成
- 第9章　　四則演算と関数
- 第10章　表の編集
- 第11章　グラフ
- 第12章　印刷
- 第13章　関数を使用した入力サポート
- 第14章　データのビジュアル化

表計算ソフト
Excel 2016
の利用

第8章

表の作成

■ 表作成の流れ
■ 新しいブックの作成とデータ入力
■ データの修正
■ 移動とコピー
■ ブックの保存

表作成の流れ

Excelで表を作成するときは、データを入力してから表の体裁を整えます。表作成の流れを確認しましょう。

Excelで表を作成する一般的な流れは次のとおりです。作成する表や表の目的によっては異なることもあります。

新規ブックの作成 — 表を作成するために初めに新規ブックを作成します。

↓

データの入力 — 作成する表のデータを入力します。

↓

保存 — 作成したデータを保存します。

↓

数式の作成（数式を作成する場合） — 合計や、四則演算などの計算式を作成します。

↓

上書き保存 — 一度保存したデータを更新するために上書き保存します。上書き保存は随時行うようにします。

↓

表の編集 — 作成した表の体裁を整えます。文字の大きさ、書体、配置、罫線、塗りつぶしの色の設定などを行います。

↓

グラフの作成（グラフを作成する場合） — 表のデータを基にグラフを作成します。

↓

印刷 — 表が完成したら、用紙の設定などを行い、印刷を実行します。

> **！重要　作業中の保存操作**
>
> Excel 2016では、何らかのトラブルでExcelが強制終了してしまった場合でも、その内容が失われないように機能が強化されています。しかし、表を作成しているときには、頻繁に上書き保存することをお勧めします。

新しいブックの作成とデータ入力

表を作成するために、まずは新規のブックを作成し、続いてデータを入力します。

効率的に表を作成するためには、ブック作成後にデータを入力する手順や、データの形式を理解しておくことが大切です。

■ データの入力手順

```
1. データを入力するセルをアクティブにする
              ↓
2. データを入力する
（日本語入力モードがオンの場合：変換を確定する）
              ↓
3. データの入力を確定する
```

■ 日本語入力モード

日本語などの文字データを入力するには、日本語入力モードがオンになっている必要があります。Excelの起動時には、日本語入力モードはオフの状態になっています。日本語入力モードのオン/オフの状態はタスクバーで確認できます。

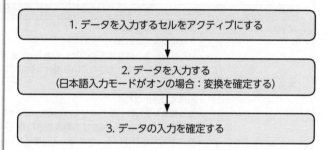

日本語入力-オフ　　　　日本語入力-オン

文字データを入力する場合は日本語入力モードをオンにし、数値データを入力する場合にはオフにすると、効率良くデータを入力することができます。
日本語入力モードのオン/オフを切り替えるには、**半角/全角**キーを押します。また、タスクバーの入力モードのボタン（）をクリックしても切り替えられます。

■ データの種類と特徴

Excelのセルに入力できる代表的なデータの種類には、文字、数値、日付の3つがあります。

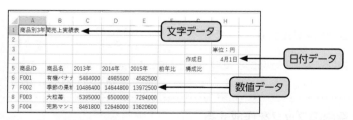

第8章 表の作成 | 183

Excelでは、入力したデータを自動的に認識します。データの種類によって以下の特徴があります。

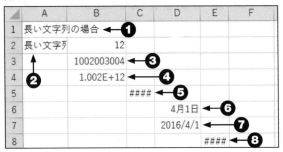

データの種類	特徴、既定の表示形式
文字	・計算対象にならない ・左揃えで表示される ・セル幅を超える場合は右隣のセルにはみ出て表示される（①） ・右隣のセルに値が入力されている場合は途中で切れて表示される（②）
数値	・計算対象になる ・右揃えで表示される ・セル幅より少し長い場合はセルが自動的に広がる（③） ・セル幅よりかなり長い場合は指数表示される（④） ・書式が設定されていて、セル幅に入りきらない場合は####で表示される（⑤）
日付	・計算対象になる ・「4/1」と入力すると日付形式になり、表示は「4月1日」となる（⑥） ・数式バーにはシステム日付から西暦年を付加して表示される ・日付の値はシリアル値で保持されている ・セル幅より少し長い場合はセルが自動的に広がる（⑦） ・セル幅に入りきらない場合は####で表示される（⑧）

用語　シリアル値

Excelでは、日付に「シリアル値」という連番を振って管理しています。シリアル値は、1900年1月1日を「1」として、1日で「1」ずつ増加する値です。時刻は日付の一部として、小数値で管理しています。たとえば、2016年4月1日の13時は、「42461.5416666…」という値になります。

新規ブックの作成

表を作成するために、新規に空白のブックを作成しましょう。

操作　空白のブックを作成する

Step 1 Excelを起動して、空白のブックを作成します。

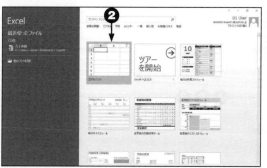

❶Excelを起動します。

❷[空白のブック]をクリックします。

💡 **ヒント**
Excelが起動した状態での空白ブックの作成
すでにExcelが起動した状態で新規に空白のブックを作成するには、[ファイル]タブをクリックし、[新規]をクリックして[空白のブック]をクリックします。

Step 2 空白のブックが作成されます。

❶タイトルバーに「Book1」と表示されていることを確認します。

💡 **ヒント**
ブックの名前
利用環境によっては、ブックの名前が「Book1」にならない場合があります。

データの入力

作成する表のデータを入力しましょう。

操作 ☞ 文字を入力する

日本語入力モードをオンにして、表のタイトル、項目名、商品名などの日本語の項目を入力しましょう。また、商品IDのような英数字の項目は、日本語入力モードをオフにしてから入力しましょう。

Step 1 日本語入力モードをオンにします。

Step 2 表のタイトルの文字をセルA1に入力します。

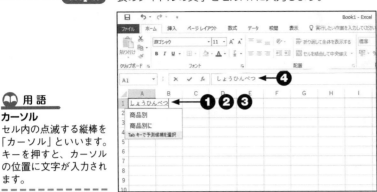

❶ セルA1をクリックします。

❷ 「しょうひんべつ」と入力します。

❸ 点線と予測候補が表示されます。

❹ 数式バーに「しょうひんべつ」と表示されます。

用語
カーソル
セル内の点滅する縦棒を「カーソル」といいます。キーを押すと、カーソルの位置に文字が入力されます。

Step 3 文字を漢字に変換します。

ヒント
変換に使用するキー
文字を変換するには、スペースキーか**変換**キーを押します。

ヒント
正しく変換されないとき
「商品」と変換されなかったときは、さらに変換します。

ヒント
予測候補
表示された入力候補の一覧から、目的の文字列をクリックすることで入力することもできます。

❶ 文字を変換します。

❷ ひらがなが漢字に変換され、文字の下に下線が表示されます。

Step 4 文字を確定します。

❶ Enterキーを押します。

❷ 文字の下の下線が消えます。

Step 5 表のタイトルの文字を続けて入力して変換します。

ヒント
文節区切りについて
思うとおりの文節で区切れずに変換された場合は、**Shift** + → ← キーを押して文節の長さを調整します。

❶ 「3ねんかんうりあげじっせきひょう」と入力し、変換します（画面と同じになるように変換します）。

❷ 文字の下に下線が表示されます。

186　新しいブックの作成とデータ入力

Step 6 表のタイトルを確定します。

❶ Enterキーを押します。

❷文字の下の下線が消えます。

Step 7 データを確定します。

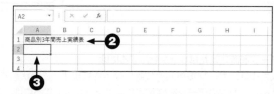

❶もう一度Enterキーを押します。

❷「商品別3年間売上実績表」が左揃えで表示されます。

❸アクティブセルが1つ下のセルA2に移動します。

Step 8 図を参考に、項目名（2013年まで）、商品名などを入力します。

用語
オートコンプリート
入力中に、数文字を入力すると、同一列内で既に入力した文字列が入力候補として表示されることがあります。これを「オートコンプリート」といいます。同じデータを入力したい場合は、**Enter**キーを押してデータを確定します。別のデータを入力したい場合は、入力し続けます。

■ここでの入力のポイント
・英数字は半角で入力します。
・「季節の果物詰め合わせ」を入力後、「桐箱入りメロン」を入力するために「き」と入力すると、自動的に「季節の果物詰め合わせ」が表示されます（オートコンプリート）が、続けて「きり」と入力すると、別のデータを入力できます。
・「完熟マンゴー」を入力後、「完熟有機みかん」を入力するために「か」と入力すると、自動的に「完熟マンゴー」が表示されますが、続けて「かんじゅくゆ」と入力すると、別のデータを入力できます。

Step 9 日本語入力モードをオフにします。

Step 10 商品IDを入力します。

❶セルA6をクリックします。

❷「F001」と入力します。

❸数式バーに「F001」と表示されます。

Step 11 データを確定します。

❶ Enterキーを押します。

❷ 「F001」が左揃えでセル内に表示されます。

❸ アクティブセルが1つ下のセルA7に移動します。

> 💡 **ヒント** **入力中のデータを確定またはキャンセルするには**
> データを入力中は、カーソルが入力位置に表示されます。この状態では、まだデータは確定していません。入力中のデータを確定またはキャンセルにするには、次の操作を行います。
>
> | 目的 | 操作 |
> |---|---|
> | 入力中のデータの確定 | ・**Enter**キーを押す
・数式バーの ☑ ［入力］ボタンをクリックする |
> | 入力中のデータのキャンセル | ・**Esc**キーを押す
・数式バーの ☒ ［キャンセル］ボタンをクリックする |

操作 数値を入力する

日本語入力モードをオフにしたまま、数値データを入力しましょう。

Step 1 数値を入力します。

❶ セルC6をクリックします。

❷ 「5484000」と入力します。

Step 2 数値を確定します。

❶ Enterキーを押します。

❷ 「5484000」が右揃えでセル内に表示されます。

❸ アクティブセルが1つ下のセルC7に移動します。

Step 3 図を参考に数値を入力します。

	A	B	C	D	E	F	G	H	I
1	商品別3年間売上実績表								
2									
3								単位：円	
4							作成日		
5	商品ID	商品名	2013年			前年比	構成比		
6	F001	有機バナナ	5484000	4985500	4582500				
7		季節の果実	10486400	14644800	13972500				
8		大粒苺	5395000	6500000	7294000				
9		完熟マンゴ	8461800	12646000	13620600				
10		桐箱入りメロン	13488000	14368000	12829600				
11		完熟有機バナナ	6584000	5824000	6676000				
12		合計							
13		平均							
14									

■ここでの入力のポイント
・桁数の多い数値(セルC7など)を入力すると、列幅が自動的に広がることを確認しながら入力しましょう。

💡 **ヒント** **データを効率的に入力するには**
あらかじめデータを入力したいセルを範囲選択してからデータを入力すると、選択した範囲内でアクティブセルを移動することができ、データを効率的に入力することができます。

■キーによるアクティブセルの移動方向
選択した範囲内でアクティブセルが移動する方向は次の表のとおりです。

キー	アクティブセルの移動方向
Enterキー	1つ下のセル（既定）
Shift＋**Enter**キー	1つ上のセル
Tabキー	1つ右のセル（既定）
Shift＋**Tab**キー	1つ左のセル

セルを範囲選択し、**Enter**キーを押すと、図のような順番でアクティブセルが移動します。

セルを範囲選択し、**Tab**キーを押すと、図のような順番でアクティブセルが移動します。

💡 **ヒント** **数値を文字データとして入力するには**
数値を文字データとして入力するには、数値の前に「'(シングルクォーテーション)」を入力します。「'(シングルクォーテーション)」の後に入力された数値は文字データとして認識され、左揃えで表示されます。また、あらかじめセルの表示形式を[文字列]に設定しておくと、数値を文字データとして入力できます。セルの表示形式は、[セルの書式設定]ダイアログボックスの[表示形式]タブで設定します。

操作 日付を入力する

日本語入力モードをオフにしたまま、日付データを入力しましょう。

Step 1 日付を入力します。

❶セルH4をクリックします。
❷「4/1」と入力します。

Step 2 表示を確認します。

❶Enterキーを押します。
❷日付と認識され、「4月1日」と表示されます。

💡 ヒント
日付の初期設定
日付は月日のみを入力すると今年の日付として認識されます。今年以外の日付を入力するには、西暦4桁の後に/(スラッシュ)を入力し、月日を入力します。たとえば、2016年4月1日は「2016/4/1」と入力します。

💡 ヒント
日付の表示形式
「4/1」と入力して確定すると、日付の表示は「4月1日」になります。日付を和暦や西暦4桁を付けて表示するには、[セルの書式設定] ダイアログボックスの [表示形式] タブで設定します。

連続データの入力

年など、文字と数字を組み合わせた規則性のある連続データは、「オートフィル」機能を使用して簡単に入力できます。よく使われる月や曜日なども、Excelに連続データとして登録されているので、オートフィル機能で入力できます。

操作 連続データを入力する

「2013年」のデータを使って、横方向にドラッグして「2014年」、「2015年」をオートフィル機能で入力しましょう。また、商品ID「F001」を縦にドラッグして、連続した商品IDを入力しましょう。

Step 1 連続データの基となるセルを選択します。

用語
フィルハンドル
「フィルハンドル」とは、アクティブセルまたは選択範囲の右下隅に表示される緑色の四角形のことです。フィルハンドルをポイントすると、マウスポインターの形が ✚ に変わります。

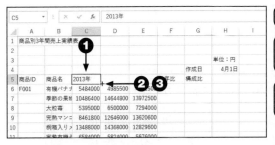

❶ セルC5をクリックします。
❷ セルの右下隅にあるフィルハンドルをポイントします。
❸ マウスポインターの形が ✚ になっていることを確認します。

Step 2 連続データを作成します。

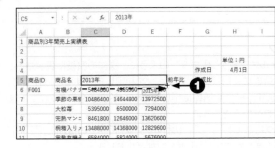

❶ セルE5までドラッグします。

Step 3 任意のセルをクリックして範囲選択を解除し、セルD5～E5に年のデータが自動的に入力されたことを確認します。

Step 4 同様に、セルA6をクリックし、セルA11までフィルハンドルをドラッグして商品IDのデータを入力します。

ヒント [オートフィルオプション] ボタン

[オートフィルオプション] ボタンは、オートフィル機能を使用したときに表示されます。

[オートフィルオプション] ボタンをクリックすると、データをコピーするのか、連続データにするのかなどを選択することができます。

用語 スマートタグ

[オートフィルオプション] ボタンのように、操作の直後に表示され、その場で必要な設定をしたり、気付きにくい操作オプションを利用したりすることができるしくみを「スマートタグ」といいます。操作や情報に応じてボタンが表示されるので、必要最小限の選択肢からすばやく処理を選択できます。
スマートタグには [オートフィルオプション] ボタンのほかに、 [Ctrl] [貼り付けのオプション] ボタン、 [挿入オプション] ボタンなどがあります。

ヒント オートフィル機能で入力できるデータの種類

オートフィル機能では、日付、時刻、日、週、月などの規則性のあるデータや、基になるデータが文字列と数値の組み合わせの場合に、連続データを入力できます。
オートフィル機能を使うと、次のような連続データを自動的に入力することができます。

最初のセルの値	連続データ
月	火、水、木、金、土、日、月…
月曜日	火曜日、水曜日、木曜日、金曜日、土曜日、日曜日、月曜日…
1月	2月、3月、4月、5月、6月…12月、1月、2月…
1月1日	1月2日、1月3日、1月4日…1月31日、2月1日…
9:00	10:00、11:00、12:00…23:00、0:00、1:00…
第1	第2、第3、第4、第5…

あらかじめ連続データを作成したい数値を2つ入力し、数値の範囲を選択してからオートフィル機能を利用すると、「1、2…」、「5、10…」、「100、99…」などの規則性のある数値の連続データを入力できます。

また、ユーザー独自の連続データを作成することもできます。
操作手順は次のとおりです。

❶[ファイル]タブをクリックします。

❷[オプション]をクリックします。

❶[Excelのオプション]ダイアログボックスの[詳細設定]をクリックします。

❷[全般]の[ユーザー設定リストの編集]をクリックします。

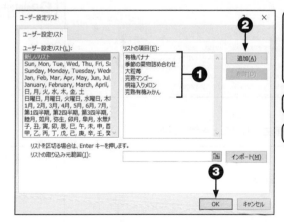

❶[ユーザー設定リスト]ダイアログボックスの[リストの項目]ボックスに、連続データを**Enter**キーで改行しながら、1項目ずつ入力します。

❷[追加]をクリックします。

❸[OK]をクリックします。

[OK]をクリックして[Excelのオプション]ダイアログボックスを閉じます。

データの修正

入力したデータは、後から修正することができます。また、修正の内容に応じて適切な操作方法があります。

データの修正には、以下の操作方法があります。

修正内容	操作
データの消去	セルを選択してDeleteキーを押します。
データの上書き	データが入力されているセルに、書き換えたいデータを直接入力します。
データの一部修正	セル上でダブルクリックして該当部分を修正します。

 データを消去する

セルG4の「作成日」を消去しましょう。

Step 1 データを消去します。

❶セルG4をクリックします。

❷Deleteキーを押します。

Step 2 データが消去されたことを確認します。

❶セルG4の「作成日」が消去されていることを確認します。

ヒント
複数のセルのデータをまとめて消去するには
複数のセルのデータをまとめて消去するには、消去したいセルを範囲選択し、**Delete**キーを押します。

操作☞ データを上書きする

セルH4の日付を、「4月11日」に変更しましょう。

Step 1 上書きしたいセルを選択します。

❶セルH4をクリックします。

Step 2 データを上書きします。

❶「4/11」と入力します。

❷Enterキーを押します。

Step 3 セルH4の値が後から入力したデータに上書きされたことを確認します。

操作 データの一部を修正する

セルA1の表のタイトルの「3年間」を「年度別」に変更しましょう。

Step 1
修正したい部分にカーソルを表示します。

❶セルA1をダブルクリックします。

❷セル内にカーソルが表示されます。

❸「間」と「売」の間をクリックします。

ヒント
修正部分の指定
セルをダブルクリックしてカーソルを表示した後、←キーまたは→キーを押すと、カーソルを左右に移動できます。

Step 2
修正する文字を削除します。

❶BackSpaceキーを3回押します。

❷「3年間」が削除されます。

Step 3
修正する文字を入力します。

❶「年度別」と入力します。

❷Enterキーを押してデータを確定します。

Step 4
データが修正されたことを確認します。

ヒント　データの一部を修正する方法

データの一部を修正するには、次の2つの方法もあります。

・対象セルをアクティブにし、数式バーをクリックします。

・対象セルをアクティブにし、**F2**キーを押します。

ヒント　操作を間違ってしまった場合

操作を間違ってしまったときのために、Excelには操作を取り消したり、やり直したりするための機能が用意されています。

■操作を元に戻すには

入力、削除、書式設定などの操作を取り消したい場合は、クイックアクセスツールバーの [元に戻す 〇〇] ボタン（〇〇は直前に行った操作によって変わります）をクリックします。クリックするたびに、直前に行った操作を1操作ずつ元に戻すことができます。また、複数の操作を一度に取り消したい場合は、[元に戻す 〇〇] ボタンの▼をクリックし、一覧から取り消したい操作を選択します。ただし、操作の内容によっては、元に戻すことができない場合もあります。

■元に戻した操作をやり直すには

[元に戻す] ボタンで取り消した操作をやり直すには、クイックアクセスツールバーの [やり直し 〇〇] ボタンをクリックします。[元に戻す 〇〇] ボタンと同様に、[やり直し 〇〇] ボタンの▼をクリックすると、複数の操作を一度にやり直すことができます。

移動とコピー

セルやセル範囲のデータを移動するには「切り取り」と「貼り付け」を行います。データをコピーするには「コピー」と「貼り付け」を行います。

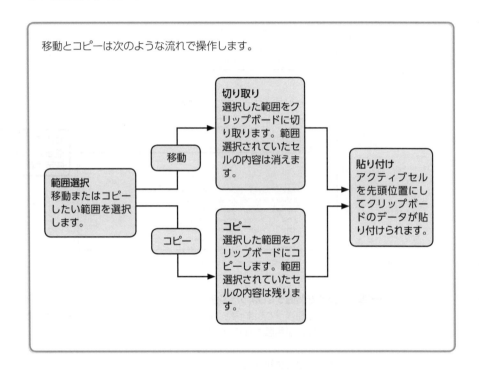

用語　クリップボード

クリップボードは、切り取ったまたはコピーしたデータを一時的に保存する領域です。Officeをはじめとするwindows上のさまざまなアプリケーションで利用できるので、アプリケーション間のデータ受け渡しにも使えます。Windowsのクリップボードは、一度に保存できる情報が最新の1つだけです。クリップボードに新しい内容が切り取りまたはコピーされると、前の内容は置き換えられます。
Officeは最大24個まで情報を保存できる独自のクリップボード機能を備えています。[ホーム] タブの [クリップボード] グループの [クリップボード] ボタンをクリックすると、保存されたデータが一覧できる [クリップボード] 作業ウィンドウが開きます。

操作　データを移動する

セルH3の「単位：円」とセルH4の日付を、セルG3 ～ G4に移動しましょう。また、セルB12の「合計」とセルB13の「平均」を、セルA12 ～ A13に移動しましょう。

Step 1 移動するセル範囲を切り取ります。

❶ セルH3〜H4を範囲選択します。

❷ [ホーム] タブの [切り取り] ボタンをクリックします。

Step 2 選択したセルが点滅する破線で囲まれます。

❶ セルH3〜H4が点滅する破線で囲まれていることを確認します。

Step 3 切り取ったセル範囲を貼り付けます。

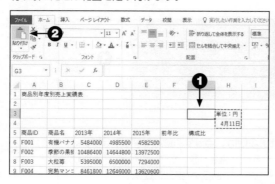

❶ セルG3をクリックします。

❷ [貼り付け] ボタンをクリックします。

> 💡 **ヒント**
> **切り取りと貼り付け**
> 切り取ったセルは、切り取ったセル範囲を囲む破線が点滅している間に、一度だけ貼り付けることができます。

Step 4 セルG3を基点にデータが移動したことを確認します。

第8章 表の作成

Step 5 同様に、セルB12～B13をセルA12～A13に移動します。

操作 ☞ データをコピーして貼り付ける

表全体を右側にコピーしましょう。

Step 1 セル範囲をコピーします。

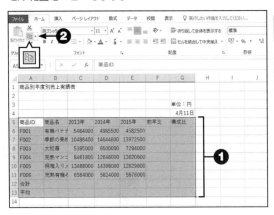

❶ セルA5～G13を範囲選択します。

❷ [コピー] ボタンをクリックします。

Step 2 選択したセル範囲が、点滅する破線で囲まれます。

Step 3 コピーしたセル範囲を貼り付けます。

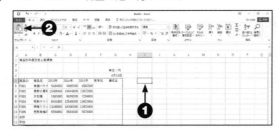

① セルI5をクリックします。

② [貼り付け] ボタンをクリックします。

Step 4 範囲選択を解除して、セルI5を基点として表がコピーされたことを確認します。

💡 **ヒント**
点滅する破線を解除するには
コピーまたは切り取りで選択したセル範囲は、点滅する破線で囲まれます。それを解除するには、**Esc**キーを押します。

Step 5 セルI5～O13を範囲選択し、**Delete**キーを押してコピーした表を消去します。

💡 **ヒント**　**貼り付けのオプション**

[貼り付けのオプション] ボタンは、データを貼り付けたときに表示されます。

[貼り付けのオプション] ボタンをクリックすると、貼り付けオプションのギャラリーが表示され、書式だけを貼り付けたり、貼り付け元とのリンクを設定したりすることができます（「書式」とは、文字の表示形式や配置、フォントサイズ、罫線などを指します）。貼り付けオプションのギャラリーは、右クリックしたときや [ホーム] タブの [貼り付け] ボタンの▼をクリックしたときにも表示されます。

ボタンにマウスをポイントすると、データを貼り付けた後の状態を事前に確認することができます。各ボタンの機能は次のとおりです。

分類		ボタン	分類		ボタン
貼り付け		貼り付け	値の貼り付け		値
		数式			値と数値の書式
		数式と数値の書式			値と元の書式
		元の書式を保持			書式設定
		罫線なし	その他の貼り付けオプション		リンク貼り付け
		元の列幅を保持			図
		行列を入れ替える			リンクされた図

第8章 表の作成

ブックの保存

作成したブックを残し、後から使用できるようにしておくために、ファイルとして保存します。

■ **ブックの保存**
ブックをファイルとして保存する場合、次の2つの保存方法を使います。

保存方法	内容
上書き保存	既存のブックへの変更を保存して最新の状態に更新します。新しく作成したブックでこのコマンドを選択すると、[名前を付けて保存] ダイアログボックスが表示されます。
名前を付けて保存	新しく作成したブックに名前を付けて保存します。既存のブックに別の名前を付けて、新しいブックとして保存します。

■ **ファイル名の付け方**
ファイル名には、ファイルの内容を示すような、わかりやすい名前を付けましょう。
なお、ファイル名には、次の半角記号は使用できません。

/	スラッシュ	*	アスタリスク	|	縦棒
¥	円記号	?	疑問符	:	コロン
<>	不等号	"	ダブルクォーテーション		

 ヒント 　**拡張子について**
ファイルには、ファイル名の後に拡張子が付きます。拡張子はファイルの種類を識別するためのもので、Excelブックの拡張子は、「.xlsx」です。拡張子は保存時に自動的に付きますが、Windowsの初期設定では表示されないようになっています。

操作 ☞ 名前を付けて保存する

作成したブックに「売上実績」という名前を付けて保存しましょう。

Step 1 [名前を付けて保存] ダイアログボックスを開きます。

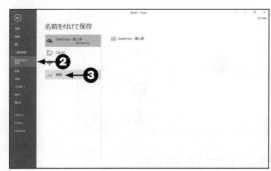

❶ [ファイル] タブをクリックします。

❷ [名前を付けて保存] をクリックします。

❸ [参照] をクリックします。

Step 2 [Office2016テキスト] フォルダーを開きます。

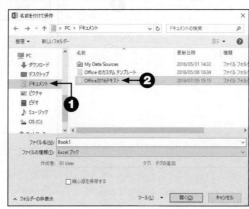

❶ [PC] の [ドキュメント] をクリックします。

❷ [Office2016テキスト] フォルダーをダブルクリックします。

Step 3 [保存用] フォルダーを開きます。

❶ [保存用] フォルダーをダブルクリックします。

第8章 表の作成 | 203

Step 4 ファイル名を指定します。

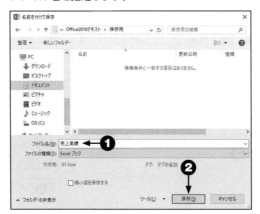

❶ [ファイル名] ボックスに「売上実績」と入力します。

❷ [保存] をクリックします。

Step 5 ファイルが保存されたことを確認します。

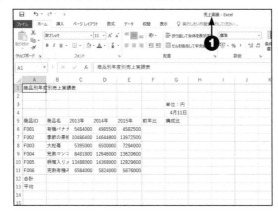

❶ タイトルバーに「売上実績」と表示されていることを確認します。

Step 6 ブック「売上実績」を閉じます。

この章の確認

- ☐ 表作成の流れを理解できましたか？
- ☐ データの入力手順を理解できましたか？
- ☐ データの種類とその特徴を理解できましたか？
- ☐ 新規ブックを作成できますか？
- ☐ 文字データを入力することができますか？
- ☐ 数値データを入力することができますか？
- ☐ 日付データを入力することができますか？
- ☐ 連続データを入力することができますか？
- ☐ データを消去することができますか？
- ☐ データを上書き修正することができますか？
- ☐ データの一部を修正することができますか？
- ☐ データを移動することができますか？
- ☐ データをコピーして貼り付けることができますか？
- ☐ ブックを保存することができますか？

復習問題 問題 8-1

新規ブックを作成し、文字データを入力しましょう。

1. 新規ブックを作成しましょう。
2. 図を参考に文字データを入力しましょう。

	A	B	C	D	E	F	G	H	I
1	商品別月別売上集計表								
2									
3									単位：円
4								日付	
5	商品CD	商品名	7月			合計	前月比	構成比	
6	C001	ブレンドコーヒー							
7		炭焼コーヒー							
8		カフェオレ							
9		炭焼アイスコーヒー							
10		アイスカフェオレ							
11	合計								
12	平均								
13									

第8章 表の作成

問題 8-2

数値データと日付データを入力しましょう。続いて連続データを作成しましょう。

1. 図を参考に数値データを入力しましょう。
2. 図を参考に日付データを入力しましょう。
3. 商品CDを連続データで作成しましょう。
4. 月を連続データで作成しましょう。

	A	B	C	D	E	F	G	H	I
1	商品別月別売上集計表								
2									
3									単位：円
4								日付	9月30日
5	商品CD	商品名	7月	8月	9月	合計	前月比	構成比	
6	C001	ブレンド	846000	725200	812000				
7	C002	炭焼コーヒ	175600	178800	184000				
8	C003	カフェオレ	131040	153600	181920				
9	C004	炭焼アイス	352800	343800	341550				
10	C005	アイスカフ	327120	433260	370620				
11	合計								
12	平均								
13									

問題 8-3

データの消去と修正を行いましょう。

1. セルH4の「日付」を消去しましょう。
2. セルI4の日付を「10月15日」に変更しましょう。
3. セルA１のタイトルを「商品別第2四半期売上集計表」に修正しましょう。

問題 8-4

データの移動を行い、ブックに名前を付けて保存しましょう。

1. セルI3〜I4のデータを、セルH3〜H4に移動しましょう。

2. ［保存用］フォルダーに「第2四半期売上実績」という名前で保存して閉じましょう。

第9章

四則演算と関数

- 四則演算と関数について
- 四則演算
- 基本的な関数
- 相対参照と絶対参照

四則演算と関数について

Excelで計算を行うには、セルに数式を入力します。数式は、等号(=、イコール)で始まります。ほかのセルを参照して、四則演算(足し算、引き算、掛け算、割り算)の計算を行ったり、関数を使用して計算を行ったりすることができます。関数とは、Excelであらかじめ定義されている計算式です。

数式を作成するときは、どのような計算を行うことが必要なのかを考えながら作業することが大切です。
四則演算と関数を使い分けて効率よく数式を作成します。

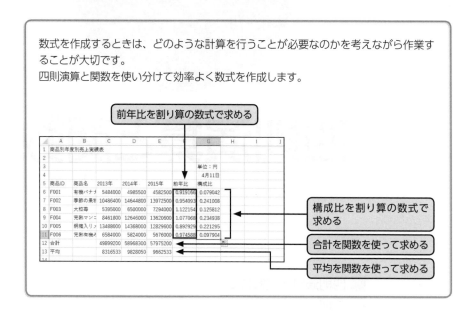

四則演算

Excelで四則演算(足し算、引き算、掛け算、割り算)の計算をするには、先頭に等号(=)を入力し、続いて計算対象となる値やセル参照と四則演算子などを使って数式を入力します。

■ 数式とは

数式とは等号(=)で始まる計算式のことです。数値を使ったりほかのセルを参照したりして、四則演算(足し算、引き算、掛け算、割り算)などの計算を行うことができます。

足し算の例:=100 + 200 → 計算結果:300

セルには、数式の計算結果が表示されます。数式を入力したセルをアクティブにすると、数式バーにセルの数式が表示されます。また、数式バーで数式の修正を行うこともできます。

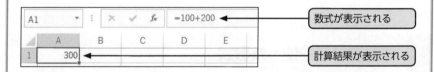

■ 四則演算子を使った数式

四則演算の計算に使う記号を、「四則演算子」といいます。

演算子	数学の場合	意味
+	+	足し算
−	−	引き算 (数値の前に付けると「マイナス」として認識されます)
*	×	掛け算
/	÷	割り算
^	2^3	べき乗 (使用例:2^3→2^3)

■ セル参照

他のセルに入力された値を、セル番地で指定して数式に使用することを「セル参照」といいます。セル番地とは、列番号と行番号でセルの位置を表したものです。たとえば、「A列1行目」のセルは「A1」、「A列の1行目からC列の3行目まで」のようなセルの範囲は、「A1:C3」と表します。

セル参照を使った足し算の例:=A1 + A2 → セルA1の値とセルA2の値を足す

セル番地はキーボードから直接入力することもできますが、数式の入力中にセルをマウスでクリックすると、そのセル番地が数式中に入力されます。

第9章 四則演算と関数

■ 数式コピー時のセル参照
数式をコピーすると、コピー先に応じてセルの参照先が変わります。

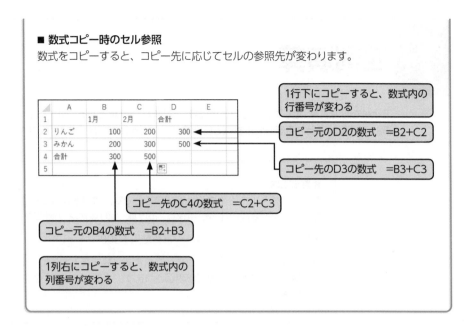

四則演算子を使った数式

足し算や引き算などの四則演算をするには、等号 (=) で始まり、四則演算子などを使った数式を入力します。数式を入力するときは、「=」や四則演算子はキーボードから入力しますが、セル参照は、セルをマウスでクリックすることで入力できます。最後に、**Enter**キーを押して数式を確定します。

操作 数式を入力する

2015年の売上が2014年の売上よりどのくらい伸びているかを表すために、前年比を割り算で求めましょう。

Step 1 [保存用] フォルダーにあるブック「売上実績」を開きます。本章から学習を開始する場合は、[Office2016テキスト] フォルダーにある「9章_売上実績」を開きます。

Step 2 計算結果を表示させたいセルを選択します。

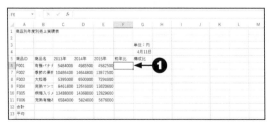

❶セルF6をクリックします。

Step 3 等号を入力します。

❶ キーボードから「=」と入力します。

❷ 数式バーとセルF6に「=」と表示されていることを確認します。

Step 4 計算の対象となるセルを選択します。

💡 **ヒント**
セルの選択を間違えた場合
計算の対象となるセルの選択を間違えた場合は、正しいセルをクリックし直します。

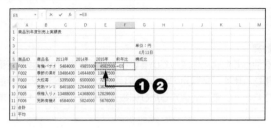

❶ セルE6をクリックします。

❷ セルE6が点滅する破線で囲まれます。

Step 5 演算子を入力します。

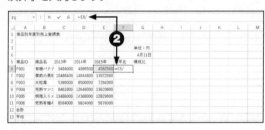

❶ 「/」を入力します。

❷ 数式バーとセルF6に「=E6/」と表示されていることを確認します。

Step 6 同様に、数式に使う次のセルを選択します。

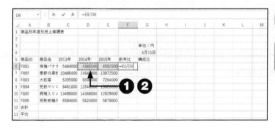

❶ セルD6をクリックします。

❷ セルD6が点滅する破線で囲まれます。

Step 7 数式を確定します。

❶ Enterキーを押します。

❷ セルF6に計算結果が表示されていることを確認します。

Step 8 数式を確認します。

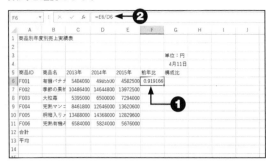

❶セルF6をクリックします。

❷数式バーに数式が表示されていることを確認します。

ヒント
数値と数式の違い
数式を入力すると、セルには計算結果が表示されます。入力されたデータが数値データか数式かは、数式バーで確認することができます。アクティブセルに数式が入力されている場合、数式バーには数式が表示されます。

ヒント
数式の再計算
セル参照を使って数式を作成している場合、参照先のセルの値を変更すると、計算結果も自動的に修正されます。参照元のセルに新しい数値を入力すると、再計算され、新しい計算結果が表示されます。値を変更するたびに数式を修正する必要はありません。

数式のコピー

セルのコピーと同様に、数式もコピーできます。通常の(相対参照の)数式をコピーすると、コピー先に応じてセルの参照先が変わります。

ヒント
相対参照
通常、セル参照で数式を入力すると相対参照となり、数式をコピーするとコピー先に応じてセルの参照先が変わります。詳しくは、本章の「相対参照と絶対参照」を参照してください。

操作 ☞ 数式をコピーする

オートフィル機能を使用して数式をコピーすることができます。セルF6で求めた前年比を、オートフィル機能を使ってセルF11までコピーしましょう。

Step 1 コピーする数式を選択します。

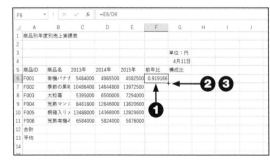

❶セルF6が選択されていることを確認します。

❷フィルハンドルをポイントします。

❸マウスポインターの形が ✚ になっていることを確認します。

212　四則演算

Step 2 数式をコピーします。

❶セルF11までドラッグします。

Step 3 範囲選択を解除して、セルF7～F11に数式がコピーされていることを確認します。

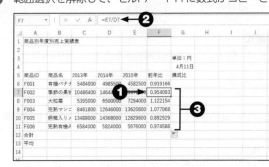

❶セルF7をクリックします。

❷数式バーに適切な数式が表示されていることを確認します。

❸セルF7～F11に計算結果が表示されていることを確認します。

💡 ヒント　オートフィル以外に数式をコピーする方法

数式をコピーするには、オートフィルを使うほかに [コピー] ボタンと [貼り付け] ボタンを使う方法もあります。この場合もコピー先に応じてセルの参照先が変わります。
数式をコピーする手順は、次のとおりです。

❶数式を入力したセルを選択し、[コピー] ボタンをクリックします。

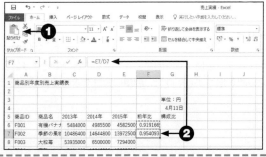

❶数式をコピーするセルまたはセル範囲を選択し、[貼り付け] ボタンをクリックします。

❷数式がコピーされます。

基本的な関数

Excelには、関数という便利な計算式があります。関数を使うと、合計や平均などのよく使う計算から、さまざまな目的に応じた計算まで、長く複雑な数式を短く簡単に作成して計算することができます。

「関数」とは、Excelであらかじめ定義されている計算式です。Excelには、400種類以上の関数が用意されています。多くの関数では、関数のかっこ内に引数（ひきすう）を入力して、計算の詳細を指定できます。

■ 関数の書式
関数の書式は、等号（=）の右側に関数名を入力し、引数をかっこ（）で囲みます。

=SUM (C6:C11)
　関数名　引数

※この例にある「SUM関数」の「SUM」とは「合計」という意味の英語です。

■ 引数について
関数では、計算などの処理の対象となる値やセル範囲、文字列などを「引数」として指定します。引数の種類は、使用する関数によって異なります。引数にセル範囲を指定するときは、コロン（:）を使って入力します。範囲をカンマ（,）で区切って入力すると、複数の範囲を指定することができます。マウスを使って引数にセル範囲を指定すると、自動的にコロン（:）やカンマ（,）が入力されます。

■ 四則演算と関数の比較
セル範囲C6～C11の合計を求める場合、四則演算と関数では次のように違いがあります。
四則演算の場合は、足し算のため数式が長くなります。

=C6+C7+C8+C9+C10+C11

SUM関数を使って合計を求める場合は、関数名を指定してかっこ（）の中に合計する範囲を指定します。四則演算と比べると、数式を短くすることができます。

=SUM (C6:C11)
　関数名 合計する範囲

■ 合計の計算
合計を求める計算式を、SUM（サム）関数といいます。SUM関数は、[ホーム] タブの Σ [合計] ボタンを使って、簡単に入力することができます。SUM関数を使うと、合計したい範囲を指定するだけで、簡単に合計を求めることができます。

■ [合計] ボタンから入力できる関数
[合計] ボタンの▼をクリックすると、合計のほかに、平均、数値の個数、最大値、最小値などを求めることもできます。[合計] ボタンは、[ホーム] タブと [数式] タブにあります。[数式] タブでは [オートSUM] ボタンになっています。

合計の計算

表を作成する場合、よく合計を求めることがあります。Excelでは簡単に合計を計算することができます。

操作 合計を求める（SUM関数）

[合計] ボタンを使って、セルC12に2013年の合計を求めましょう。また、オートフィル機能を使って、2013年の数式をコピーして、2014年、2015年の合計を求めましょう。

Step 1 合計を求めたいセルを選択します。

❶ セルC12をクリックします。

Step 2 SUM関数の数式を入力します。

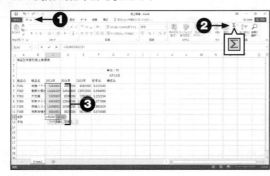

❶ [ホーム] タブが表示されていることを確認します。

❷ [合計] ボタンをクリックします。

❸ セルC6〜C11が破線で囲まれ、セルC12に「=SUM(C6:C11)」と表示されたことを確認します。

第9章 四則演算と関数

Step 3 合計を求めます。

❶ もう一度［合計］ボタンをクリックします。

❷ セルC12に合計が表示されます。

Step 4 オートフィル機能を使って数式をコピーします。

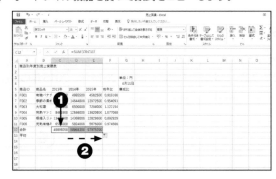

❶ セルC12が選択されていることを確認します。

❷ フィルハンドルをポイントし、セルE12までドラッグします。

Step 5 範囲選択を解除して、数式がコピーされていることを確認します。

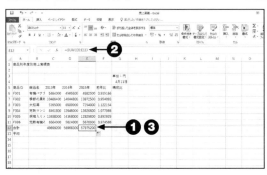

❶ セルE12をクリックします。

❷ 数式バーに適切な数式が表示されていることを確認します。

❸ セルE12に計算結果が表示されていることを確認します。

💡 **ヒント** **［合計］ボタンで自動認識される範囲**

［合計］ボタンは、上か左に隣接し、連続して数値データが入力されているセル範囲を合計の対象として自動認識します。上と左のセルでは、上のセルを優先します。自動認識された範囲を修正したい場合には、合計したいセル範囲をあらためてドラッグします。

💡 ヒント　一度に合計を求めるには

合計する値と合計を表示したいセルを範囲選択するか、合計を表示したい複数のセル範囲を選択してから、[合計] ボタンをクリックすると、一度の操作ですべての合計を求めることができます。

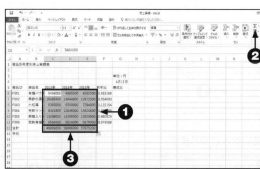

❶ セルC6〜E11をドラッグします。

❷ [合計] ボタンをクリックします。

❸ セルC12〜E12に計算結果が表示されていることを確認します。

[合計] ボタンのその他の関数

平均、数値の個数、最大値、最小値などのよく使われる関数は、[合計] ボタンを使って簡単に入力できます。

■ 平均　AVERAGE（アベレージ）関数

AVERAGE関数は、引数の平均値を計算する関数です。複雑な数式を入力しなくても、引数に数値を指定するだけで平均値を求めることができます。

書式	=AVERAGE(数値1,数値2,...)
引数	数値1,数値2,...には、平均を求める数値またはセルを指定します。引数は1 〜 255 個まで指定できます。

操作☞ 平均を求める (AVERAGE関数)

[合計] ボタンを使って、セルC13に2013年の平均を求めましょう。また、オートフィルの機能を使って、2013年の平均の数式をコピーして、2014年、2015年の平均を求めましょう。

Step 1 平均を求めたいセルを選択します。

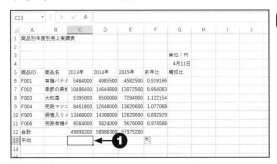

❶セルC13をクリックします。

Step 2 平均を求める関数を選択します。

❶[ホーム]タブが表示されていることを確認します。

❷[合計]ボタンの▼をクリックします。

❸[平均]をクリックします。

Step 3 AVERAGE関数の数式が自動的に入力されます。

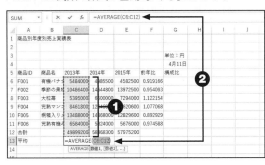

❶セルC6～C12が破線で囲まれます。

❷セルC13と数式バーに「=AVERAGE(C6:C12)」と表示されます。

Step 4 正しい範囲を選択し直します。

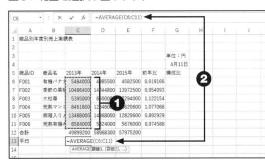

❶セルC6～C11をドラッグします。

❷セルC13と数式バーに選択した範囲が表示されていることを確認します。

Step 5 ∑ [合計] ボタンをクリックし、数式を確定します。

Step 6 セルC13に2013年の平均が求められたことを確認します。

❶数式バーに数式が表示されていることを確認します。

Step 7 オートフィル機能を使って数式をコピーします。

❶オートフィル機能を使ってセルC13の数式をE13までコピーします。

Step 8 範囲選択を解除して、平均が求められたことを確認します。

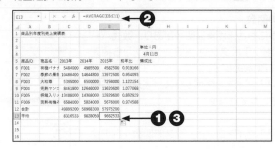

❶セルE13をクリックします。

❷数式バーに適切な数式が表示されていることを確認します。

❸セルE13に計算結果が表示されていることを確認します。

💡ヒント　[合計]ボタンで使えるその他の関数

■ 数値の個数　COUNT（カウント）関数

[合計] ボタンの▼をクリックし、[数値の個数] をクリックします。
COUNT関数は、選択範囲の中に数値データがいくつあるか（与えられた引数の中の数値データの個数）を返します。文字データなどが入力されたセルは、対象となりません。

書式	=COUNT(値1,値2,…)
引数	値1,値2,…には、数値データの個数を求めるセル範囲を指定します。引数は1～255個まで指定できます。

■ 最大値　MAX（マックス）関数

[合計] ボタンの▼をクリックし、[最大値] をクリックします。MAX関数は、選択範囲の中の最大値を求める関数です。

書式	=MAX(数値1,数値2,…)
引数	数値1,数値2,…には、最大値を求めるセル範囲を指定します。引数は1～255個まで指定できます。

■ 最小値　MIN（ミニマム）関数

[合計] ボタンの▼をクリックし、[最小値] をクリックします。MIN関数は、選択範囲の中の最小値を求める関数です。

書式	=MIN(数値1,数値2,…)
引数	数値1,数値2,…には、最小値を求めるセル範囲を指定します。引数は1～255個まで指定できます。

■ その他の関数

上記のほかにもさまざまな関数があり、数式バーの [関数の挿入] ボタンや、[数式] タブから挿入できます。[関数の挿入] ボタンをクリックすると [関数の挿入] ダイアログボックスが表示され、関数を探すことができます。

[関数の挿入] ダイアログボックスで関数を選択するか、[数式] タブの [関数ライブラリ] グループにある各関数の分類ボタンから関数を選択すると、[関数の引数] ダイアログボックスが表示され、関数を入力できます。

相対参照と絶対参照

セルを参照した数式をコピーするときに、コピー先に応じてセル番地を変えるか、または変えないかを指定して数式を作成することができます。

セルを参照する方法には、「相対参照」と「絶対参照」があります。相対参照と絶対参照を組み合わせて「複合参照」で指定することもできます。

セルを参照した数式をコピーするときに、コピー先に応じてセルの参照先が変わるのが相対参照で、コピーしてもセルの参照先が変わらないのが絶対参照です。Excelの既定のセル参照は相対参照です。

数式をコピーしてもセルの参照先を変えたくない場合は、あらかじめコピー元の数式を絶対参照で作成してからコピーする必要があります。

■ 相対参照

相対参照を使った数式をコピーすると、数式内のセル番地はコピー先のセルを基点にして自動的に書き換えられます。
次の例では、行ごとの合計を計算しています。セルC3に数式(=A3+B3)を作成し、オートフィルで下のセルにコピーすると、コピー先のセルの数式の中の行番号は、コピー先のセルを基点に変更されています。

	A	B	C	D
1				
2	A地区	B地区	合計	
3	100	250	350	
4	300	200	500	
5	500	150	650	

C列のセルの数式

=A3+B3
=A4+B4
=A5+B5

また、相対参照を使った数式が入力されているセル範囲に、セル、行、列の挿入や削除を行うと、数式内のセル番地が自動的に修正されます。
例えば、上の表において4行目(の上)に1行挿入すると、5行目、6行目のC列の数式ではセル番地の行番号が1つずつ修正されています。

C列のセルの数式

=A3+B3
=A4+B4
=A5+B5
=A6+B6

■ 絶対参照
絶対参照を使った数式では、コピーや移動を行っても、数式の中のセル番地は変更されません。絶対参照でセル番地を指定するには、セルの列番号と行番号の前に「$」記号を付け、「$A$1」のように入力します。
次の例では、合計に対する割合を求めています。このような数式では、割る数は必ずセルB6でなければなりません。コピーや移動を行ってもセル番地が変更されないように、絶対参照でセルB6を指定します。

	A	B	C	D
1				
2	品名	個数		
3	A	240	0.333333	
4	B	300	0.416667	
5	C	180	0.25	
6	合計	720		

C列のセルの数式
=B3/$B$6
=B4/$B$6
=B5/$B$6

■ 複合参照
相対参照と絶対参照を組み合わせてセルを参照する方法です。列か行の一方が相対参照で、もう一方が絶対参照という参照方法で、「$A1」や「A$1」のように入力します。

■ 参照方法の切り替え
セル参照の入力中に**F4**キーを押すと、次の参照方法を繰り返し切り替えることができます。

F4キーを押す回数	表示	参照方法	
1回	$A$1	絶対参照	
2回	A$1	複合参照	列は相対参照、行は絶対参照
3回	$A1	複合参照	列は絶対参照、行は相対参照
4回	A1	相対参照	

相対参照

前年比を求めたのと同様に、既定のセル参照の方法(相対参照)で構成比を求めて相対参照の数式を確認しましょう。

操作 相対参照で数式を作成する

2015年の有機バナナの構成比を求め、完熟有機みかんまで構成比の数式をコピーすると、正しい計算結果が得られないことを確認しましょう。

Step 1 数式を作成します。

Step 2 構成比が求められたことを確認します。

Step 3 数式をコピーします。

Step 4 範囲選択を解除して、数式がコピーされたことを確認します。

重要　数式をコピーしてもうまく計算できない理由

計算式がエラーになったときは、なぜ正しく計算できないのかを理解することが重要です。相対参照の数式では、数式をコピーすると、次のように合計金額を表すセルの位置が変わるため、正しく構成比を求めることができません。

セル番地	相対参照の式をコピーした場合の数式
G7	=E7/E13
G8	=E8/E14
G9	=E9/E15
：	：

前年比の計算では、コピー先に応じてセルの参照先が変わったため、正しい計算結果が得られましたが、構成比の場合は、相対参照の数式をコピーすると、セルE12の2015年の合計で割るべき数式が、セルE13（平均）やセルE14（空白）などに修正されているために、正しく計算できなくなっています。

用語　エラー値「#DIV/0!」

Excelは数式中の空白を0とみなすため、0で割った場合には除算が成立しません。そのため「#DIV/0!」というエラー値が表示されます。たとえば、セルG8の数式を例にすると、=7294000/0という数式になり、7294000を0で除算するので、除算が成立せずに「#DIV/0!」というエラー値が表示されます。

ヒント　[エラーチェックオプション]ボタン

数式にエラーが発生したセルの左上には緑色の三角が表示されます。このセルをクリックすると[エラーチェックオプション]ボタンが表示されます。このボタンをポイントすると表示される▼をクリックすると、使用できるエラーチェックのオプションが表示されます。

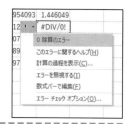

絶対参照

絶対参照を使用して構成比を求めましょう。

操作　絶対参照で数式を作成する

セルG6～G11に、2015年の合計に対する構成比を絶対参照で求めましょう。

Step 1 セルG6～G11を範囲選択し、**Delete**キーを押して数式を消去します。

Step 2 数式を作成します。

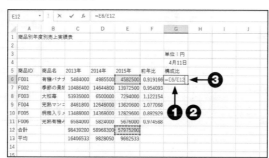

❶セルG6をクリックします。

❷「=E6/E12」と入力します。

❸絶対参照にしたいセルE12の後ろにカーソルが表示されていることを確認します。

Step 3 相対参照を絶対参照に変更します。

❶F4キーを押します。

❷参照方法が変更され「=E6/$E$12」と表示されます。

❸Enterキーを押します。

Step 4 構成比が求められたことを確認します。

❶セルG6に構成比が表示されていることを確認します。

Step 5 数式をコピーします。

❶オートフィル機能を使ってセルG6の数式をセルG7～G11にコピーします。

第9章 四則演算と関数 225

Step 6 数式がコピーされたことを確認します。

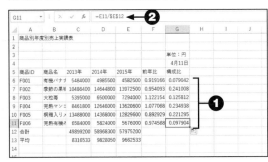

❶ 正しい構成比が表示されていることを確認します。

❷ G7〜G11の任意のセルをクリックし、割る数がセルE12で固定されていることを確認します。

Step 7 ブックを [保存用] フォルダーに保存して閉じます。

📶 この章の確認

☐ 四則演算と関数の使い分けを理解できましたか？

☐ 四則演算を使った数式を作成できますか？

☐ 数式をコピーすることができますか？

☐ 合計の関数を使って計算することができますか？

☐ [合計] ボタンを使って平均を求めることができますか？

☐ 相対参照で数式を作成した場合の長所、短所を理解できましたか？

☐ 絶対参照で数式を作成することができますか？

問題 9-1

9月と8月の売上を比較するために前月比を求め、数式をコピーしましょう。

1. [復習問題] フォルダーから「復習9　商品別第2四半期売上実績」を開きましょう。
2. セルG6に9月と8月を比較する前月比を求めましょう。
3. セルG6の数式をセルG7〜G10にコピーしましょう。

問題 9-2

合計と平均を求めましょう。

1. セルF6〜F10、セルC11〜F11に合計を求めましょう。
2. セルC12〜F12に平均を求めましょう。

問題 9-3

合計の構成比を求めましょう。

1. セルH6〜H10に総合計（セルF11）に対する、各商品の構成比を求めましょう。数式を作成し、オートフィルを活用して数式をコピーしましょう。
2. [保存用] フォルダーに「復習9　商品別第2四半期売上実績」という名前で保存し閉じましょう。

	A	B	C	D	E	F	G	H	I	J
1	商品別第2四半期売上集計表									
2										
3							単位：円			
4							10月15日			
5	商品CD	商品名	7月	8月	9月	合計	前月比	構成比		
6	C001	ブレンドコ	846000	725200	812000	2383200	1.119691	0.428841		
7	C002	炭焼コーヒ	175600	178800	184000	538400	1.029083	0.096881		
8	C003	カフェオレ	131040	153600	181920	466560	1.184375	0.083954		
9	C004	炭焼アイス	352800	343800	341550	1038150	0.993455	0.186808		
10	C005	アイスカフ	327120	433260	370620	1131000	0.855422	0.203516		
11	合計		1832560	1834660	1890090	5557310				
12	平均		366512	366932	378018	1111462				

第10章

表の編集

■ 表の編集について
■ 列の幅と行の高さの設定
■ 行や列の挿入と削除
■ 書式の設定
■ ワークシートの操作

表の編集について

データを入力しただけでは、データが途中で切れて表示されてしまったり、適切な書式が設定されていないため見づらかったりします。データの内容を正確に伝えることができる、見栄えの良い表にするためには、表の編集が必要です。

入力したデータを、見やすく整えるにはどうすればよいかを考えながら表の編集を行うことが大切です。

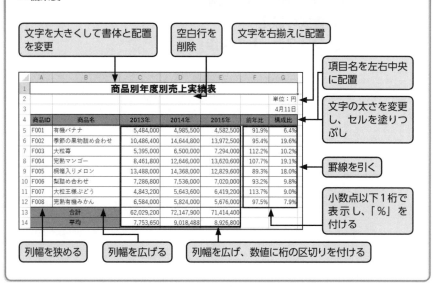

列の幅と行の高さの設定

新規のブックでは、列の幅がすべて同じです。セルに長い文字列を入力しても列の幅は変わらないので全部が表示されないことがあります。行の高さはフォントサイズに合わせて広がりますが、行と行の間が詰まっていて見にくく感じる場合があります。見やすい表にするために、入力されているデータに適した列の幅や行の高さに変更することが必要です。

■ **列幅の調整方法**

列幅を調整して、見やすい表にします。

操作	内容
列幅を手動調整	任意の値に列幅を広げたり狭めたりできます。
列幅を自動調整	いちばん長いデータに列幅を揃えます。
複数列の幅を調整	複数列の幅をまとめて同じ幅にできます。

■ **列幅を調整するポイント**

列幅をどのように調整したらよいかを考えながら作業することが大切です。

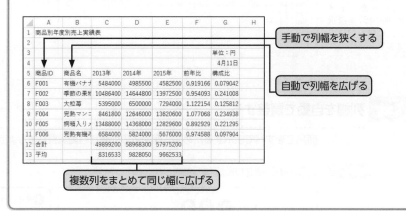

操作 列幅を手動で調整する

商品IDをセル内にバランス良く配置するために、ドラッグ操作で商品IDの列幅を少し狭くしましょう。

Step 1 [保存用] フォルダーにあるブック「売上実績」を開きます。本章から学習を開始する場合は、[Office2016テキスト] フォルダーにある「10章_売上実績」を開きます。

Step 2 商品IDの列幅を狭くします。

ヒント
列幅の数値について
列幅の数値は、標準フォントの半角で何字分かを表しています。標準の列幅は8.38字分です。

用語
フォント
文字の書体のことを「フォント」といいます。

❶列番号Aの右側の境界線をポイントします。

❷マウスポインターの形が ✣ になっていることを確認します。

❸幅が「6.50」になるまで左へドラッグします。

Step 3 商品IDの列の幅が少し狭くなったことを確認します。

ヒント
列幅を数値で指定
目的の列を右クリックし、ショートカットメニューの[列の幅]を選択すると、列の幅を数値で指定できます。

操作 列幅を自動で調整する

商品名をすべて表示するために、商品名の列幅を自動調整しましょう。

Step 1 商品名の列幅を自動調整します。

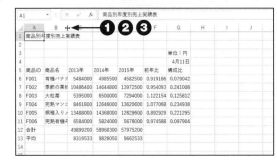

❶列番号Bの右側の境界線をポイントします。

❷マウスポインターの形が ✣ になっていることを確認します。

❸ダブルクリックします。

Step 2 商品名の列幅が自動調整されて広がったことを確認します。

ヒント　列幅の自動調整について

列幅の自動調整を行うと、列幅は選択した列にある最も長い文字列に合わせて調整されます。表のタイトル部分など、長い文字列が入力されているセルを含めずに列幅の自動調整を行う場合は、以下の手順で操作します。

❶タイトルを含めずに表全体を範囲選択します。

❷[ホーム] タブの [書式] ボタンをクリックします。

❸一覧から [列の幅の自動調整] をクリックします。

操作　複数の列の幅を調整する

2013年から2015年の列の幅を、桁数に余裕をもたせるために少し広げ同じ幅にしましょう。

Step 1 同じ幅にしたい複数の列を選択します。

❶列番号C〜Eをドラッグします。

Step 2 列幅を調整します。

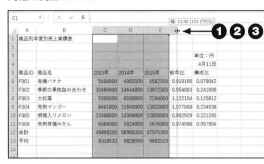

❶ 選択したいずれかの列番号の右側の境界線をポイントします。

❷ マウスポインターの形が ✚ になっていることを確認します。

❸ 幅が［12.00］になるまで右へドラッグします。

Step 3 範囲選択を解除して、2013年から2015年が同じ列幅で広がったことを確認します。

ヒント 行の高さを調整するには

行の高さは、文字（フォントサイズ）を大きくすると自動的に調整されますが、手動で行の高さを調整することもできます。

❶行番号の下側の境界線をポイントします。

❷マウスポインターの形が ✥ の状態でドラッグします。

手動で行の高さを変更した場合、自動調整されなくなります。たとえば、手動で行の高さを調整した後に文字を大きくすると、文字が欠けて表示されることがあります。その場合は、行の高さを自動調整すると文字を表示できます。

❶行番号の下側の境界線上をポイントします。

❷マウスポインターの形が ✥ の状態でダブルクリックします。

ヒント [書式] ボタンを使って調整するには

列幅と行の高さの調整は、[書式] ボタンでも調整できます。幅や高さを調整したい列または行を選択してから、[ホーム] タブの [書式] ボタンをクリックし、表示された一覧から目的の項目をクリックします。

行や列の挿入と削除

作成した表の途中にデータを追加したり削除したりするためには、行や列を挿入または削除します。

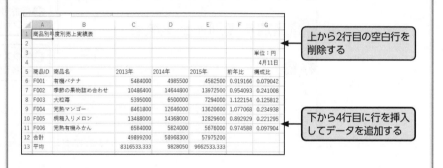

■ 行の挿入と削除の手順
ここでは表の途中にデータを追加し、不要な空白行を削除するため、以下の手順で操作します。

・行を挿入
・データを追加
・行を削除

上から2行目の空白行を削除する

下から4行目に行を挿入してデータを追加する

■ 列の挿入と削除
行の挿入や削除と同様の手順で、列の挿入や削除を行うことができます。

操作 行を挿入する

表の下から4行目にデータを追加するために、行を挿入しましょう。

Step 1 11行目に空白行を挿入します。

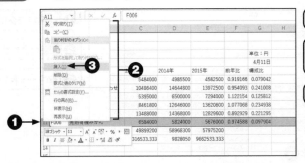

❶ 行番号11を右クリックします。

❷ ショートカットメニューが表示されます。

❸ [挿入] をクリックします。

Step 2 範囲選択を解除して、行が挿入されたことを確認します。

❶ 任意のセルをクリックして選択を解除します。

❷ 11行目に新しい行が挿入されていることを確認します。

❸ 元の11行目のデータが1行下に移動していることを確認します。

操作 👉 データを追加する

商品ID「F006」の「梨詰め合わせ」のデータが抜けていたため、下から4行目に以下のデータを追加しましょう。また次の行の商品IDを修正しましょう。

商品ID	商品名	2013年	2014年	2015年
F006	梨詰め合わせ	7286800	7536000	7020000

Step 1 商品IDを入力します。

❶ オートフィル機能を使ってセルA12に「F006」と入力し、セルA13を「F007」に修正します。

Step 2 商品名を入力します。

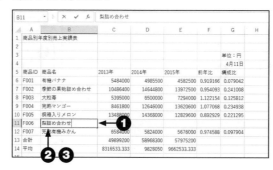

Step 3 2013年の値を入力します。

Step 4 2014年の値を入力します。

Step 5 2015年の値を入力します。

Step 6 前年比と構成比の数式がコピーされます。

❶セルF11に前年比、セルG11に構成比の数式がコピーされていることを確認します。

操作 行を削除する

上から2行目の空白行を削除しましょう。

Step 1 2行目の空白行を削除します。

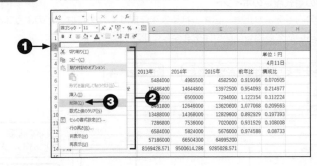

❶行番号2を右クリックします。

❷ショートカットメニューが表示されます。

❸[削除]をクリックします。

Step 2 範囲選択を解除して、空白行が削除されたことを確認します。

❶任意のセルをクリックして選択を解除します。

❷2行目が削除されていることを確認します。

❸元の3行目以降にあったデータと数式が1行上に移動していることを確認します。

第10章 表の編集 **239**

書式の設定

わかりやすい表にするために、セルの書式設定を行います。

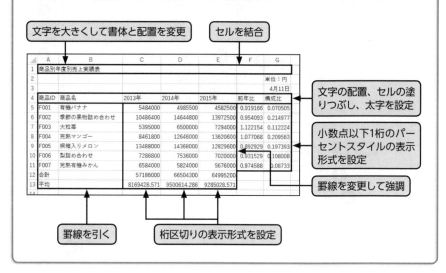

表を見やすくするために、セルに次の書式を設定できます。
・罫線
・セル内の文字の配置
・セルの結合
・セルの塗りつぶし
・文字の書式
・表示形式

■ セルの書式設定のポイント
データの内容をより正確に伝えられる表を作成するためには、どのような書式を設定すればよいかを意識しながら作業することが大切です。

罫線の設定

表に罫線を引くと、表が見やすくなり、項目名とデータを明確に区別することができます。ワークシートの枠線(灰色の線)は通常印刷されませんが、罫線を引くことで、印刷した場合も表が見やすくなります。

罫線を引きたいセル範囲を選択してから、[ホーム] タブの ⊞ ▼ [罫線] ボタンの一覧から罫線の種類を指定すると、罫線を引くことができます。

■ 罫線の設定のポイント
表全体に罫線を引く場合、後から引いた罫線が優先されるため、表全体に格子線を引いてから、外枠や二重線などを引くと効率的です。

操作☞ 罫線を引く

表を見やすくするために、表全体に格子の罫線、データのまとまりごとに太い外枠を引き、項目名とデータを区別するために項目名のセルの下に二重罫線を引きましょう。

Step 1 罫線を引く範囲を選択します。

❶ セルA4～G11をドラッグします。

Step 2 表に格子の罫線を引きます。

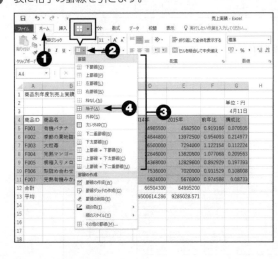

❶ [ホーム] タブが選択されていることを確認します。

❷ [罫線] ボタンの▼をクリックします。

❸ 罫線スタイルの一覧が表示されます。

❹ [格子] をクリックします。

第10章 表の編集 | **241**

Step 3 同様に、セルA12〜E13に格子の罫線を引きます。

Step 4 セルA4〜G11の外枠に太い罫線を引きます。

① セルA4〜G11をドラッグします。

② [罫線] ボタンの▼をクリックします。

③ [太い外枠] をクリックします。

💡 **ヒント**
[罫線] ボタンの表示
[罫線] ボタンには、直前に選択した罫線スタイルが表示されます。[罫線] ボタン(▼ではなく左側)をクリックすると、ボタンに表示されているスタイルの罫線を引くことができます。

Step 5 同様に、セルA4〜E13に外枠の太い罫線を引きます。

Step 6 項目名とデータを区切る二重罫線を引きます。

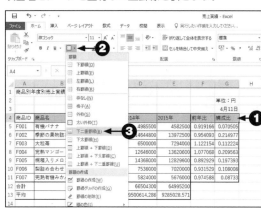

① セルA4〜G4をドラッグします。

② [罫線] ボタンの▼をクリックします。

③ [下二重罫線] をクリックします。

Step 7 範囲選択を解除して、表に罫線が引かれたことを確認します。

💡 **ヒント**
罫線を削除するには
罫線を削除したい範囲を選択し、[罫線] ボタンの▼をクリックします。罫線スタイルの一覧の [枠なし] をクリックします。

ヒント　[セルの書式設定]ダイアログボックスで罫線を引くには

[セルの書式設定]ダイアログボックスの[罫線]タブを使うと、線の種類や色を変更したり、斜線を引くなどより細かい設定ができます。
[セルの書式設定]ダイアログボックスを開くには、[ホーム]タブの[罫線]ボタンの▼をクリックし、一覧の[その他の罫線]をクリックします。
次の手順で罫線を引くことができます。

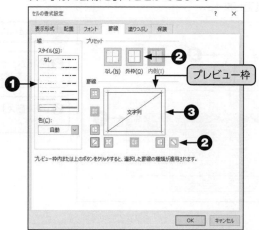

❶[線]の[スタイル]ボックスで罫線の種類を選択します。

❷[プリセット]または[罫線]でボタンをクリックして、罫線を引く場所を指定します。

❸プレビュー枠内をクリックして、罫線を引いたり削除したりすることもできます。

セル内の文字の配置

既定では、入力した文字は左揃え、数値と日付は右揃えになります。項目名などはセルの中央にデータを配置すると、見やすくなります。

表を見やすくするために、セル内の文字の配置を変更できます。
・セル内の文字を中央に配置
・セル内の文字を右に揃えて配置

■ セル内の文字の配置のポイント
わかりやすい表を作成するためには、どのような配置にすればよいかを考えながら設定することが大切です。

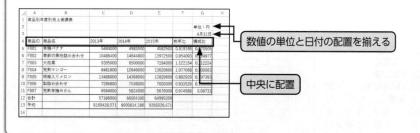

数値の単位と日付の配置を揃える

中央に配置

操作 セル内の文字の配置を変更する

項目名をデータと対応させて見やすくするために、セルの中央に配置しましょう。また、数値の単位を表す「単位：円」を日付の配置と揃えるために、セルの右端に配置しましょう。

Step 1 項目名の配置を変更します。

❶ セルA4～G4をドラッグします。

❷ [ホーム] タブが選択されていることを確認します。

❸ [中央揃え] ボタンをクリックします。

ヒント
[中央揃え] ボタンの色
文字の配置を設定すると、ボタンの色が変わります。

Step 2 数値の単位の配置を変更します。

❶ セルG2をクリックします。

❷ [右揃え] ボタンをクリックします。

Step 3 範囲選択を解除して、セル内の文字の配置が変わったことを確認します。

ヒント
セルの配置を解除するには
配置を解除したいセル範囲を選択し、もう一度 [中央揃え] ボタンまたは [右揃え] ボタンをクリックします。

セルの結合

上下、左右、上下左右に隣り合う複数のセルを結合して、1つのセルとして扱うことができます。これを「セルの結合」といいます。
[セルを結合して中央揃え] ボタンで結合したセルは、セル内の文字の配置が [中央揃え] になります。[セルを結合して中央揃え] ボタンの▼をクリックし、[セルの結合] をクリックして結合したセルは、標準状態（文字列は左揃え、日付と数値は右揃え）になります。セルを結合したあとに [左揃え] ボタンや [右揃え] ボタンを使えば、セル内の文字の配置を変更できます。

操作 セルを結合する

セルを結合して、タイトルや「合計」と「平均」の文字を中央に配置しましょう。

Step 1 タイトルの配置を変更します。

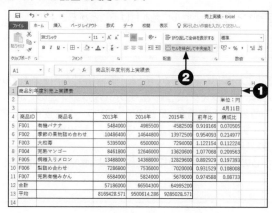

❶ セルA1〜G1をドラッグします。
❷ [セルを結合して中央揃え] ボタンをクリックします。

Step 2 同様に、セルA12〜B12 (合計)、セルA13〜B13 (平均) を結合します。

Step 3 範囲選択を解除して、結合したセルの中央に文字が表示されたことを確認します。

ヒント
セルの結合を解除するには
結合を解除したいセルを選択し、もう一度 [セルを結合して中央揃え] ボタンをクリックします。

第10章 表の編集 | 245

💡 ヒント　結合したセルの文字表示の方向

セルを結合して縦長のセルにした場合などは、それにあわせて文字列を表示したい場合があります。 [方向] ボタンを使うと、セル内の文字を回転したり縦書きにしたりできます。

セルの塗りつぶし

項目名などを別のデータと区別するために、セルに色を付けることができます。

> 塗りつぶしの色には、「テーマの色」と「標準の色」が用意されています。
> テーマとは、色、フォント、線、塗りつぶし効果がまとめて定義されたものです。
> テーマの色を設定した場合、ほかのテーマやテーマの配色に変更すると、自動的に色が変わります。標準の色を設定した場合は、ほかのテーマやテーマの配色を変更しても色は変わりません。
> 塗りつぶしの色を、どのように設定したらよいかを考えながら作業することが大切です。

操作☞ セルに色を付ける

項目名、「合計」、「平均」をほかのデータと区別しやすくするために、セルの塗りつぶしをテーマの色を使って設定しましょう。

Step 1 塗りつぶしの色を付けたいセルを範囲選択します。

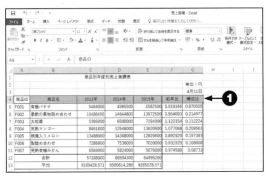

❶ セルA4〜G4をドラッグします。

246　書式の設定

Step 2 塗りつぶす色を選択します。

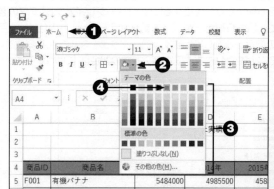

❶ [ホーム] タブが選択されていることを確認します。

❷ [塗りつぶしの色] ボタンの▼をクリックします。

❸ 塗りつぶしの色パレットが表示されます。

❹ [テーマの色] の1行目の右から5番目の [オレンジ、アクセント2] をクリックします。

> **ヒント**
> **色の名前を確認するには**
> 確認したい色をポイントして、1〜2秒待つとポップヒントが表示され、色の名前を確認できます。

Step 3 同様に、セルA12〜A13に [オレンジ、アクセント2] のテーマの色を設定します。

Step 4 範囲選択を解除して、セルにテーマの色が設定されたことを確認します。

> **ヒント**
> **セルの塗りつぶしの色を解除するには**
> [塗りつぶしの色] ボタンの▼をクリックし、一覧の [塗りつぶしなし] をクリックします。

> **ヒント**
> **リアルタイムプレビュー**
> セルの塗りつぶしの色を設定するときなど、マウスポインターを重ねるだけで瞬時に結果を確認することができます。これを「リアルタイムプレビュー」といいます。リアルタイムプレビューはさまざまな書式設定で利用できます。これにより、実際に設定する前にいろいろな書式を簡単に試すことができます。

ヒント テーマの配色の変更

テーマのうち配色だけを変更するには、[ページレイアウト] タブの [配色] ボタンをクリックして一覧から配色を選択します。カラーパレットの色は、文字の色も含めて、テーマやテーマの配色と連動しています。テーマやテーマの配色を変更すると、カラーパレットで使用できる色が変わります。既定のテーマの配色は [Office] です。

ヒント [セルのスタイル] でセルを塗りつぶす

[ホーム] タブの [セルのスタイル] ボタンをクリックし、[テーマのセルスタイル] から選択して、セルの塗りつぶしを設定することもできます。

文字の書式設定

文字の書体のことを「フォント」といいます。特定の箇所を目立たせたり、他と区別したりするために、フォントの種類やサイズを変更したり、太字にするなどの書式設定を行います。

フォントの種類やサイズを変更すると、表をより見やすくすることができます。

操作	内容
フォントの種類の変更	フォントを変更すると、文字を強調して目立たせたり、他のデータと区別することができます。
フォントサイズの変更	フォントサイズを大きくして重要な内容を強調したり、フォントサイズを小さくして補足的な説明を表すことができます。
文字を太字に設定	タイトルや項目名などを太字に設定すると、ほかのデータと区別しやすくすることができます。

■ Excel 2016の既定のフォントとフォントサイズ

Excel 2016の既定のフォントとフォントサイズは游ゴシック、11ポイントです。フォントなどを変更した後、元に戻したい場合はこのフォントとフォントサイズを選択します。

操作 ☞ フォントを変更する

表のタイトルを強調するために、フォントを「HGP創英角ゴシックUB」に変更しましょう。

Step 1 フォントを変更するセルを選択します。

❶セルA1をクリックします。

第10章 表の編集

Step 2 フォントを選択します。

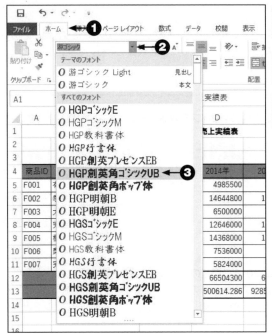

❶ [ホーム] タブが選択されていることを確認します。

❷ [フォント] ボックスの▼をクリックします。

❸ [HGP創英角ゴシックUB] をクリックします。

💡 **ヒント**
Excelの既定のフォントに戻すには
[フォント] ボックスの▼をクリックし、[游ゴシック] をクリックします。

Step 3 文字がHGP創英角ゴシックUBに変更されます。

❶ [フォント] ボックスに「HGP創英角ゴシックUB」と表示されていることを確認します。

❷ 表のタイトルのフォントが変わっていることを確認します。

💡 **ヒント**　**フォントの種類と名称**
フォントの種類には、日本語フォントと英文フォントがあります。日本語フォントには、ゴシック体や明朝体などがあり、英文フォントには、セリフやサンセリフなどがあります。[フォント] ボックスの一覧には、フォント名が実際のフォントで表示されるので、イメージを確認しながらフォントを設定することができます。

MS Pゴシック　　MS P明朝

ヒント　テーマのフォント

テーマのフォントには、見出し用のフォントと、本文用のフォントの組み合わせが設定されています。タイトルや表の項目などには見出しのフォント、内容やデータには本文のフォントを使うと適切な設定ができます。テーマのフォントを変更するには、[ページレイアウト] タブの [フォント] ボタンをクリックし、一覧から設定したいテーマのフォントを選択します。既定のテーマのフォントは [Office] です。

操作　フォントサイズを変更する

表のタイトルをより見やすくするために、フォントサイズを大きくしましょう。

Step 1 セルA1が選択されていることを確認します。

Step 2 フォントサイズを変更します。

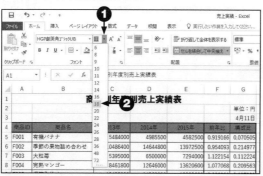

❶ [フォントサイズ] ボックスの▼をクリックします。

❷ [18] をクリックします。

第10章　表の編集

Step 3 文字のフォントサイズが変更されたことを確認します。

💡 **ヒント**
Excelの既定のフォントサイズに戻すには
[フォントサイズ] ボックスの▼をクリックし、[11] をクリックします。

💡 **ヒント** **フォントサイズの数値指定**
[フォントサイズ] ボックスに表示されないサイズを設定したい場合は、[フォントサイズ] ボックス内をクリックし、直接数値を入力して**Enter**キーを押します。

💡 **ヒント** **フォントサイズの拡大と縮小**
[ホーム] タブの [A˄] [フォントサイズの拡大] ボタンと [A˅] [フォントサイズの縮小] ボタンを使うと、クリックするたびにフォントサイズの一覧に表示されるサイズを、1段階ずつ上げたり下げたりできます。

操作 ☞ 文字列を太字にする

項目名、「合計」、「平均」をより強調するために、太字にしましょう。

Step 1 項目名、「合計」、「平均」を太字にします。

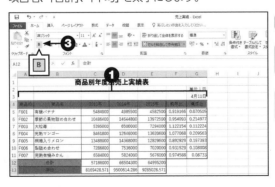

❶ セルA4～G4をドラッグします。

❷ **Ctrl**キーを押したまま、セルA12～A13をドラッグします。

❸ [太字] ボタンをクリックします。

Step 2 範囲選択を解除して、項目名、「合計」、「平均」が太字に変更されたことを確認します。

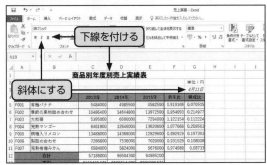

💡 **ヒント**
太字を解除するには
セルを選択した状態で、もう一度 B [太字] ボタンをクリックします。

💡 **ヒント**   **斜体や下線を設定/解除するには**

文字を斜体 (イタリック) にしたり、文字に下線を付けたりすることができます。文字を斜体にするには [ホーム] タブの [フォント] の I [斜体] ボタンをクリックします。文字に下線を付けるには U [下線] ボタンをクリックします。斜体や下線を解除するには、書式を設定したセルを選択し、もう一度 [斜体] ボタンまたは [下線] ボタンをクリックします。

💡 **ヒント**   **[フォント]グループで設定できる書式**

[ホーム] タブの [フォント] グループで設定できる書式には、ここまでで紹介した以外にも次のような書式があります。

A▼ [フォントの色] ボタンを使うと、文字の色を変更できます。文字を範囲選択し、[フォントの色] ボタンの▼をクリックし、任意の色を設定します。文字の色を元に戻すには、[フォントの色] ボタンの一覧から [自動] をクリックします。

[ふりがなの表示/非表示] ボタンを使うと、Excelで入力した文字データにふりがなを表示することができます。ふりがなは、Excelに入力したときの変換前の読み情報が使われます。[ふりがなの表示/非表示] ボ

タンの▼をクリックすると、ふりがなを編集したり、[ふりがなの設定] ダイアログボックスを開いてふりがなの文字の種類や配置などの詳細を設定したりできます。

> 💡 **ヒント** **[書式のコピー/貼り付け]ボタン**
> 設定済みの書式をほかのセルにも適用したい場合は、[ホーム]タブの [書式のコピー/貼り付け]ボタンを使うと、書式だけをコピーして貼り付けることができます。

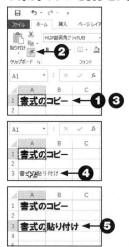

❶ 書式が設定されているセルをクリックします。

❷ [書式のコピー/貼り付け]ボタンをクリックします。

❸ 選択したセルが破線で囲まれます。

❹ マウスポインターの形が になるので、コピーした書式を貼り付けたいセルをクリックまたはドラッグします。

❺ 書式だけが貼り付けられます。

表示形式の設定

「表示形式」は、数値や日付などをどのように表示するかを設定したものです。たとえば、桁数が大きい整数には、読み取りやすくするためにカンマ(,)区切りを付けます。表示形式を設定すると、画面上の表示や印刷時に、設定した形式になりますが、データ自体は変更されません。

■ よく使う表示形式

[ホーム]タブの[数値]グループには、特によく使われる表示形式があらかじめ用意されています。

ボタン	機能	セルの値	設定前の画面表示	設定後の画面表示
通貨表示形式	数値が通貨記号とカンマを付けて表示されます。	5484000	5484000	¥5,484,000
パーセントスタイル	セルの値を100倍した結果がパーセント記号付きで表示されます。	0.25	0.25	25%
桁区切りスタイル	数値がカンマを付けて整数で表示されます。	5484000	5484000	5,484,000
小数点以下の表示桁数を増やす	小数点以下の桁数を増やして表示されます。	3.3333333	3.333333	3.3333333
小数点以下の表示桁数を減らす	小数点以下の桁数を減らして表示されます。	3.3333333	3.333333	3.33333

■ データと表示形式の関係
桁区切りのカンマなどはキーボードで入力するのではなく、表示形式で設定します。表示形式を設定しても、データは元の数値のままで表示状態だけが変わるため、数式などに数値として利用することができます。

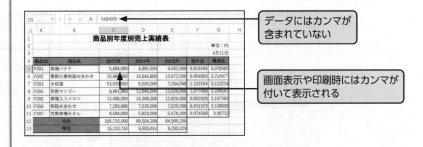

データにはカンマが含まれていない

画面表示や印刷時にはカンマが付いて表示される

操作 ☞ 数値に桁区切りのカンマ(,)を付ける

数値を読み取りやすくするために、数値に桁区切りのカンマを付けましょう。

Step 1 数値の表示形式を設定します。

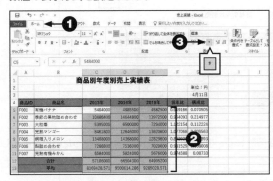

❶ [ホーム] タブが選択されていることを確認します。

❷ セルC5～E13をドラッグします。

❸ [桁区切りスタイル] ボタンをクリックします。

Step 2 範囲選択を解除して、数値に桁区切りのカンマ(,)が付いたことを確認します。

💡 ヒント
桁区切りのカンマ(,)を解除するには
桁区切りのカンマ(,)を付けた範囲を選択し、[数値]の[標準]▼[表示形式] ボックスの▼をクリックし[標準]をクリックします。

第10章 表の編集 **255**

操作 ☞ 数値を%で表示する

前年比、構成比を小数点以下1桁の%表示（パーセントスタイル）にしましょう。

Step 1 %表示にします。

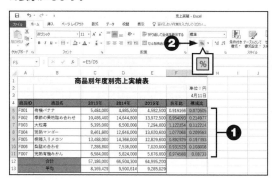

❶ セルF5～G11をドラッグします。

❷ [パーセントスタイル] ボタンをクリックします。

Step 2 小数点以下の表示桁数を増やします。

❶ [小数点以下の表示桁数を増やす] ボタンをクリックします。

Step 3 範囲選択を解除して、小数点以下1桁の%表示になったことを確認します。

ヒント　その他の表示形式

[表示形式] ボックスを使うと、一般的によく使われる表示形式を設定できます。

[表示形式] ボックスの▼をクリックし [その他の表示形式] をクリックするか、[数値] グループの [表示形式] ボタンをクリックすると、[セルの書式設定] ダイアログボックスの [表示形式] タブが表示され、さまざまな表示形式を詳細に設定できます。ここでは日付の表示形式の設定方法を例に説明します。

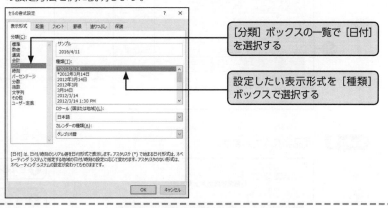

- [分類] ボックスの一覧で [日付] を選択する
- 設定したい表示形式を [種類] ボックスで選択する

書式の自動設定

さまざまな書式が設定されている表に行や列を挿入すると、挿入した行や列にも自動的に書式が設定されます。また、数式が入力されている場合は、自動的に数式がコピーされます。

操作　データを追加して書式の自動設定を確認する

商品ID「F007」の「大粒王様ぶどう」のデータが抜けていたため、下から2行目に行を挿入して次のデータを追加しましょう。また最終行の商品IDも修正しましょう。

商品ID	商品名	2013年	2014年	2015年
F007	大粒王様ぶどう	4843200	5643600	6419200

Step 1 11行目に空白行を挿入します。

Step 2 商品IDを入力します。

❶セルA11に「F007」と入力し、オートフィル機能を使ってセルA12を「F008」に修正します。

Step 3 商品名を入力します。

❶セルB11をクリックします。

❷「大粒王様ぶどう」と入力します。

❸Tabキーを押します。

Step 4 2013年の値を入力します。

❶セルC11に「4843200」と入力します。

❷Tabキーを押します。

Step 5 2014年の値を入力します。

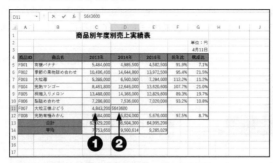

❶ セルC11の数値に桁区切りのカンマ (,) が付いて表示されていることを確認します。

❷ セルD11に「5643600」と入力します。

❸ **Tab**キーを押します。

Step 6 2015年の値を入力します。

❶ セルE11に「6419200」と入力します。

❷ **Enter**キーを押します。

Step 7 書式が自動設定され、セルF11～G11に数式がコピーされたことを確認します。

❶ セルF11に前年比、セルG11に構成比の数式がコピーされ、小数点以下1桁の％表示になっていることを確認します。

❷ 合計と平均の値が11行目の値を含めたものに再計算されていることを確認します。

Step 8 ブックを [保存用] フォルダーに保存します。

ヒント [挿入オプション]ボタン

行や列を挿入すると、挿入した行の上、あるいは、挿入した列の左側の書式が設定されます。[挿入オプション]ボタンは、書式が設定されている行、列、セルの前に行、列、セルを挿入したときに表示されます。

[挿入オプション]ボタンをクリックすると、上下または左右のどちらかの書式に合わせるのか、または書式なしで挿入するのかを選択できます。

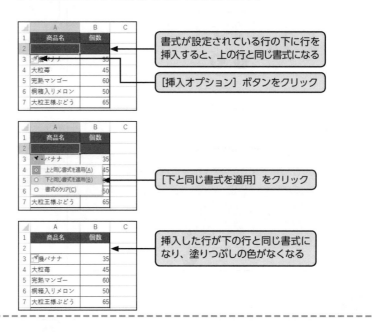

ヒント 書式なしコピー（フィル）

[オートフィルオプション]ボタンの▼をクリックし、[書式なしコピー（フィル）]をクリックすると、値や数式だけをコピーすることができます。

ワークシートの操作

Excelは、セルが集まった「ワークシート」で作業を行います。ワークシートは単に「シート」と呼ぶこともあります。新規に空白のブックを作成すると1枚のシートが開きますが、ブックには複数のシートを含めることができるので、関連する表や類似した表を1つのブック(ファイル)で扱うことができます。

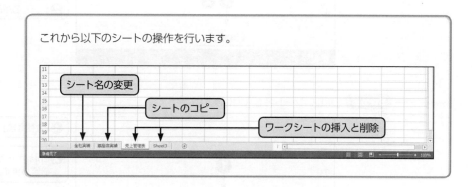

これから以下のシートの操作を行います。
- シート名の変更
- シートのコピー
- ワークシートの挿入と削除

シート名の変更

新規に作成したブックには「Sheet1」という名前の付いたワークシートが作成されています。シート名はワークシートの下部の「シート見出し」に表示されます。このシート名は変更できます。あとで複数シートを扱う場合に備えて、内容に応じた適切なシート名に変更します。

> シートには内容がわかるような名前を付けましょう。シート名には、全角文字、半角文字、スペースが使用できます。
> ただし、シート名には、コロン (:)、円記号 (¥)、スラッシュ (/)、疑問符 (?)、アスタリスク (*)、角かっこ ([]) といった半角記号は使用できません。
> シート名に使用できる文字数は、スペースを含めて31文字以内 (全角、半角ともに) です。

第10章 表の編集

操作 ▶ シート名を変更する

これまで操作していたシートが、全社の売上実績のシートだとわかるように、シート名を「全社実績」に変更しましょう。

Step 1 シート名を変更します。

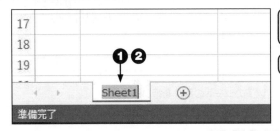

❶シート見出し「Sheet1」をダブルクリックします。

❷シート名が反転します。

Step 2 新しいシート名を入力します。

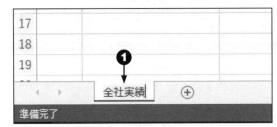

❶「全社実績」と入力します。

❷Enterキーを押してシート名を確定します。

Step 3 シート名が「全社実績」に変更されたことを確認します。

ワークシートのコピーと移動

表の作成が終わったワークシートと類似のワークシートを作るときは、再度同じ作業をするより、ワークシートをコピーする方が効率的です。また、シートを移動することにより、ワークシートの並び順を変更することができます。なお、複数のシートがある場合、シート見出しをクリックすると表示されるシートが切り替わります。

操作 ▶ ワークシートをコピーする

個別の店舗の実績表を作成するために、「全社実績」シートをコピーしましょう。また、コピーしたシートの名前を「銀座店実績」に変更し、表の数値データを消去しましょう。

Step 1 ワークシートをコピーします。

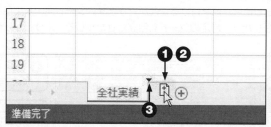

> **ヒント**
> **ワークシートを移動するには**
> ワークシートを移動するときは、移動するシート見出しをクリックし、**Ctrl**キーを押さずにそのまま移動先までドラッグします。

❶シート見出し「全社実績」をポイントし、**Ctrl**キーを押したままシート見出し「全社実績」の右側までドラッグします。

❷ドラッグ中は、ワークシートのコピーを表す が表示されます。

❸コピー先が▼で表示されます。

❹マウスのボタンを離し、**Ctrl**キーを離します。

Step 2 ワークシートが右隣にコピーされます。

❶自動的にシート名が「全社実績(2)」と付けられます。

Step 3 シート「全社実績(2)」のシート名を「銀座店実績」に変更します。

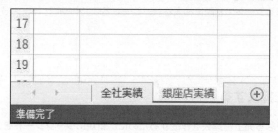

Step 4 表の数値データを消去します。

❶セルC5～E12を範囲選択します。

❷**Delete**キーを押します。

第10章 表の編集

ヒント　シート見出しの色を変更するには

シート見出しには、色を付けることができます。シート見出しに色を付けると、シートを色ごとに分類したり、特定のシートを目立たせたりして、よりわかりやすくシートを管理できます。

❶ シート見出しを右クリックします。

❷ ショートカットメニューの［シート見出しの色］をポイントします。

❸ 任意の色をクリックします。

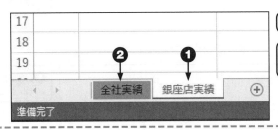

❶ 別のシートをクリックします。

❷ シート見出しの色が変わっていることを確認します。

ワークシートの挿入と削除

新規に空白のワークシートを挿入したり、不要なワークシートを削除したりできます。新規にワークシートを挿入すると現在表示しているシートの右隣に挿入され、シート名は「Sheet2」「Sheet3」というように自動的に付けられます。

操作　ワークシートを挿入する

形式の異なる売上管理表を作成するために、新規にワークシートを2枚追加して、1枚目のシート名を「売上管理表」に変更しましょう。

Step 1 ワークシートを挿入します。

❶「銀座店実績」の右にある［新しいシート］ボタンをクリックします。

Step 2 新しいシートが挿入されます。

💡 **ヒント**
挿入されるシート名
利用環境によっては、挿入されるシート名が「Sheet2」にならない場合があります。

❶「銀座店実績」の右側に新しいシート「Sheet2」が追加されたことを確認します。

Step 3 「Sheet2」のシート名を「売上管理表」に変更します。

Step 4 同様に、新しいワークシート「Sheet3」をもう1枚挿入します。

操作 👉 ワークシートを削除する

不要なシート「Sheet3」を削除しましょう。

Step 1 ワークシートを削除します。

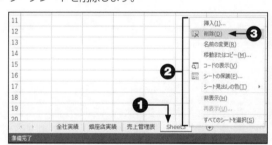

❶シート見出し「Sheet3」を右クリックします。

❷ショートカットメニューが表示されます。

❸[削除]をクリックします。

Step 2 ワークシートが削除されます。

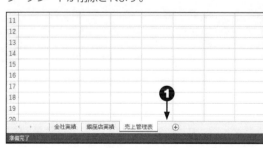

❶シート「Sheet3」が削除されたことを確認します。

Step 3 🖫[上書き保存]ボタンをクリックしてブックを上書き保存し、ブックを閉じます。

第10章 表の編集

ヒント　データが入力されているシートを削除するには
データが入力されている編集中のシートを削除すると、削除の確認メッセージが表示されます。シートを完全に削除するには、[削除] をクリックします。

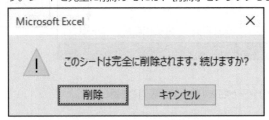

削除したシートは元に戻すことができないので、操作する際には十分に注意してください。

ヒント　複数シートの選択
Shiftキーを押しながらシート見出しをクリックすると、連続したシートを複数選択できます。
Ctrlキーを押しながらシート見出しをクリックすると、連続していないシートを複数選択できます。

📶 この章の確認

- ☐ 表の編集について理解できましたか？
- ☐ 列幅を手動で調整することができますか？
- ☐ 列幅を自動で調整することができますか？
- ☐ 複数の列幅を調整することができますか？
- ☐ 行を挿入することができますか？
- ☐ 行を削除することができますか？
- ☐ 書式の設定について理解できましたか？
- ☐ 罫線を引くことができますか？
- ☐ セル内の文字の配置を変更することができますか？
- ☐ セルを結合することができますか？
- ☐ セルに色を付けることができますか？
- ☐ フォントを変更することができますか？
- ☐ フォントサイズを変更することができますか？
- ☐ 文字列を太字にすることができますか？
- ☐ 数値に桁区切りのカンマ（,）を付けることができますか？
- ☐ 数値を％で表示することができますか？
- ☐ データを追加し、書式の自動設定を確認することができますか？
- ☐ シート名を変更することができますか？
- ☐ ワークシートをコピーすることができますか？
- ☐ ワークシートを挿入することができますか？
- ☐ ワークシートを削除することできますか？

問題 10-1

表の列幅を変更し、表に1行追加してデータを入力しましょう。

1. ［復習問題］フォルダーから「復習10　商品別第2四半期売上実績」を開きましょう。
2. A列の列幅を「7.00」にしましょう。
3. B列の幅を自動調整しましょう。
4. C～F列の幅を「9.50」にしましょう。
5. アイスカフェオレ（10行目）と合計（11行目）の間に、行を1行挿入しましょう。

6. オートフィルの機能を使ってセルA11に「C006」を入力しましょう。

7. 挿入した行の各セルに、次のデータを入力しましょう。

B11	C11	D11	E11
キャラメルオレ	0	168200	485460

8. 2行目の空白行を削除しましょう。

問題 10-2

表に罫線を引きましょう。

1. セルA4～H10とセルA11～F12に「格子」の罫線を引きましょう。

2. セルA4～H10とセルA4～F12を「太い外枠」で囲みましょう。

3. セルA4～H4の下に「下二重罫線」を引きましょう。

問題 10-3

セル内の文字の配置、フォントとフォントサイズ、文字の書式を変更しましょう。

1. セルA4～H4の文字をセル内の中央に配置しましょう。

2. セルH2の文字を右端に配置しましょう。

3. セルA1～H1を結合し、セルA1の「商品別第2四半期売上集計表」を結合セルの中央に配置しましょう。

4. セルA11～B11、セルA12～B12をそれぞれ結合し、文字列をそれぞれのセルの中央に配置しましょう。

5. セルA4～H4とセルA11～A12に［緑、アクセント6］の色を設定しましょう。

6. セルA1の「商品別第2四半期売上集計表」のフォントを［HGPゴシックE］、フォントサイズを［18］に変更しましょう。

7. セルA4～H4とセルA11～A12の文字を太字にしましょう。

8. セルC5～F12に桁区切りのカンマを設定しましょう。

9. セルG5～H10を小数点以下1桁の％表示に設定しましょう。

問題 10-4

表に1行追加して、データを入力しましょう。

1. アイスカフェオレ（9行目）とキャラメルオレ（10行目）の間に、行を1行挿入しましょう。
2. オートフィルの機能を使って、セルA10に「C006」と入力し、セルA11を「C007」に修正しましょう。
3. 挿入した行の各セルに、次のデータを入力しましょう。

B10	C10	D10	E10
アイスキャラメルオレ	671450	767650	0

4. B列の幅を自動調整しましょう。

問題 10-5

シート名の変更やシートの挿入や削除など、シートの操作を確認しましょう。

1. 「Sheet1」のシート名を「売上集計表」に変更しましょう。

2. シート「売上集計表」をコピーし、シート名を「第3四半期」に変更しましょう。

3. シート「第3四半期」の表のセルC5～E11の数値データを消去し、セルA1を「商品別第3四半期売上集計表」に修正しましょう。

4. シート「第3四半期」の表のセルC4に「10月」と入力し、オートフィルの機能を使ってセルD4～E4にコピーしましょう。

5. ワークシートを2枚挿入して、1枚目のシート名を「売上管理」に変更しましょう。

6. 2枚目のシート「Sheet3」を削除しましょう。

7. [保存用] フォルダーに「復習10　商品別第2四半期売上実績」という名前で保存して閉じましょう。

第11章

グラフ

- ■ グラフの種類と用途
- ■ グラフの作成
- ■ グラフの編集

グラフの種類と用途

表のデータをわかりやすく見せるためには、グラフを作成すると効果的です。Excelでは、表のデータを基にグラフを簡単に作成することができます。Excel 2016では、データに応じた最適なグラフの候補が提示されるため、候補から選択するだけで、より簡単にグラフを作成することができます。最適なグラフの種類を選ぶことができるよう、グラフの用途を理解することが大切です。

Excelには、一般的によく使うグラフが標準グラフとして登録されています。そのほかに、自分で作成したグラフの種類を登録することもできます。
データの種類に適したグラフは、そのデータをわかりやすく表現するだけではなく、データ全体の傾向を把握して分析するときにも役立ちます。

■ おすすめグラフ

[挿入] タブの [おすすめグラフ] ボタンを使ってグラフを作成すると、選択したデータに応じてグラフの候補が提示されます。

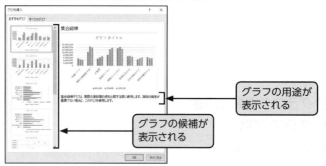

提示されたグラフの候補をクリックすると、グラフのサンプルと用途が表示され、最適なグラフを簡単に作成することができます。

■ 代表的なグラフの種類と用途

Excelに用意されているグラフの中から代表的なグラフを紹介します。グラフは、[挿入] タブのグラフの種類の各ボタンを使って作成することもできます。

グラフの種類	ボタン	用途
縦棒/横棒		縦棒グラフと横棒グラフは、項目間の比較に使用します。縦棒グラフは、データの推移なども表現できます。横棒グラフは、項目間の比較が強調されます。グラフの期間を表す場合や、項目の文字列が長い場合に使用すると、よりわかりやすく表現できます。 縦棒グラフと横棒グラフには、平面 (2-D) と立体 (3-D) のグラフがあり、積み上げグラフも作成できます。 積み上げグラフは、各項目と全体の関係を示します。
折れ線/面		折れ線グラフと面グラフは、データの時間的な変化や、各項目の全体的な傾向を表す場合に使用します。 折れ線グラフと面グラフには、平面 (2-D) と立体 (3-D) のグラフがあり、積み上げグラフも作成できます。

円または ドーナツ		円グラフ、ドーナツグラフは項目の全体に対する割合を表す場合に使用します。円グラフには平面（2-D）と立体（3-D）の2種類があり、平面のグラフには補助円グラフ付きや補助縦棒付きもあります。

■ グラフの種類を選択するポイント

表のデータをわかりやすく見せるために、どのようなグラフを作成すると効果的かをよく考えて、目的に合わせたグラフを作成することが重要です。

項目ごとの数や量を比較して見せたいときは棒グラフを作成します。

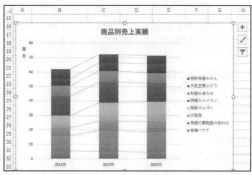

データの時間的な変化や、それぞれの項目の全体的な傾向を見せたいときは折れ線グラフを作成します。

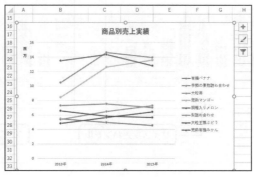

全体に対する割合、比率などを見せたいときは円グラフを作成します。

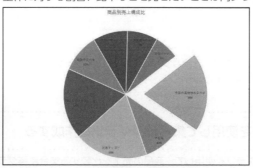

グラフの作成

グラフを作成するには、基となるデータを選択してから、[挿入] タブでグラフの種類を選びます。

■ **グラフ作成のポイント**
グラフを作成するには、まず、基になるデータを選択します。選択の際は、グラフの項目名として使用するセルと、数値データとして使用するセルを含めて範囲選択します。次に、[挿入] タブでグラフの種類を選択すると、グラフが作成できます。

■ **グラフと基のデータとの関係**
グラフと表のデータの間にはリンクが設定され、表のデータを変更するとグラフの内容も自動的に変更されます。

■ **グラフの選択**
グラフの余白部分をクリックするとグラフ全体 (グラフエリア) が選択され、外枠の四隅と上下左右の中央にサイズ変更ハンドルが表示されます。グラフの内部をクリックすると、グラフ全体ではなくグラフの各要素が選択されます。

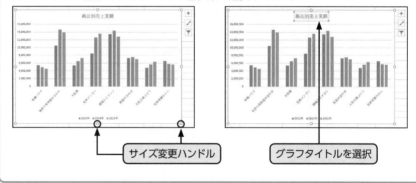

棒グラフの作成

3年間の商品の売上を比較するために、縦棒グラフを作成しましょう。また、グラフを適切な場所に移動し、見やすい大きさにサイズを調整しましょう。

操作 おすすめグラフを使用して集合縦棒グラフを作成する

おすすめグラフを使用して、商品の売上を比較する集合縦棒グラフを作成しましょう。

Step 1 [Office2016テキスト] フォルダーにあるブック「商品別売上実績」を開きます。

Step 2 グラフにするデータの範囲を選択します。

❶ セルB4～E12をドラッグします。

❷ [挿入] タブをクリックします。

Step 3 [グラフの挿入] ダイアログボックスを開きます。

❶ [おすすめグラフ] ボタンをクリックします。

Step 4 集合縦棒グラフを選択します。

ヒント
おすすめグラフの種類
グラフの種類は、選択したデータに応じて、自動的にお薦めのグラフの種類が提示されます。提示されたグラフの種類をクリックして切り替えると、でき上がりのイメージを確認することができます。

❶ [おすすめグラフ] が選択されていることを確認します。

❷ [集合縦棒] が選択されていることを確認します。

❸ [OK] をクリックします。

Step 5 グラフが作成されます。

ヒント
グラフ操作専用のボタン
グラフを作成すると、右上に3つのボタンが表示されます。これらのボタンを使用すると、グラフ要素の追加やグラフの表示のカスタマイズなどの操作をすばやく行うことができます。

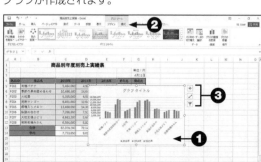

❶ 棒グラフが作成されたことを確認します。

❷ [デザイン] タブと [書式] タブが表示されたことを確認します。

❸ グラフの右上に3つのボタンが表示されたことを確認します。

第11章 グラフ

ヒント　グラフ機能専用のタブ
グラフを選択すると、[デザイン] タブと [書式] タブが表示されます。このように、必要な場合にだけ表示される特定機能専用のタブがあります。

ヒント　グラフを削除するには
グラフを削除するには、グラフを選択した状態で **Delete** キーを押します。

操作　グラフの移動とサイズの変更をする

グラフを挿入すると、既定の大きさで画面の中央に配置されます。グラフを適切と思われる場所に移動し、見やすい大きさにサイズを調整しましょう。

Step 1 グラフを移動します。

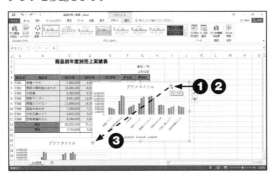

❶ グラフエリアと表示される位置をクリックして、グラフを選択します。

❷ マウスポインターの形が ✥ になっていることを確認します。

❸ グラフの左上隅がセルA16になるようにドラッグします。

ヒント　グラフの移動
グラフ全体を移動するには、グラフの余白部分（グラフエリア）をポイントしてドラッグします。グラフの移動中は、マウスポインターの形が ✥ に変わります。

Step 2 グラフが表の下に移動したことを確認します。

ヒント　グラフ化されているセル範囲
グラフエリアおよびグラフのプロットエリア（グラフが表示されている領域）を選択すると、表中のグラフ化されているセル範囲が色の付いた線で囲まれて表示されます。

276　グラフの作成

Step 3 グラフの外枠をポイントします。

> **ヒント**
> **グラフのサイズ変更**
> グラフ全体のサイズを変更するには、サイズ変更ハンドルをポイントし、マウスポインターの形が ⇖ ⇙ ↕ ⇔ のいずれかに変わったら、矢印の方向へドラッグします。

❶ 15行目がいちばん上になるまで下にスクロールします。
❷ グラフが選択されていることを確認します。
❸ グラフの外枠右下のサイズ変更ハンドルをポイントします。
❹ マウスポインターの形が ⇖ になっていることを確認します。

Step 4 グラフのサイズを変更します。

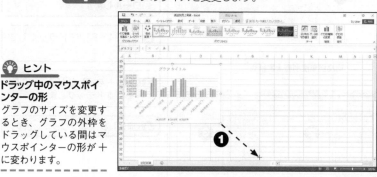

❶ セルG33までドラッグします。

> **ヒント**
> **ドラッグ中のマウスポインターの形**
> グラフのサイズを変更するとき、グラフの外枠をドラッグしている間はマウスポインターの形が ＋ に変わります。

Step 5 グラフが大きくなったことを確認します。

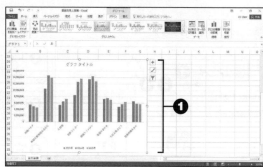

❶ グラフの各要素の大きさが、自動的に拡大されていることを確認します。

> **ヒント**
> **グラフのサイズ変更**
> グラフの四隅をセルの境界線に合わせるには、**Alt**キーを押しながらサイズ変更ハンドルをドラッグします。

Step 6 グラフ以外の任意の場所をクリックし、グラフの選択を解除します。

円グラフの作成

商品全体の売上合計に対する、各商品の売上比率をわかりやすく見せるために、円グラフを作成します。

操作 ☞ 円グラフを作成する

2015年の商品の売上構成をわかりやすく見せるために、円グラフを作成し、縦棒グラフの下に移動しましょう。

Step 1 グラフにするデータの範囲を選択します。

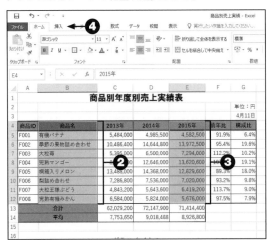

❶ 表が表示されるまで上にスクロールします。

❷ セルB4～B12をドラッグします。

❸ **Ctrl**キーを押しながら、セルE4～E12をドラッグします。

❹ [挿入] タブをクリックします。

Step 2 グラフの種類と形式を選択します。

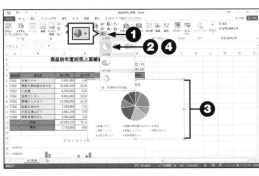

❶ [円またはドーナツグラフの挿入] ボタンをクリックします。

❷ [2-D 円] の一番左にある [円] をポイントします。

❸ グラフのイメージが表示されたことを確認します。

❹ [円] をクリックします。

Step 3 操作しやすいように画面を縮小します。

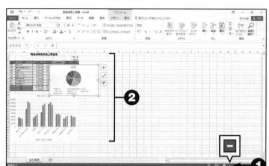

❶縮小ボタンを数回クリックして画面の表示倍率を50%に縮小します。

❷画面が縮小されます。

Step 4 グラフを移動します。

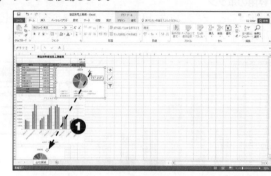

❶グラフの左上隅がセルA35になるようにドラッグします。

Step 5 グラフが縦棒グラフの下に移動したことを確認します。

❶任意のセルをクリックして、グラフの選択を解除します。

Step 6 ➕ 拡大ボタンを数回クリックして画面の表示倍率を100%に拡大します。

グラフの編集

より効果的なグラフにするために、グラフのデザインや書式などを編集します。

グラフを編集するには、まず、そのグラフを選択します。グラフを選択すると、グラフの右上に、グラフを編集するための3つのボタンが表示されます。また、リボンにグラフを編集するための2つのタブが表示されます。

■ **グラフ専用のボタン**

グラフを選択すると、グラフの右上に、グラフを編集するための [グラフ要素]、[グラフスタイル]、[グラフフィルター] の3つのボタンが表示されます。

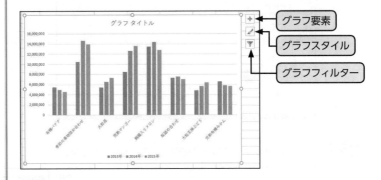

[グラフ要素] ボタンを使うと、グラフタイトルなどのグラフ要素の追加や削除、および変更を行うことができます。

[グラフスタイル] ボタンを使うと、グラフのスタイルと配置を設定することができます。

[グラフフィルター] ボタンを使うと、グラフにどの要素と名前を表示するかを編集することができます。

■ **グラフ専用のタブ**

グラフを選択すると表示される2つのタブを使って、グラフのデザインや書式の変更を行うことができます。[デザイン] [書式] の2つのタブがあります。

[デザイン] タブでは、グラフのレイアウトや種類、スタイルなどを変更することができます。

[書式] タブでは、図形のスタイルや配置などを変更することができます。

■ グラフの構成要素

グラフに配置されている要素には、それぞれ名前が付いています。グラフの内部をポイントすると各要素の名前が表示され、クリックすると選択されます。また、[書式] タブにある、 グラフエリア [グラフ要素] ボックスの▼のボタンをクリックして選択することもできます。それぞれの要素の書式は、[書式] タブの [選択対象の書式設定] ボタンで変更します。

■ グラフの構成要素の名称

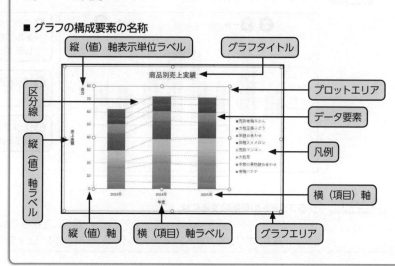

棒グラフの編集

棒グラフに適切なタイトルを付け、軸の表示単位を追加しましょう。

操作☞ グラフタイトルを変更する

棒グラフのグラフタイトルを「商品別売上実績」に変更しましょう。

Step 1 グラフタイトルを選択します。

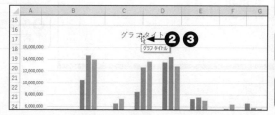

❶縦棒グラフ全体が表示されるまでスクロールします。

❷グラフタイトルをポイントします。

❸マウスポインターの形が の状態でクリックします。

第11章 グラフ | **281**

Step 2 グラフタイトルの文字を消去します。

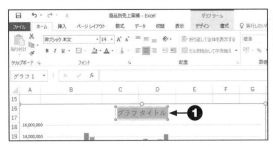

❶ 文字「グラフタイトル」をドラッグして**Delete**キーを押します。

Step 3 グラフタイトルを入力します。

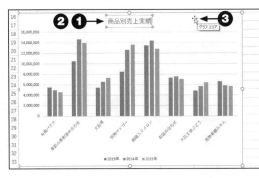

❶ グラフのタイトル「グラフタイトル」が消去されたことを確認します。

❷「商品別売上実績」と入力します。

❸ グラフエリアをクリックして、タイトルを確定します。

> 💡 **ヒント** **グラフタイトルを削除するには**
> グラフタイトルを削除するには、グラフタイトルを選択した状態で**Delete**キーを押すか、[＋][グラフ要素]ボタンをクリックし、一覧の[グラフタイトル]チェックボックスをオフにします。

操作 ☞ 縦(値)軸の単位を変更する

縦(値)軸の単位を「百万」に変更し、ラベルを縦書きにしましょう。

Step 1 [軸の書式設定]作業ウィンドウを開きます。

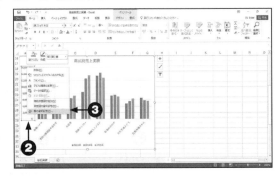

❶ グラフが選択されていることを確認します。

❷ マウスポインターの形が ◯ の状態で縦(値)軸を右クリックします。

❸ [軸の書式設定]をクリックします。

Step 2 表示単位を変更します。

❶ [軸の書式設定] 作業ウィンドウが開き、[軸のオプション] が表示されていることを確認します。

❷ [表示単位] ボックスの▼をクリックします。

❸ 一覧の [百万] をクリックします。

❹ グラフ以外の場所をクリックしてグラフの選択を解除します。

ヒント
グラフの選択解除操作
グラフを選択したままStep3で表示単位ラベル [百万] をクリックすると、正常に動作しないことがあるため一度選択を解除しています。

Step 3 表示単位ラベルの配置を変更します。

ヒント
グラフ要素の書式設定作業ウィンドウの表示
グラフ要素の書式設定作業ウィンドウは、選択したグラフ要素に応じて、自動的に切り替わります。

❶ 表示単位ラベルの [百万] をクリックします。

❷ [百万] が四角で囲まれたことを確認します。

❸ [ラベルオプション] の [サイズとプロパティ] をクリックし、[配置] に切り替わったことを確認します。

❹ [文字列の方向] ボックスの▼をクリックします。

❺ 一覧の [縦書き (半角文字含む)] をクリックします。

❻ 閉じるボタンをクリックします。

Step 4 表示単位ラベルが追加され、縦書きで配置されていることを確認します。

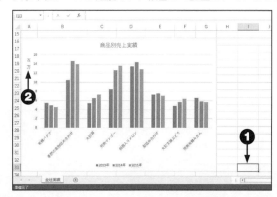

❶ グラフ以外の場所をクリックしてグラフの選択を解除します。

❷ [百万] が縦書きで表示されていることを確認します。

第11章 グラフ **283**

ヒント　よく使うグラフの編集方法

ここで操作を行ったもののほかに、よく使うグラフの編集方法を紹介します。

■ グラフの構成要素のフォントサイズの変更

フォントサイズを変更すると、グラフのバランスを整えて見やすくしたり、強調したい箇所を目立たせたりできます。グラフの構成要素のフォントサイズを変更するには、変更したい構成要素をクリックして四角で囲まれていることを確認します。[ホーム] タブの [フォントサイズ] ボックスの▼をクリックしてフォントサイズを変更します。

■ 軸の配置の変更

軸の配置を変更すると、項目名や数値をわかりやすく表示することなどができます。
軸の配置の変更手順は、以下のとおりです。

1. 縦 (値) 軸または横 (項目) 軸をクリックし、[＋] [グラフ要素] ボタンをクリックします。
2. [軸] チェックボックスをポイントし右向きの三角のボタンをクリックし、[その他のオプション] をクリックして [軸の書式設定] 作業ウィンドウの [軸のオプション] 画面を開きます。
3. [文字のオプション] をクリックし、[テキストボックス] ボタンをクリックして、[文字列の方向] ボックスの▼をクリックして一覧から任意の配置を選択します。

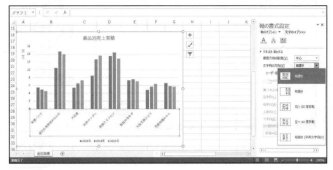

■ 軸ラベルの追加

軸ラベルを追加すると、縦軸と横軸が何の値を表示しているのかがわかりやすくなります。
軸ラベルの追加手順は、以下のとおりです。

1. グラフを選択し、[＋] [グラフ要素] ボタンをクリックします。
2. [軸ラベル] チェックボックスをポイントし右向き三角のボタンをクリックし、[第1横軸] または [第1縦軸] チェックボックスをオンにして軸ラベルを追加します。
3. 軸ラベルの文字を入力します。

円グラフの編集

円グラフに適切なタイトルを付け、項目名とパーセンテージをグラフ内に表示しましょう。また、いちばん構成比率の多い商品を強調するためにグラフを回転させ、その商品のスタイルを変えてグラフから切り出しましょう。

操作 グラフタイトルを変更する

円グラフのグラフタイトルを「商品別売上構成比」に変更しましょう。

Step 1 グラフタイトルを消去します。

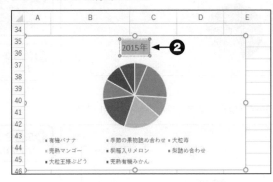

❶円グラフが表示されるまで下にスクロールします。

❷グラフタイトルの文字「2015年」を消去します。

Step 2 グラフタイトルを入力します。

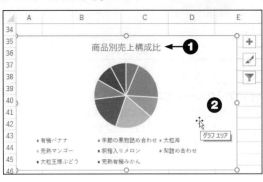

❶「商品別売上構成比」と入力します。

❷タイトルを確定します。

第11章 グラフ　**285**

操作☛ グラフのレイアウトを変更する

円グラフのレイアウトを変更して、グラフ内に項目名とパーセンテージを表示しましょう。

Step 1　円グラフのレイアウトを変更します。

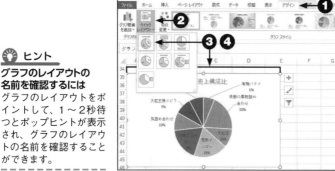

❶[デザイン] タブをクリックします。

❷[クイックレイアウト] ボタンをクリックします。

❸[レイアウト1] をポイントし、レイアウトのイメージが表示されていることを確認します。

❹[レイアウト1] をクリックします。

💡 ヒント
グラフのレイアウトの名前を確認するには
グラフのレイアウトをポイントして、1～2秒待つとポップヒントが表示され、グラフのレイアウトの名前を確認することができます。

Step 2　円グラフのレイアウトが変更されたことを確認します。

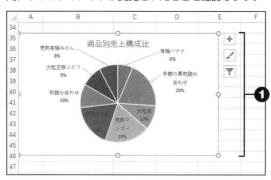

❶項目名とパーセンテージが表示されたことを確認します。

💡 ヒント
[グラフのレイアウト]グループでの設定について
グラフに対して、凡例やデータラベルの表示などが定義されたグラフのレイアウトを適用することができます。グラフのレイアウトを変更すると、グラフの構成要素のレイアウトや表示/非表示を一度に設定することができます。

操作 円グラフを回転させる

円グラフを30度回転させて、いちばん構成比の大きい、「季節の果物詰め合わせ」を右側の中央に配置しましょう。

Step 1 [データ系列の書式設定] 作業ウィンドウを開きます。

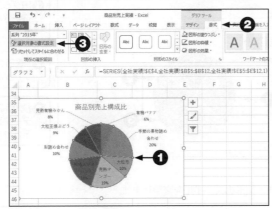

❶ 円グラフの円の部分(データ系列)をクリックします。

❷ [書式] タブをクリックします。

❸ [選択対象の書式設定] ボタンをクリックします。

Step 2 円グラフを回転させます。

❶ [系列のオプション] が表示されていることを確認します。

❷ [グラフの基線位置] のスライダーを「30°」になるまでドラッグします。

❸ 閉じるボタンをクリックします。

> **ヒント グラフの基線位置を数値で指定するには**
> グラフの基線位置のテキストボックスに直接数値を入力します。「°」は自動的に付きます。

Step 3 円グラフが回転したことを確認します。

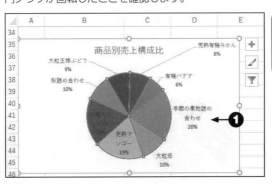

❶ 円グラフが回転し、「季節の果物詰め合わせ」の位置が右側の中央に配置されたことを確認します。

> **ヒント グラフの回転を戻すには**
> [データ系列の書式設定] 作業ウィンドウを開いて、[系列のオプション] を表示し、[グラフの基線位置] を「0°」にします。

第11章 グラフ　287

操作 ☞ 1つのデータ系列の図形のスタイルを変更する

データ系列「季節の果物詰め合わせ」の図形のスタイルを変更しましょう。

Step 1 図形のスタイルを変えたいデータ系列を選択します。

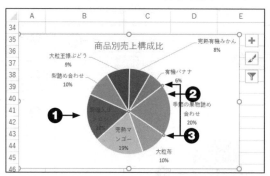

❶ 円グラフのデータ系列全体が選択されていることを確認します。

❷ 「季節の果物詰め合わせ」のデータ系列をクリックします。

❸ 「季節の果物詰め合わせ」のデータ系列だけにハンドルが表示されたことを確認します。

💡 ヒント
図形のスタイル
図形のスタイルを使用すると、図形の塗りつぶしや枠線、フォントの色などを一度にまとめて設定することができます。

Step 2 データ系列の図形のスタイルを変更します。

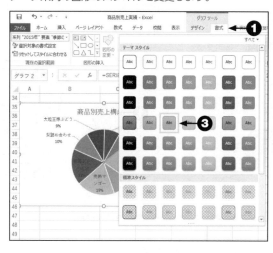

❶ [書式]タブが選択されていることを確認します。

❷ [図形のスタイル]の▼[その他]ボタンをクリックします。

❸ [パステル-オレンジ、アクセント2]をクリックします。

Step 3 データ系列「季節の果物詰め合わせ」の図形のスタイルが変更されたことを確認します。

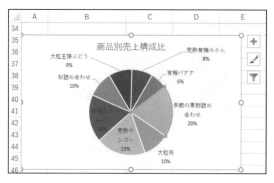

操作 ☞ 1つのデータ系列を切り出す

「季節の果物詰め合わせ」を切り出して強調しましょう。

Step 1 [データ要素の書式設定] 作業ウィンドウを開きます。

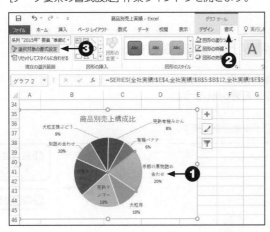

① 「季節の果物詰め合わせ」のデータ系列だけが選択されていることを確認します。

② [書式] タブが選択されていることを確認します。

③ [選択対象の書式設定] ボタンをクリックします。

Step 2 1つのデータ系列を切り出します。

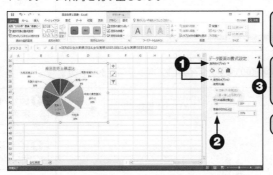

💡 ヒント
1つのデータ系列をドラッグで切り離すには
[データ要素の書式設定] ウィンドウを使わずに、データ系列をドラッグして切り離すこともできます。データ系列を1つだけ選択してから、切り離したい位置までドラッグします。

① [系列のオプション] が表示されていることを確認します。

② [要素の切り出し] のスライダーを「30%」になるまでドラッグします。

③ 閉じるボタンをクリックします。

Step 3 1つのデータ系列が切り出されたことを確認します。

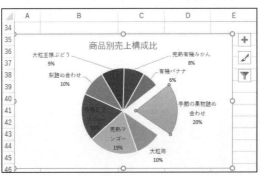

💡 ヒント
データ系列の切り出しを戻すには
[データ要素の書式設定] 作業ウィンドウを開いて、[系列のオプション] を表示し、[要素の切り出し] を「0%」にします。

第11章 グラフ | 289

グラフの種類の変更

作成したグラフの種類は、後から変更することができます。商品別の集合縦棒グラフを年度別の積み上げ縦棒グラフに変更し、区分線を付けましょう。さらにグラフのスタイルや凡例の位置を変更して見やすいグラフに整えましょう。

操作☞ グラフの種類を積み上げ縦棒に変更する

商品別の集合縦棒グラフの種類を変更し、データの行/列を切り替えて、年度別の積み上げ縦棒グラフに変更しましょう。

Step 1 集合縦棒グラフを選択します。

❶集合縦棒グラフが表示されるまで上にスクロールします。

❷集合縦棒グラフを選択します。

Step 2 [グラフの種類の変更] ダイアログボックスを開きます。

❶[デザイン] タブをクリックします。

❷[グラフの種類の変更] ボタンをクリックします。

Step 3 グラフの種類を変更します。

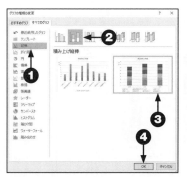

① [縦棒] が選択されていることを確認します。

② 左から2列目の [積み上げ縦棒] をクリックします。

③ 右側の年度別の積み上げ縦棒グラフをクリックします。

④ [OK] をクリックします。

Step 4 グラフの種類が変更されたことを確認します。

① グラフの種類が年度別の積み上げ縦棒に変更されたことを確認します。

ヒント　グラフの行/列を切り替えるには
すでにグラフを作成していて、後からデータの行/列を切り替える場合は、[デザイン] タブにある [行/列の切り替え] ボタンをクリックします。

操作　積み上げ縦棒グラフに区分線を付ける

積み上げ縦棒グラフに区分線を付けて、商品ごとの推移をわかりやすくしましょう。

Step 1 積み上げ縦棒グラフに区分線を付けます。

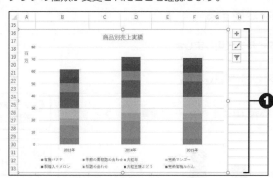

① 積み上げ縦棒グラフが選択されていることを確認します。

② [デザイン] タブが選択されていることを確認します。

③ [グラフ要素を追加] ボタンをクリックします。

④ [線] をポイントします。

⑤ [区分線] をクリックします。

第11章 グラフ

Step 2 積み上げ縦棒グラフに区分線が付いたことを確認します。

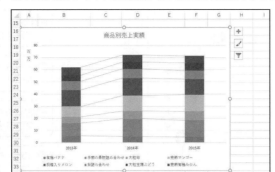

💡 **ヒント**
区分線を解除するには
[レイアウト]タブの[グラフ要素を追加]ボタンをクリックし、[線]の[なし]をクリックします。

操作☞ グラフスタイルを変更する

グラフスタイルを変更しましょう。

Step 1 グラフスタイルを変更します。

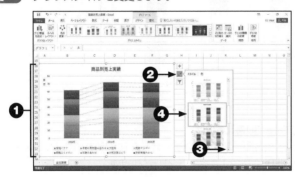

❶ グラフが選択されていることを確認します。

❷ [グラフスタイル]ボタンをクリックします。

❸ 下にスクロールします。

❹ [スタイル6]をクリックします。

グラフの編集

操作 凡例の位置を変更する

凡例の位置を右側に変更しましょう。

Step 1 凡例の位置を変更します。

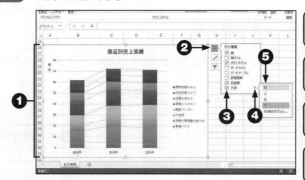

❶ グラフが選択されていることを確認します。

❷ [グラフ要素] ボタンをクリックします。

❸ [凡例] チェックボックスをポイントします。

❹ 右向き三角ボタンをクリックします。

❺ [右] をクリックします。

Step 2 凡例の位置が変わったことを確認します。

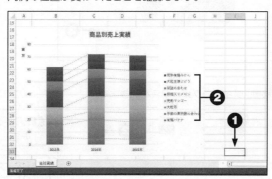

❶ グラフ以外の任意の場所をクリックしてグラフの選択を解除します。

❷ 凡例がグラフの右側に表示されていることを確認します。

ヒント グラフフィルター

グラフフィルターを使うと、グラフに特定の商品だけを表示したり、特定の年度だけを表示したりすることができます。[グラフフィルター] ボタンをクリックし、グラフに表示/非表示したいデータ系列やカテゴリなどのチェックボックスをオンまたはオフにして [適用] をクリックします。

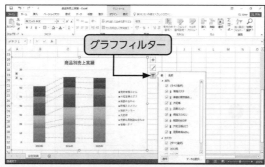

第 11 章 グラフ

グラフの場所の変更

グラフを表と別にして、単独のワークシートに表示させたい場合には、グラフの場所をグラフシートに移動することができます。

操作 ☞ グラフをグラフシートに移動する

商品別売上構成比の円グラフを1つのグラフとして独立して表示させるために、グラフシートに移動しましょう。

Step 1 円グラフを選択します。

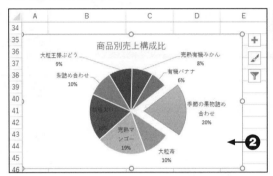

❶円グラフが表示されるまで下にスクロールします。

❷円グラフを選択します。

Step 2 [グラフの移動] ダイアログボックスを開きます。

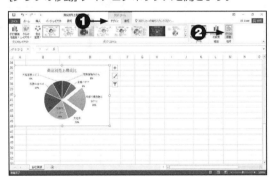

❶[デザイン] タブをクリックします。

❷[グラフの移動] ボタンをクリックします。

Step 3 グラフの場所を変更します。

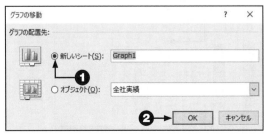

❶[新しいシート] をクリックします。

❷[OK] をクリックします。

Step 4 グラフが新しいシートに表示されます。

❶ グラフがシート「Graph1」に移動したことを確認します。

> **ヒント**
> **グラフシートの名前**
> グラフシートには、自動的に「Graph1」という名前が付きますが、ワークシートと同様にわかりやすい名前に変更できます。

Step 5 ブックを[保存用]フォルダーに保存して閉じます。

この章の確認

- ☐ グラフの種類と用途について理解できましたか？
- ☐ 縦棒グラフを作成することができますか？
- ☐ グラフの移動とサイズ変更をすることができますか？
- ☐ 円グラフを作成することができますか？
- ☐ グラフタイトルを変更することができますか？
- ☐ 縦（値）軸の単位を変更することができますか？
- ☐ グラフのレイアウトを変更することができますか？
- ☐ 円グラフを回転させることができますか？
- ☐ 1つのデータ系列の図形のスタイルを変更することができますか？
- ☐ 1つのデータ系列を切り出すことができますか？
- ☐ グラフの種類を変更することができますか？
- ☐ 積み上げ縦棒グラフに区分線を付けることができますか？
- ☐ グラフスタイルを変更することができますか？
- ☐ 凡例の位置を変更することができますか？
- ☐ グラフをグラフシートに移動することができますか？

第11章 グラフ

問題 11-1

縦棒グラフを作成しましょう。

1. [復習問題]フォルダーから「復習11　商品別第2四半期売上実績」を開きましょう。
2. セルB4～E11のデータを基にして、おすすめグラフを使用して集合縦棒グラフを作成しましょう。
3. セルA15を基点とする場所にグラフを移動しましょう。
4. グラフをセルH32までドラッグして、サイズを変更しましょう。

 問題 11-2

円グラフを作成しましょう。

1. セルB4～B11とセルF4～F11を基にして3-D円グラフを作成しましょう。
2. 画面の拡大/縮小機能を活用し、セルA34を基点とする場所にグラフを移動しましょう。

 問題 11-3

縦棒グラフを編集しましょう。

1. 縦棒グラフのタイトルを「第2四半期売上実績」に変更しましょう。
2. 縦軸の単位を「十万」に変更し、ラベルを縦書き（半角文字含む）にしましょう。
3. グラフの種類を月別の積み上げ縦棒グラフに変更しましょう。
4. 積み上げ縦棒グラフに区分線を付けましょう。
5. グラフスタイルを［スタイル6］に変更しましょう。
6. 凡例の位置をグラフの右側に変更しましょう。

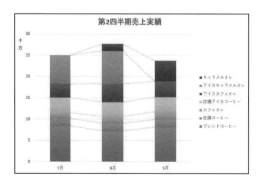

問題 11-4

円グラフを編集し、グラフシートに移動しましょう。

1. 円グラフのタイトルを「売上構成比」に変更しましょう。
2. 円グラフのレイアウトを［レイアウト1］に変更しましょう。
3. 円グラフを40度回転させて、いちばん売上構成比の大きい、「ブレンドコーヒー」を右側の中央に配置しましょう。
4. 「ブレンドコーヒー」のデータ系列の図形のスタイルを［パステル-青、アクセント1］に変更しましょう。
5. 「ブレンドコーヒー」のデータ系列を40%切り出しましょう。
6. 円グラフをグラフシートに移動しましょう。
7. ［保存用］フォルダーに「復習11　商品別第2四半期売上実績」という名前で保存して閉じましょう。

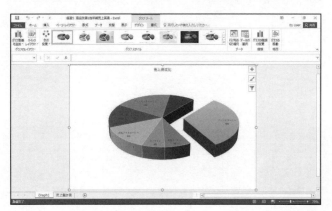

第12章

印刷

- 印刷の準備
- 印刷の実行
- よく使う印刷の機能

印刷の準備

Excelで作成した表やグラフを印刷する前に、印刷イメージを確認したり、印刷のための設定を行ったりする必要があります。

印刷するために必要な準備は、主に次の5つです。
・印刷イメージの確認
・ページレイアウトの設定
・ヘッダー/フッターの挿入
・余白の設定
・印刷設定の確認

■ 印刷の準備を行わずに印刷した場合

印刷の準備を行わずに印刷すると、次のような印刷結果になります。
・表とグラフ

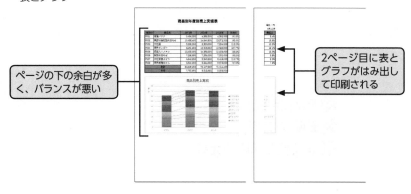

・データベース

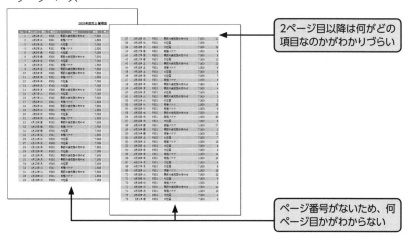

■ 印刷の準備を行ってから印刷した場合
印刷の準備を行ってから印刷すると、次のような印刷結果になります。
・表とグラフ

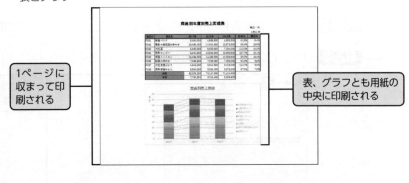

・データベース

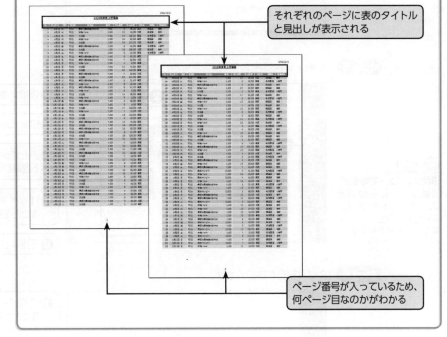

印刷イメージの確認

印刷を実行する前に、印刷イメージを確認します。Excelでは印刷イメージを表示することを「印刷プレビュー」といいます。

操作 印刷イメージを確認する

シート「全社実績」の印刷イメージを確認しましょう。

Step 1 [Office2016テキスト] フォルダーにあるブック「売上実績(印刷用)」を開きます。

Step 2 [ファイル] タブを表示します。

❶[ファイル] タブをクリックします。

Step 3 印刷イメージと全ページ数を確認します。

💡 ヒント
印刷プレビューでの表示
印刷プレビューの表示は、フォントやプリンターなどの設定によって異なることがあります。

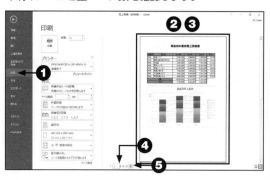

❶[印刷] をクリックします。

❷印刷イメージが表示されます。

❸表とグラフが表示されていることを確認します。

❹「1/2ページ」と表示されていることを確認します。

❺▷をクリックします。

Step 4 2ページ目を確認します。

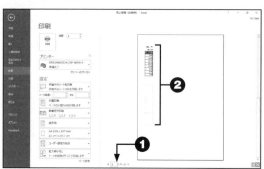

❶「2/2ページ」と表示されていることを確認します。

❷表とグラフがはみ出していることを確認します。

Step 5 ◀ をクリックして1ページ目を表示します。

> 💡 **ヒント** **印刷イメージをすぐ表示するには**
> 編集画面で印刷イメージをすぐ表示したい場合は、クイックアクセスツールバーに 🔍 [印刷プレビューと印刷] ボタンを追加して、ボタンをクリックします。

ページレイアウトの設定

作成した表やグラフをきれいに印刷するためには、用紙のサイズや向きなど、適切な印刷設定を行うことが必要です。

操作 ページ設定を行う

シート「全社実績」を、A4用紙の横向きで、左右の余白を均等にし、1ページに収まるように印刷するように設定をしましょう。

Step 1 用紙サイズを確認します。

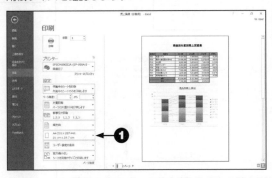

❶ [A4] が表示されていることを確認します。

Step 2 印刷の向きを設定します。

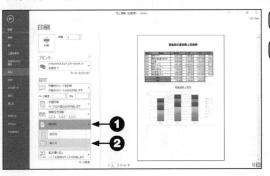

❶ [縦方向] をクリックします。

❷ [横方向] をクリックします。

第12章 印刷　*303*

Step 3 [ページ設定] ダイアログボックスを開きます。

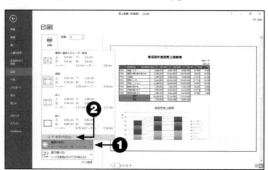

❶ [標準の余白] をクリックします。

❷ [ユーザー設定の余白] をクリックします。

Step 4 印刷位置を指定します。

> 💡 **ヒント**
> **[ページ設定] ダイアログボックス**
> [ページ設定] ダイアログボックスでは、ページレイアウトを詳細に設定することができます。

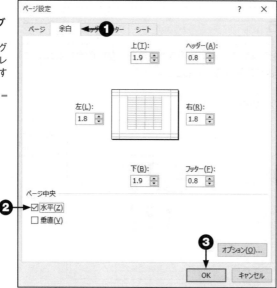

❶ [余白] タブが選択されていることを確認します。

❷ [ページ中央] の [水平] チェックボックスをオンにします。

❸ [OK] をクリックします。

Step 5 印刷位置が変更されたことを確認します。

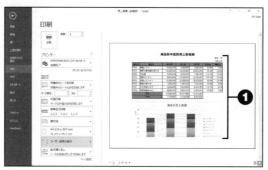

❶ 表とグラフが用紙の左右中央に配置されたことを確認します。

Step 6 1ページに印刷できるように、縮小印刷の設定を行います。

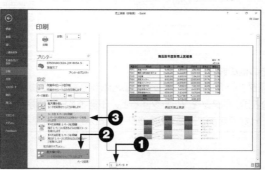

❶「1/2ページ」と表示されていることを確認します。

❷［拡大縮小なし］をクリックします。

❸［シートを1ページに印刷］をクリックします。

Step 7 1ページで印刷できるようになったことを確認します。

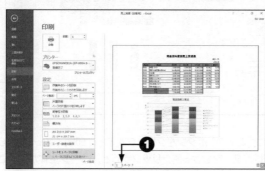

❶「1/1ページ」になったことを確認します。

ヒント [ページレイアウト］タブでのページ設定

用紙のサイズ、向き、余白、拡大縮小などは、[ページレイアウト] タブの [ページ設定] グループにあるボタンで設定することもできます。[ページ設定] グループの [ページ設定] をクリックして、[ページ設定] ダイアログボックスを開き、同様の項目を設定することも可能です。設定可能な項目は以下のとおりです。

ボタン	[ページ設定] ダイアログボックスの設定箇所	設定可能な項目
余白	[余白] タブ	印刷時の余白を設定できます。
印刷の向き	[ページ] タブの [印刷の向き]	ページのレイアウトを縦か横に切り替えます。
サイズ	[ページ] タブの [用紙サイズ]	印刷時の用紙サイズを設定できます。
印刷範囲	[シート] タブの [印刷範囲]	ワークシート内で印刷対象にする範囲の設定と解除ができます。
改ページ	なし	印刷時のページの開始位置の設定と解除ができます。
背景	なし	ワークシートの背景に表示する図を設定できます（背景は印刷されません）。

| 印刷タイトル | ［シート］タブの［印刷タイトル］ | 複数のページにまたがる表を印刷するときに、各ページに印刷される行と列を指定できます。 |

💡 ヒント　[印刷] のその他の設定

［ファイル］タブの［印刷］をクリックすると画面の右下に２つのボタンが表示されます。
［余白の表示］ボタンをクリックすると、印刷イメージに余白を表す線の表示/非表示を切り替えることができます。線をドラッグすると余白を調整できます。

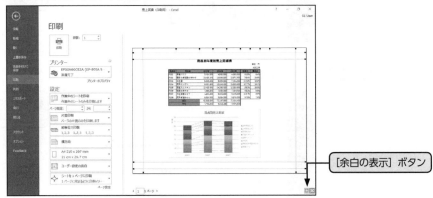

［ページに合わせる］ボタンをクリックすると、印刷イメージが100％の倍率で拡大表示されます。同じボタンをもう一度クリックすると、ページ全体が表示されます。

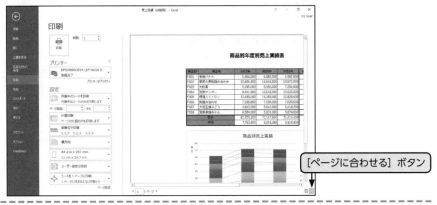

印刷の実行

印刷は、[ファイル] タブの [印刷] で、プリンターを選択したり、印刷対象やページなど印刷の方法を指定したりしてから実行します。

実際に印刷するときには、次の項目の設定が必要です。

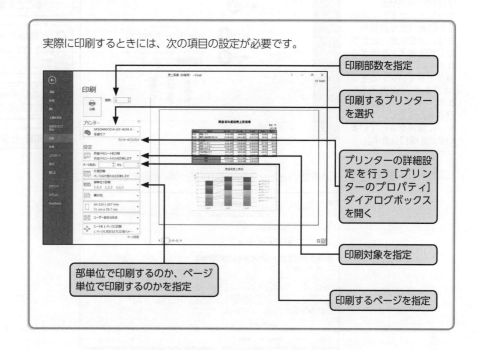

操作☞ 印刷を実行する

印刷内容の設定を確認して印刷しましょう。

Step 1 印刷を実行します。

ヒント
プリンターの状態
プリンターが正しく接続され印刷可能な状態のときは、プリンター名の下に[準備完了]と表示されます。プリンターの準備ができていないときは[オフライン]と表示されます。[オフライン]と表示された場合は、プリンターに電源が入っているかなどを確認します。

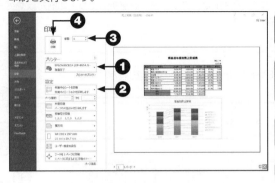

❶ プリンターが正しく接続されていることを確認します。

❷ [作業中のシートを印刷]が選択されていることを確認します。

❸ [部数]ボックスに「1」と表示されていることを確認します。

❹ [印刷]をクリックします。

Step 2 印刷が終わると、印刷画面から元の編集画面に戻ります。

ヒント
印刷するプリンターを変更した場合
印刷するプリンターを変更した場合は、プリンターによって印刷可能な用紙の範囲など細かい仕様が異なるため、印刷イメージを再度確認する必要があります。

ヒント
印刷をすぐ実行するには
編集画面で印刷をすぐ実行したい場合は、クイックアクセスツールバーに [クイック印刷]ボタンを追加してボタンをクリックします。

よく使う印刷の機能

データベースとして使用する表など1ページに収まらないデータの場合や、表を配布資料として使用する場合は、印刷の際、それに応じた設定が必要です。

機能	説明
印刷タイトル	2ページ目以降にも見出し行や見出し列を印刷することができます。
改ページプレビュー	マウスでドラッグして改ページの位置を調整できます。
改ページの挿入	任意の位置に改ページを挿入することができます。
ヘッダー/フッター	表やグラフを印刷するときに各ページの上部と下部の余白部分に、印刷日やページ番号などを印刷することができます。
余白	印刷時の余白を指定することができます。

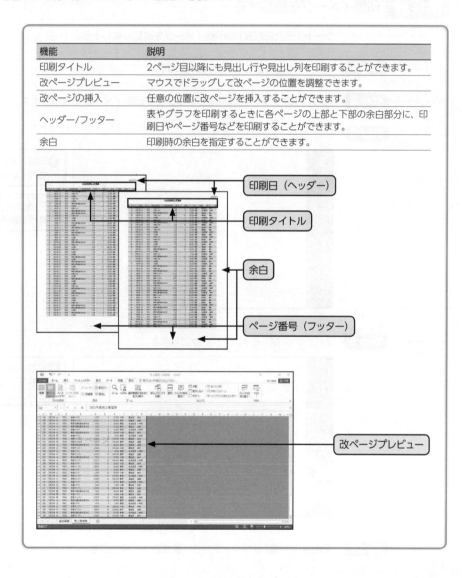

印刷タイトル

レコード数が多いデータベースなど、複数ページにわたるデータを印刷するときは、印刷タイトルを設定することで、2ページ目以降にも見出し行や見出し列を表示することができます。

操作 印刷イメージを確認する

シート「売上管理表」の印刷イメージを確認しましょう。

Step 1 シート「売上管理表」に切り替えます。

Step 2 [ファイル]タブの[印刷]をクリックして印刷イメージを表示します。

Step 3 印刷イメージを確認します。

❶印刷イメージに列見出しが表示されていることを確認します。

❷▶をクリックして2ページ目を表示します。

Step 4 2ページ目の印刷イメージを確認します。

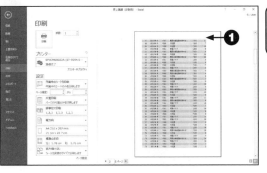

❶印刷イメージに列見出しが表示されていないことを確認します。

Step 5 画面左上の ⓒ をクリックして、編集画面に戻ります。

❶ 重要　印刷タイトルの設定

[ファイル] タブの [印刷] にある [ページ設定] をクリックして開いた [ページ設定] ダイアログボックスでは、印刷タイトルの設定ができません。印刷タイトルを設定する場合は、必ず編集画面に切り替えてから操作を行うようにします。

操作🐾 印刷タイトルを設定する

1行目から3行目にある表のタイトルと見出し行が各ページに印刷されるように、行の印刷タイトルとして設定しましょう。

Step 1 ［ページレイアウト］タブをクリックします。

Step 2 ［ページ設定］ダイアログボックスを開きます。

❶ ［印刷タイトル］ボタンをクリックします。

Step 3 印刷タイトルを設定します。

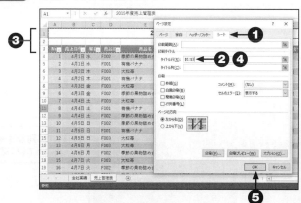

❶ ［シート］タブが表示されていることを確認します。

❷ ［印刷タイトル］の［タイトル行］ボックスをクリックします。

❸ 1行目～3行目をドラッグします。

❹ ［タイトル行］ボックスに「$1:$3」と表示されていることを確認します。

❺ ［OK］をクリックします。

第12章 印刷　311

> **ヒント　ワークシート上に表示される破線**
>
> 「印刷プレビュー」から元の画面（編集画面）に戻ると、ワークシート上に破線が表示されます。この破線は、印刷するときのページ区切りの位置を示しています。「ページレイアウトビュー」から「標準ビュー」に戻したときや、改ページを挿入したときに表示される破線も同様です。

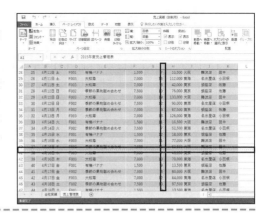

改ページプレビュー

表を印刷するときに、どの位置で改ページされるかを表示するのが「改ページプレビュー」です。改ページプレビューでは、マウスでドラッグして改ページ位置を調節できます。

操作　改ページプレビューで改ページ位置を調整する

改ページプレビューに切り替えて、マウス操作で改ページ位置を調整しましょう。

Step 1 改ページプレビューに切り替えます。

① [表示] タブをクリックします。

② [改ページプレビュー] ボタンをクリックします。

Step 2 下にスクロールして改ページの状態を確認します。

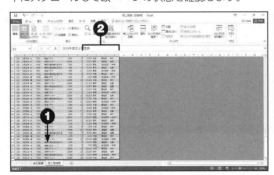

① 下にスクロールし、「5ページ」と表示されていることを確認します。

② 列が4列分はみ出して10ページになっていることを確認します。

312　よく使う印刷の機能

Step 3 改ページ位置を調整します。

💡 **ヒント**
改ページプレビューの表示
改ページプレビューでは、自動の改ページは破線、手動で設定した改ページは実線で表示されます。

❶ G列とH列の間に表示されている破線をポイントします。

❷ マウスポインターの形が ↔ になっている状態で、担当者名のK列の右までドラッグします

Step 4 改ページ位置が調整されたことを確認します。

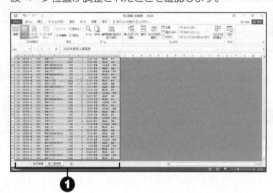

💡 **ヒント**
改ページの状態
プリンターの機種などの環境によっては、改ページの状態が異なる場合もあります。

❶ 縦の破線がなくなったことを確認します。

Step 5 [標準] ボタンをクリックして、標準表示に戻します。

改ページの挿入

複数のページにわたるデータを印刷するときに、自動改ページで入るページ区切りとは異なる位置でページを区切りたい場合には、手動で改ページを挿入することができます。

操作 ☞ 改ページを挿入する

シート「売上管理表」に、自動改ページの破線が表示されていることを確認しましょう。また、4月21日と4月22日、5月10日と5月11日の間に改ページを挿入しましょう。

Step 1 自動改ページの位置を確認します。

⚠ **重要**
自動改ページの位置
プリンターの機種などの環境によっては、自動改ページ位置が異なる場所になっている場合があります。

❶ 55行目が表示されるまでスクロールします。

❷ 56行目と57行目の間に自動改ページの破線が表示されていることを確認します。

第12章 印刷 | **313**

Step 2 手動で改ページを挿入します。

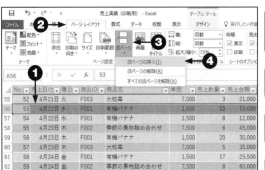

💡 **ヒント**
改ページ位置の修正
自動改ページの位置が改ページしたい場所より上にある場合は、前段で説明している改ページプレビューを使い、マウスでドラッグして位置を調整します。

❶ 自動改ページの破線のすぐ上の56行目を行単位で選択します。

❷ [ページレイアウト] タブをクリックします。

❸ [改ページ] ボタンをクリックします。

❹ [改ページの挿入] をクリックします。

Step 3 手動で改ページが挿入されたことを確認します。

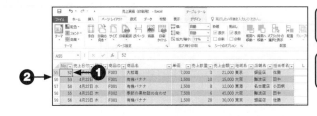

❶ 任意のセルをクリックして範囲選択を解除します。

❷ 55行目と56行目の間に実線が表示されたことを確認します。

Step 4 同様に、106行目（5月10日と5月11日の間）に手動で改ページを挿入します。

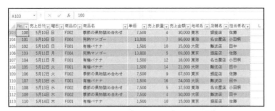

Step 5 **Ctrl**キーを押したまま**Home**キーを押して、テーブルの左上を表示します。

💡 **ヒント** **改ページの解除**
改ページを削除するには、改ページを設定した行をクリックし、[ページレイアウト] タブの [改ページ] ボタンをクリックして、[改ページの解除] をクリックします。設定済みのすべての改ページを一度に解除する場合は、[すべての改ページを解除] をクリックします。

ヘッダー/フッターの挿入

表やグラフを印刷するときに、余白に、印刷日やブック名、シート名、ページ数などの情報を付け加えることができます。

用語　ヘッダー/フッター

ページ上部の余白に印刷されるものを「ヘッダー」といい、それに対してページ下部の余白に印刷されるものを「フッター」といいます。ヘッダー/フッターは、基本的にすべてのページに挿入されます。

操作☞ ヘッダー/フッターを挿入する

シート「売上管理表」を印刷したときに印刷日とページ番号がわかるように、ヘッダーに現在の日付、フッターにページ番号を挿入しましょう。

Step 1 ヘッダーとフッターを挿入します。

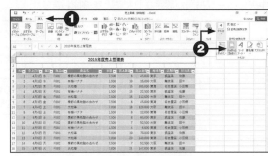

❶ [挿入] タブをクリックします。

❷ [テキスト] ボタンをクリックし、[ヘッダーとフッター] ボタンをクリックします。

Step 2 ヘッダーの右側に印刷日を挿入します。

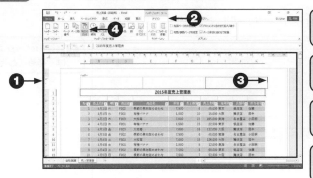

❶ ページレイアウトビューに切り替わります。

❷ [デザイン] タブが表示されていることを確認します。

❸ ヘッダーの右側をクリックしてカーソルを表示します。

❹ [現在の日付] ボタンをクリックします。

Step 3 ヘッダーに現在の日付が表示されたことを確認します。

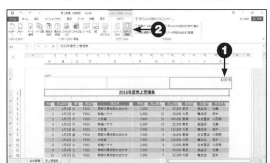

❶ ヘッダーの右側に「&[日付]」と表示されたことを確認します。

❷ [フッターに移動] ボタンをクリックします。

第12章 印刷　315

Step 4 フッターの中央にページ番号を挿入します。

❶ フッターの中央をクリックしてカーソルを表示します。

❷ [ページ番号] ボタンをクリックします。

Step 5 フッターの中央にページ番号が設定されたことを確認します。

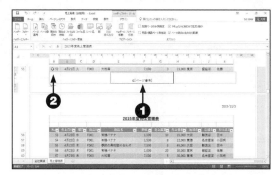

❶ フッターの中央に「&[ページ番号]」と表示されたことを確認します。

❷ 任意のセルをクリックしてフッターを確定します。

Step 6 表の最終行までスクロールします。

❶ 最後のページはデータが1行だけであることを確認します。

Step 7 **Ctrl**キーを押したまま**Home**キーを押して、テーブルの左上を表示します。

Step 8 ズームスライダーの左側にある ▦ [標準] ボタンをクリックして、標準表示に切り替えます。

💡ヒント　ページレイアウトビュー

Excelには、印刷結果を確認しながら編集できる「ページレイアウトビュー」があります。ページレイアウトビューに切り替えるには、[表示] タブの [ページレイアウト] ボタンをクリックするか、ズームスライダーの左側にある [ページレイアウト] ボタンをクリックします。
ページレイアウトビューに切り替えると、上下左右に余白が表示され、ヘッダー/フッターの編集や、セルの編集を行うことができます。

💡ヒント　設定できるヘッダー/フッター要素

ページ番号と現在の日付以外に用意されている主なヘッダー/フッター要素は、次の表のとおりです。

ボタン		機能
ページ数	ページ数	印刷時の総ページ数を追加します。
現在の時刻	現在の時刻	コンピューターの内部時計を参照し、現在の時刻を追加します。
ファイルのパス	ファイルのパス	ファイルの保存先（完全パス）を含むファイル名を追加します。
ファイル名	ファイル名	ファイル名を追加します。
シート名	シート名	シート名を追加します。
図	図	クリックすると [図の挿入] ダイアログボックスが開き、ロゴなどの図を追加できます。

また、ヘッダー/フッターには、任意の文字を入力することもできます。「社外秘」や「関係者限定」などの文字や、作成者名などを印刷するときに利用します。

操作☞　余白を設定する

シート「売上管理表」の余白を設定し、3ページに印刷できるように調整しましょう。

Step 1 [ページレイアウト] タブをクリックします。

Step 2 [ページ設定] ダイアログボックスを開きます。

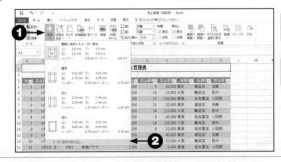

❶ [余白] ボタンをクリックします。

❷ [ユーザー設定の余白] をクリックします。

第12章 印刷　317

Step 3 上下の余白を設定し、印刷プレビューを表示します。

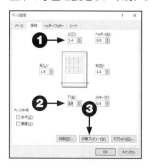

> 💡 **ヒント**
> **余白の単位**
> 余白の単位は「cm」です。▲または▼をクリックすると5mm単位で余白が増減します。[上]または[下]ボックスに数値を直接入力することもできます。

❶ [上] ボックスの▼を1回クリックし、[1.4] に設定します。

❷ [下] ボックスの▼を1回クリックし、[1.4] に設定します。

❸ [印刷プレビュー] ボタンをクリックします。

> 💡 **ヒント** **ヘッダー/フッターの印刷位置の設定**
> [ページ設定] ダイアログボックスの [余白] タブを表示し、[ヘッダー] または [フッター] ボックスで数値を指定すると、ページの端からの印刷位置を指定できます。

操作 👉 印刷イメージを確認する

シート「売上管理表」の印刷イメージを確認しましょう。

Step 1 印刷イメージを確認します。

❶ ヘッダーに現在の日付が表示されていることを確認します。

❷ フッターにページ番号が表示されていることを確認します。

❸ 「1/3ページ」と表示され、3ページに収まったことを確認します。

❹ ▶ をクリックして2ページ目を表示します。

Step 2 2ページ目を確認します。

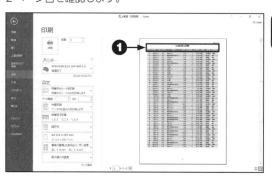

❶ 表のタイトルと列見出しが表示されていることを確認します。

Step 3 ブックを [保存用] フォルダーに保存して閉じます。

この章の確認

- ☐ 印刷するために必要な準備について理解できましたか？
- ☐ 印刷イメージを確認することができますか？
- ☐ ページ設定を行うことができますか？
- ☐ 印刷を実行することができますか？
- ☐ 印刷タイトルを設定することができますか？
- ☐ 改ページプレビューで改ページ位置を調整することができますか？
- ☐ 手動で改ページを挿入することができますか？
- ☐ ヘッダー/フッターを挿入することができますか？
- ☐ 余白を設定することができますか？

復習問題 問題 12-1

印刷の設定を行い、印刷を実行しましょう。

1. ［復習問題］フォルダーから「復習12　第2四半期売上実績（印刷用）」を開きましょう。
2. シート「売上集計表」の印刷イメージを確認しましょう。
3. シート「売上集計表」の用紙と向きを「A4」「横方向」、印刷位置をページの「水平方向の中央」に設定しましょう。
4. 1ページに印刷できるように、縮小印刷の設定をしましょう。
5. 印刷を実行しましょう。

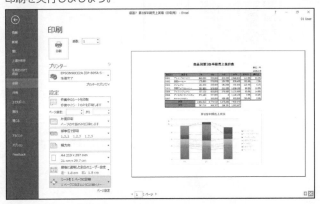

問題 12-2

複数ページにまたがる表の印刷の設定を行いましょう。

1. シート「売上管理表」の印刷イメージを確認しましょう。
2. 1行目から3行目が各ページに印刷されるように、印刷タイトルの設定をしましょう。
3. 改ページプレビューで、「地域名」、「店舗名」、「立地条件」までを横1ページ内に印刷できるように設定しましょう。
4. 52行目、101行目、152行目に手動で改ページを挿入しましょう。
5. ヘッダーの左側に現在の日付、フッターの中央にページ番号を挿入しましょう。
6. 印刷イメージを確認しましょう。

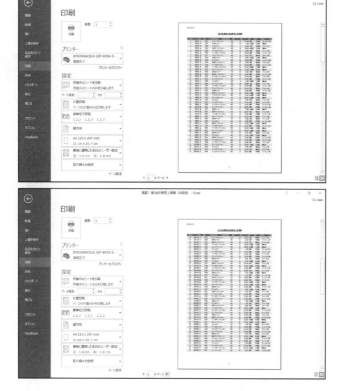

7. ［保存用］フォルダーに「復習12　第2四半期売上実績（印刷用）」という名前で保存して閉じましょう。

第13章

関数を使用した入力サポート

■ 端数の処理を行う関数
■ 条件によって処理を分ける関数

端数の処理を行う関数

関数を使って端数を処理することができます。端数処理の方法によって関数を使い分けます。

計算結果に端数が発生した場合は、必要に応じて端数処理を行います。端数処理の方法としては、四捨五入、切り捨て、切り上げがあります。Excelには、目的に応じて端数処理を行うために、ROUND関数（四捨五入）、ROUNDDOWN関数（切り捨て）、ROUNDUP関数（切り上げ）の3つの関数が用意されています。

■ ROUND（ラウンド）関数
数値を、指定した桁数になるように四捨五入します。

書　式	ROUND（数値,桁数）
引　数	**数値**：四捨五入する数値（またはセル参照や数式）を指定します。 **桁数**：四捨五入した結果の小数部の桁数を指定します。
使用例	＝ROUND（C5,0） 　　セルC5の小数点以下第1位を四捨五入します。 ＝ROUND（B5*C5,1） 　　セルB5とC5の積を求め、小数点以下第2位を四捨五入します。 ＝ROUND（34.56,-1） 　　34.56の1の位を四捨五入します。

桁数の指定例

数値　　3 4 . 5 6
桁数　-1 0　1 2

使用例

数式	結果	意味
＝ROUND（34.56,0）	35	小数点以下第1位を四捨五入します。
＝ROUND（34.56,1）	34.6	小数点以下第2位を四捨五入します。
＝ROUND（34.56,-1）	30	1の位を四捨五入します。

■ ROUNDDOWN（ラウンドダウン）関数
数値を、指定した桁数になるように切り捨てます。
※関数の書式や引数、桁数の指定方法はROUND関数と同じです。

使用例

数式	結果	意味
=ROUNDDOWN（34.56,0）	34	小数点以下第1位を切り捨てます。
=ROUNDDOWN（34.56,1）	34.5	小数点以下第2位を切り捨てます。
=ROUNDDOWN（34.56,-1）	30	1の位を切り捨てます。

■ ROUNDUP（ラウンドアップ）関数
数値を、指定した桁数になるように切り上げます。
※関数の書式や引数、桁数の指定方法はROUND関数と同じです。

使用例

数式	結果	意味
=ROUNDUP（34.56,0）	35	小数点以下第1位を切り上げます。
=ROUNDUP（34.56,1）	34.6	小数点以下第2位を切り上げます。
=ROUNDUP（34.56,-1）	40	1の位を切り上げます。

操作　端数を四捨五入する

ブック「請求書」を開き、ROUND関数を使って、小計×割引率の計算結果を小数点以下第1位で四捨五入し、割引額を求めましょう。

Step 1 ［Office2016テキスト］フォルダーの「請求書」を開きます。シート「請求書」のセルF32をクリックし、計算式を確認し消去します。

Step 2 ［関数の挿入］ダイアログボックスを開きます。

ヒント
関数ライブラリ
関数は、［数式］タブの［関数ライブラリ］グループにある各ボタンをクリックしても選択できます。使いたい関数の分類がわかっている場合は便利です。ROUND関数は［数学/三角］ボタンをクリックすると選択できます。

❶セルF32がアクティブになっていることを確認します。

❷［数式］タブをクリックします。

❸［関数の挿入］ボタンをクリックします。

Step 3 関数の分類を選択します。

> **ヒント**
> **[関数の挿入]ダイアログボックス**
> 関数の名称はわかっていて分類がわからないときなどは、[関数の挿入]ボタンまたは数式バーの f_x [関数の挿入]ボタンをクリックして、[関数の挿入]ダイアログボックスを開きます。[関数の挿入]ダイアログボックスでは、関数名から関数を検索できます。

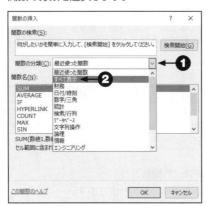

❶[関数の分類]ボックスの▼をクリックします。

❷[すべて表示]をクリックします。

Step 4 ROUND関数を選択します。

> **ヒント**
> **使用する関数へのジャンプ**
> [関数名]ボックス内をクリックし、日本語入力システムをオフにして、検索したい関数の名前を先頭から1～2文字をすばやく入力すると、検索したい関数の近くまでジャンプできます。

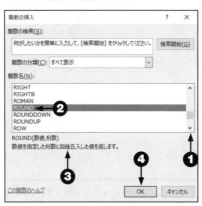

❶[関数名]ボックスの一覧をスクロールします。

❷[ROUND]をクリックします。

❸ROUND関数の説明が表示されていることを確認します。

❹[OK]をクリックします。

Step 5 四捨五入する数値に、割引額の計算式を入力します。

> **ヒント**
> **[関数の引数]ダイアログボックスの移動**
> [関数の引数]ダイアログボックスが表に重なって操作しにくい場合は、[関数の引数]ダイアログボックスのタイトルバーをドラッグし、操作に支障のない位置まで移動します。

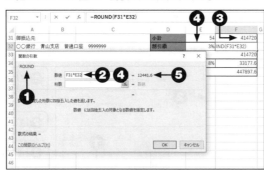

❶[関数の引数]ダイアログボックスが開き、ROUND関数が選択されていることを確認します。

❷[数値]ボックスにカーソルが表示されていることを確認します。

❸セルF31をクリックします。

❹[数値]ボックスの「F31」の後に「*」を入力し、セルE32をクリックします。

❺[数値]ボックスの計算結果に「12441.6」と表示されていることを確認します。

Step 6 桁数を指定します。

ヒント
[関数の引数]ダイアログボックスのヘルプ
[関数の引数]ダイアログボックスの左下隅にある[この関数のヘルプ]という青い文字をクリックすると、[Excelヘルプ]ウィンドウが表示され、指定した関数の詳細について調べることができます。

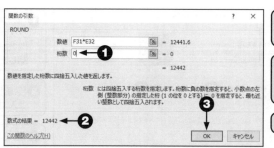

① [桁数] ボックスに「0」と入力します。

② 数式の結果が小数点以下第1位の位で四捨五入されていることを確認します。

③ [OK] をクリックします。

Step 7 割引額の計算結果を確認します。

① セルF32に小数点以下第1位の位で四捨五入された計算結果が表示されていることを確認します。

② 数式バーで数式を確認します。

操作 端数を切り捨てる

ROUNDDOWN関数を使って、割引後金額×消費税率の計算結果を小数点以下第1位で切り捨てして、消費税を求めましょう。

Step 1 セルF34の計算式を確認して消去します。

Step 2 ROUNDDOWN関数を選択します。

ヒント
ROUNDDOWN関数
ROUNDDOWN関数は[数式]タブの[数学/三角]ボタンから選択できます。[関数の挿入]ボタンをクリックし、[関数の挿入]ダイアログボックスから選択することもできます。

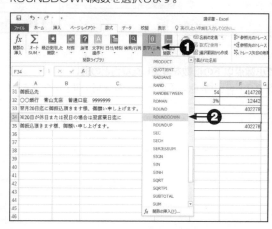

① [数式] タブの [数学/三角] ボタンをクリックします。

② [ROUNDDOWN] をクリックします。

Step 3 切り捨てる数値に、消費税の計算式を入力します。

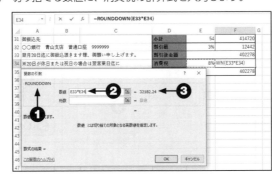

❶ [関数の引数] ダイアログボックスが開き、ROUNDDOWN関数が選択されていることを確認します。

❷ [数値] ボックスに「E33*E34」と入力します。

❸ [数値] ボックスの計算結果に「32182.24」と表示されていることを確認します。

Step 4 桁数を指定します。

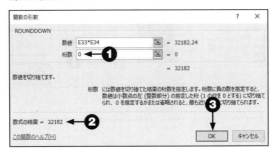

❶ [桁数] ボックスに「0」と入力します。

❷ 数式の結果が小数点以下第1位の位で切り捨てられていることを確認します。

❸ [OK] をクリックします。

Step 5 消費税の計算結果を確認します。

❶ セルF34に小数点以下第1位で切り捨てられた計算結果が表示されていることを確認します。

❷ 数式バーで数式を確認します。

> ⚠ **重要**　**表示形式で小数点以下の桁数を変更した場合との違い**
>
> [ホーム] タブの [小数点以下の表示桁数を増やす] ボタンまたは [小数点以下の表示桁数を減らす] ボタンをクリックすると、表示形式で小数点以下の桁数を変更できます。このとき、端数は表示桁数の1桁下で四捨五入されてセルに表示されますが、見た目が変わるだけで、数値データそのものは変更されません。その場合は、表示されている数値ではなく端数を含む数値が計算に使用されます。厳密に計算を行う場合には、関数を使って端数処理を行うようにします。

ヒント 小数点以下の切り捨て

小数点以下を切り捨てる場合は、INT関数を使うこともできます。

■ INT（イント）関数

指定した数値を超えない最大の整数を返します。

関数名	書式	引数
INT	INT（数値）	数値：切り捨てて整数にする数値（またはセル参照や数式）を指定します。

INT関数の引数に負の数を指定する場合は、ROUNDDOWN関数と違った結果を返すので注意して使用する必要があります。

数式	結果
=INT（-65.25）	-66
=ROUNDDOWN（-65.25,0）	-65

条件によって処理を分ける関数

設定した条件を満たしているかどうかで処理を分けたい場合は、IF関数を使います。IF関数は、論理関数の1つです。設定する条件を比較演算子を使った「論理式」で指定し、その条件を満たすか満たさないかで、実行する処理を分けることができます。

IF関数と、論理式で使われる比較演算子について確認しましょう。

■ IF（イフ）関数

論理式（条件）を満たすか満たさないかに応じて指定された値を返します。「論理式」、「論理式を満たす場合の処理」、「論理式を満たさない場合の処理」の3つの引数を指定します。

書式	IF(論理式,真の場合,偽の場合)
引数	**論理式**：真または偽のどちらかに判定できる値または式を指定します。 **真の場合**：**論理式**を満たす場合（**論理式**の結果がTRUE）に返す値を指定します。 **偽の場合**：**論理式**を満たさない場合（**論理式**の結果がFALSE）に返す値を指定します。
使用例	=IF (E31>=50,3%, "なし") セルE31の値が50以上の場合は「3%」と表示し、そうでない場合は、「なし」と表示します。

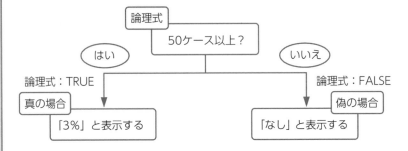

■ 比較演算子

比較演算子は、2つの値を比較するときに使用する演算子です。

比較演算子	意味	例
＝ （等号）	左辺と右辺が等しい	A1=B1
＞ （〜より大きい）	左辺が右辺よりも大きい	A1>B1
＜ （〜より小さい）	左辺が右辺よりも小さい	A1<B1
＞＝ （〜以上）	左辺が右辺以上である	A1>=B1
＜＝ （〜以下）	左辺が右辺以下である	A1<=B1
＜＞ （不等号）	左辺と右辺が等しくない	A1<>B1

操作 ☞ 1つの条件で処理を2つに分ける

購入ケース数が50ケース以上のときは金額から3%割引します。IF関数を使って割引率のセルE32に、購入ケース数の合計が50ケース以上の場合は「3%」と表示し、50ケース未満の場合は「なし」と表示する数式を設定しましょう。

Step 1 セルE32の値を消去します。

Step 2 IF関数を選択します。

ヒント
IF関数
IF関数は、[数式] タブの[論理] ボタンから選択できます。[関数の挿入] ボタンをクリックし、[関数の挿入] ダイアログボックスから選択することもできます。

❶[数式] タブの [論理] ボタンをクリックします。

❷[IF] をクリックします。

Step 3 条件を表す論理式を入力します。

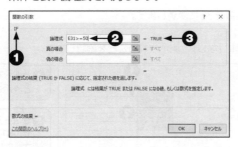

❶[関数の引数] ダイアログボックスが開き、IF関数が選択されていることを確認します。

❷[論理式] ボックスに「E31>=50」と入力します。

❸「TRUE」と表示されていることを確認します。

Step 4 真の場合と偽の場合に返す値を指定します。

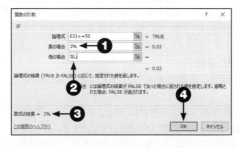

❶[真の場合] ボックスに「3%」と入力します。

❷[偽の場合] ボックスに「なし」と入力します。

❸数式の結果として真の場合の値が表示されていることを確認します。

❹[OK] をクリックします。

Step 5 割引率の計算結果を確認します。

❶ セルE32に真の場合の値「3%」が表示されていることを確認します。

❷ 数式バーで数式を確認します。

💡 ヒント　文字列を引数で指定する場合

「なし」のように文字列を引数で指定するときに、関数を手入力で入力する場合は、「"なし"」というように文字列の前後に半角ダブルクォーテーション (") を入力する必要があります。Excelでは「"」で囲まれた値を文字列として認識します。
[関数の引数] ダイアログボックスで文字列を引数に指定すると、「"」を自動的に補って関数の引数が設定されます。

操作 👉 結果を確認する

セルE16のケース数を30に変更して、セルE32の割引率が「なし」と表示されることを確認しましょう。

Step 1 セルE16のケース数を30に変更します。

Step 2 セルE32の割引率に「なし」と表示されることを確認します。

❶ セルE32の割引率に「なし」と表示されます。

❷ セルF32、E33、F34、E35とセルB12に「#VALUE!」と表示されていることを確認します。

Step 3 ↶ [元に戻す] ボタンをクリックして、セルE16の値を元に戻します。

💡 ヒント　エラー値が表示された場合

購入ケース数の合計が50未満の場合、セルF32などとセルB12に「#VALUE!」というエラー値が表示されます。
「#VALUE!」は、引数が違っている場合に表示されるエラー値です。「#VALUE!」が表示されたセルには、数値を引数とする関数が入力されています。"なし" や "" (空白) は、文字列として扱われるので、計算ができないために表示されたエラー値です。今回の場合は、IF関数の引数、偽の場合に「なし」が入力されていることが原因です。偽の場合の引数を数値0として指定することでエラーを回避することができます。
エラー回避については、本章「IF関数とVLOOKUP関数の組み合わせ」で学習します。

ヒント 複数条件の組み合わせ

IF関数の論理式に複数の条件を持たせることができます。複数の条件がある場合は、すべての条件を満たすAND関数を使うか、いずれかの条件を満たすOR関数を使うかを考える必要があります。このように、複数の関数を組み合わせることを「ネスト」といいます。複数の条件を設定することで、より複雑な条件で処理を分岐することができるようになります。

■ AND（アンド）関数

すべての条件が満たされているかどうかを判定します。

関数名	書式	引数
AND	AND（論理式1,論理式2…）	論理式：条件を満たす（TRUE）か、条件を満たさない（FALSE）かを判定する論理式を指定します。引数は1～255個まで指定できます。

■ OR（オア）関数

いずれかの条件が満たされているかどうかを判定します。

関数名	書式	引数
OR	OR（論理式1,論理式2…）	論理式：条件を満たす（TRUE）か、条件を満たさない（FALSE）かを判定する論理式を指定します。引数は1～255個まで指定できます。

■ AND関数とOR関数の条件の適用範囲

■ IF関数とAND関数の組み合わせ

IF関数とAND関数を組み合わせて、ケース数が50ケース以上で、かつ小計が400,000円以上であれば、セルE32の割引率を3%にする数式を作成すると、次のようになります。

■ IF関数とOR関数の組み合わせ

IF関数とOR関数を組み合わせて、ケース数が50ケース以上か、または小計が400,000円以上であれば、セルE32の割引率を3%にする数式を作成すると、次のようになります。

数式：=IF(OR(E31>=50,F31>=400000),3%,"なし")

この章の確認

- □ 端数を四捨五入することができますか？
- □ 端数を切り捨てることができますか？
- □ 関数を使って条件に基づいて処理を2つに分けることができますか？

問題 13-1

関数を使って、四捨五入や切り捨てで端数を処理しましょう。また、IF関数を使って、条件によって処理を分岐させましょう。

1. ［復習問題］フォルダーから「復習13　ワイン請求書」を開きましょう。
2. セルF32に入力されている数式を消去し、ROUND関数を使って、割引額を小数点以下第1位で四捨五入して求める数式を作成しましょう。
3. セルF34に入力されている数式を消去し、ROUNDDOWN関数を使って、割引後金額×消費税率の計算結果を小数点以下第1位で切り捨てて、消費税を求めましょう。
4. ケース数の合計が15以上のときは、金額から8％割引します。セルE32に入力されている値を消去し、IF関数を使って、ケース数の合計が15以上の場合は「8％」と表示し、15未満の場合は「なし」と表示する数式を作成しましょう。
5. セルE16に「15」と入力し、割引額に「8％」と表示されることを確認しましょう。

	A	B	C	D	E	F	G
14						単位：円	
15	明細番号	商品CD	商品名	ケース単価	ケース数	金額	
16	001	WRFRA001	ボルドー赤	21840	15	327600	
17							
18							
19							
20							
21							
22							
23							
24							
25							
26							
27							
28							
29							
30							
31	御振込先			小計		15	327600
32	○○銀行　青山支店　普通口座　9999999			割引額	8％	26208	
33	翌月20日迄に御振込頂きます様、御願い申し上げます。			割引後金額		301392	
34	※20日が休日または祝日の場合は翌営業日迄に			消費税	8％	24111	
35	御振込頂きます様、御願い申し上げます。			税込金額		325503	
36							

6. ［保存用］フォルダーに「復習13　ワイン請求書」という名前で保存して閉じましょう。

データのビジュアル化

■ 発展的なグラフ
■ グラフの詳細設定
■ 条件付き書式とスパークライン

発展的なグラフ

Excelには、円グラフや棒グラフ、折れ線グラフなどの一般的なグラフのほかにも、さまざまな種類のグラフが用意されています。その資料の用途に応じてグラフを選択し、目的に合った方法でデータを視覚化する工夫が必要です。

Excelに用意されているさまざまなグラフについて確認しましょう。

■ 補助グラフ付き円グラフ

補助グラフ付き円グラフを使うと、割合の小さな要素を補助的なグラフに表示して見やすくすることができます。
補助グラフ付き円グラフには、補助円グラフ付き円グラフと補助縦棒付き円グラフの2種類があります。

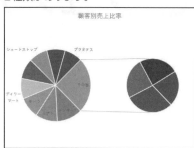
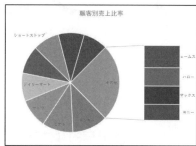

■ 複合グラフ

たとえば、縦棒グラフと折れ線グラフを組み合わせると、異なる種類のデータ系列同士を比較することができます。
異なる種類のデータ(売上金額と比率や売上金額と数量など)が使用されている場合などは、主軸と第2軸を使用します。

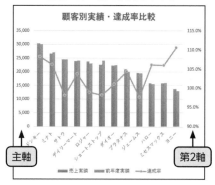

■ 複合グラフにできないグラフ

円グラフ、3-Dグラフの場合、ほかのグラフと組み合わせて複合グラフを作ることはできません。

補助円グラフ付き円グラフ

補助円グラフ付き円グラフを作成する場合は、あらかじめ対象となる系列を基準にデータを並べ替えておく必要があります。
グラフ化するデータ系列を基準にして降順で並べ替えてから、補助円グラフ付き円グラフを作成します。

操作☞ グラフ化するデータ系列を基準に並べ替える

ブック「第1四半期売上分析(顧客別)」を開き、シート「売上分析」の列「売上実績」を基準に降順で並べ替えましょう。

Step 1 [Office2016テキスト]フォルダーのブック「第1四半期売上分析(顧客別)」を開きます。

Step 2 「売上実績」を基準に、データを降順で並べ替えます。

❶「売上実績」の列内の任意のセルをアクティブにします。

❷[データ]タブをクリックします。

❸[降順]をクリックします。

> **ヒント**
> **並べ替え**
> [ホーム]タブの[並べ替えとフィルター]ボタンの一覧の[昇順]または[降順]ボタンをクリックしても、並べ替えを行うことができます。

Step 3 列「売上実績」を基準に、データが降順で並べ替えられたことを確認します。

第14章 データのビジュアル化

操作 補助円グラフ付き円グラフを作成する

売上実績の比率を把握するために、補助円グラフ付き円グラフを作成し、表の下に移動して見栄えを整えましょう。

Step 1 グラフにする範囲を選択します。

❶セルB3～B15とセルF3～F15を範囲選択します。

❷[挿入]タブをクリックします。

Step 2 グラフの種類と形式を選択します。

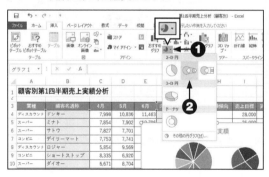

❶[円またはドーナツグラフの挿入]ボタンをクリックします。

❷[補助円グラフ付き円グラフ]をクリックします。

ヒント
グラフのイメージ
グラフのボタンをポイントすると、グラフのイメージが表示され、完成イメージを確認することができます。

Step 3 グラフが表の下に表示されるように、グラフを移動します。

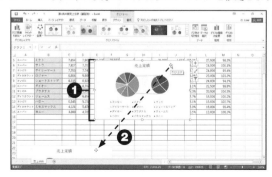

❶補助円グラフ付き円グラフが選択されていることを確認します。

❷グラフの左上隅がセルA22になるようにドラッグします。

Step 4 グラフのサイズを変更します。

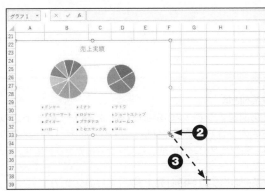

❶ 補助円グラフ付き円グラフ全体が表示されるまで下にスクロールします。

❷ グラフの外枠右下のサイズ変更ハンドルをポイントします。

❸ セルG38までドラッグします。

Step 5 グラフのレイアウトを変更します。

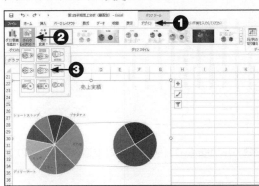

❶ [デザイン] タブをクリックします。

❷ [クイックレイアウト] ボタンをクリックします。

❸ [レイアウト5] をクリックします。

Step 6 グラフタイトルを「顧客別売上比率」に変更します。

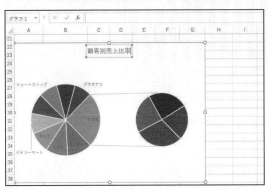

Step 7 グラフ以外の部分をクリックしてグラフの選択を解除します。

💡 ヒント **補助円に移動するデータの数**
既定では、下位4つの要素が補助円に配置されます。

データ系列の追加

グラフを作成した後で、必要に応じてデータ系列を追加または削除することができます。

■ **データ系列とは**
グラフ上の関連するデータの集まり (基となるワークシート上のデータでは1行または1列に入力されている値のグループ) のことを、「データ系列」といいます。データ系列は、色やパターンで区別されてグラフに表示されます。

・データ系列の追加前 (系列「売上実績」だけのグラフ)

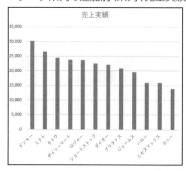

・データ系列の追加後 (系列「前年度実績」を追加したグラフ)

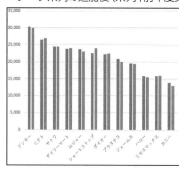

■ **データ系列の追加方法**
データ系列を追加するには、次の2つの方法があります。
1. 連続した範囲を追加
  グラフ全体またはグラフのプロットエリア (グラフが表示されている領域) を選択すると、表中のグラフ化されているセル範囲が色の付いた線で囲まれて表示されます。この線をドラッグすることで、データ系列を追加することができます。
2. 離れた範囲を追加
  離れた範囲の場合は、グラフの項目として表示するセルを含めて、データ系列に追加するセルを範囲選択してコピーし、グラフに貼り付けることで、データ系列を追加することができます。

操作☞ 縦棒グラフを作成する

各顧客の売上金額を比較する集合縦棒グラフを作成しましょう。

Step 1 表を表示し、グラフ化する範囲、セルB3～B15とセルF3～F15を範囲選択します。

Step 2 [挿入] タブの [縦棒/横棒グラフの挿入] ボタンをクリックし、[2-D縦棒] の [集合縦棒] をクリックして、集合縦棒グラフを作成します。

Step 3 集合縦棒グラフが作成されたことを確認します。

Step 4 セルH22～M38の範囲にグラフを移動し、サイズ調整を行います。

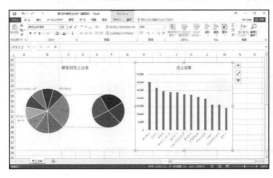

第14章 データのビジュアル化

操作 ☞ データ系列を追加する

作成した集合縦棒グラフに、「前年度実績」のデータ系列を追加しましょう。さらにデータ系列を区別しやすくするために、グラフの下に凡例を追加しましょう。

Step 1 表を表示し、セルL3～L15を範囲選択してコピーします。

Step 2 グラフにデータ系列を追加します。

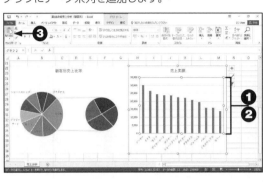

❶ 集合縦棒グラフを表示し、グラフのプロットエリアをクリックします。

❷ プロットエリアにハンドルが表示され、選択されたことを確認します。

❸ [ホーム] タブの [貼り付け] ボタンをクリックします。

ヒント
プロットエリア
グラフが表示されている範囲のことを「プロットエリア」といいます。

ヒント
データ系列の貼り付け
グラフエリアをクリックし、[貼り付け] ボタンをクリックしても貼り付けることができます。

Step 3 グラフにデータ系列「前年度実績」が追加されたことを確認します。

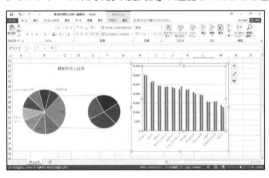

ヒント
データ系列の削除
追加したデータ系列を削除するには、削除したいデータ系列をグラフ上で選択して、**Delete**キーを押します。

Step 4 グラフの下に凡例を追加します。

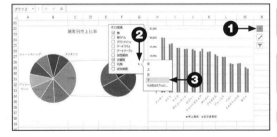

❶ [グラフ要素] ボタンをクリックします。

❷ [凡例] チェックボックスをポイントし、右向き三角ボタンをクリックします。

❸ [下] をクリックします。

Step 5　グラフの下に凡例が追加されたことを確認します。

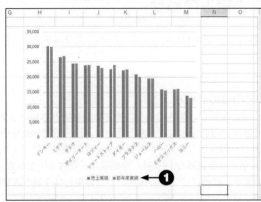

❶グラフ以外の場所をクリックしてグラフの選択を解除し、グラフの下に凡例が追加されたことを確認します。

💡 ヒント　**データ系列の順序の変更**

グラフのデータ系列の順序は、必要に応じて入れ替えることができます。データ系列の順序を変更するには、次の手順で操作します。

1. グラフを選択して [デザイン] タブを表示します。

2. [デザイン] タブの [データの選択] ボタンをクリックします。

3. [データソースの選択] ダイアログボックスが開いたら、[凡例項目 (系列)] ボックスで移動したいデータ系列をクリックし、▲または▼をクリックしてデータ系列の順序を入れ替え、[OK] をクリックします。

また、[行/列の切り替え] ボタンをクリックすると、グラフの数値軸と項目軸に配置する項目を切り替えることができます。

種類の異なるグラフの組み合わせ

1つのグラフに、異なる種類のグラフを組み合わせて「複合グラフ」を作成することができます。

■ **複合グラフ作成のポイント**

売上金額と達成率など、数値の単位の異なる値を組み合わせてグラフを作成することがよくあります。数値の単位が異なる場合は、別の数値軸を使用するグラフに変更すると、それぞれのグラフのデータを見やすくすることができます。売上金額など主要な数値を表示する数値軸を「主軸」、達成率など異なる単位を表示する数値軸を「第2軸」といいます。縦棒グラフとの複合グラフの場合は主軸が左側、第2軸が右側に表示されます。

■ **複合グラフの作成手順**
1. 複合グラフにしたいグラフを選択します。
2. グラフの種類を [組み合わせ] グラフに変更します。
3. 異なる数値の単位を使用するグラフの数値軸を第2軸に変更します。

操作 ☞ データ系列を追加する

作成した集合縦棒グラフに、「達成率」のデータ系列を追加しましょう。

Step 1 表を表示し、セルK3～K15をコピーします。

Step 2 集合縦棒グラフを表示し、グラフのプロットエリアを選択して、[ホーム] タブの [貼り付け] ボタンをクリックし、グラフに「達成率」のデータ系列を追加します。

Step 3 グラフに「達成率」のデータ系列が追加されたことを確認します。

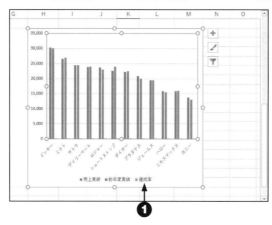

❶ [凡例] に「達成率」が追加されていることを確認します。

❷ Escキーを押して、セルK3～K15の点滅する破線を解除します。

💡 **ヒント**　**追加したデータ系列のグラフが表示されない場合**
「達成率」はパーセント単位なので、その他のデータとは桁数に大きな差があります。数値軸の目盛りと比較して値が小さすぎる場合、グラフとして表示されないことがあります。

操作☞ 追加したデータ系列を折れ線グラフに変更する

追加したデータ系列「達成率」のグラフの種類を折れ線グラフに変更しましょう。

Step 1 [グラフの種類の変更] ダイアログボックスを開きます。

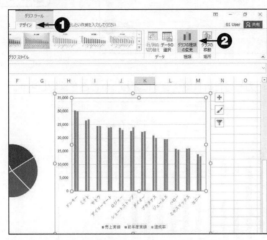

❶ [デザイン] タブをクリックします。

❷ [グラフの種類の変更] ボタンをクリックします。

Step 2 達成率のグラフの種類を折れ線グラフに変更します。

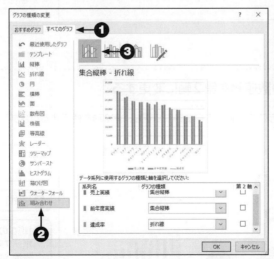

❶ [すべてのグラフ] タブが選択されていることを確認します。

❷ [組み合わせ] をクリックします。

❸ [集合縦棒 - 折れ線]（左から1番目）をクリックします。

第 14 章　データのビジュアル化　**343**

Step 3 折れ線グラフの種類を変更します。

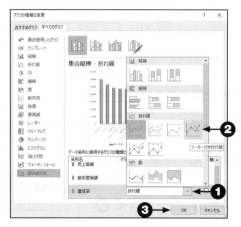

❶ [データ系列に使用するグラフの種類と軸を選択してください] ボックスの [達成率] の [グラフの種類] ボックスの▼をクリックします。

❷ [折れ線] の [マーカー付き折れ線]（1行目の右から1番目）をクリックします。

❸ [OK] をクリックします。

Step 4 達成率がマーカー付き折れ線グラフに変わったことを確認します。

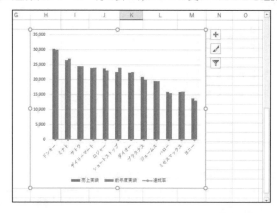

操作 ☞ 折れ線グラフの数値軸を第2軸に変更する

折れ線グラフの数値軸を第2軸に変更し、第2軸を使用する複合グラフにしましょう。

Step 1 [データ系列の書式設定] 作業ウィンドウを開きます。

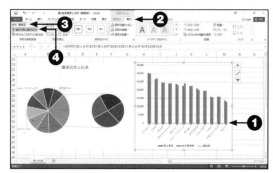

❶ 折れ線グラフ（達成率のデータ系列）をクリックします。

❷ [書式] タブをクリックします。

❸ [現在の選択範囲] グループのボックスに [系列 "達成率"] と表示されていることを確認します。

❹ [選択対象の書式設定] ボタンをクリックします。

344　発展的なグラフ

Step 2 折れ線グラフの数値軸を第2軸に変更します。

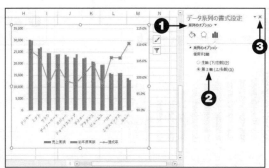

❶ [系列のオプション] が選択されていることを確認します。

❷ [第2軸] をクリックします。

❸ 閉じるボタンをクリックします。

Step 3 第2軸を使用する複合グラフに変わったことを確認します。

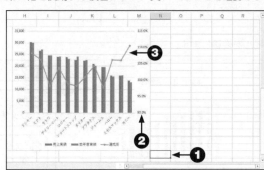

❶ グラフ以外の場所をクリックして選択を解除します。

❷ グラフの右側に第2軸が表示され、目盛の単位が%になっていることを確認します。

❸ 折れ線グラフが表示されたことを確認します。

操作 ☞ 複合グラフの書式を整える

グラフの上にタイトルを追加し、グラフスタイルを変更しましょう。

Step 1 グラフを選択後、 ➕ [グラフ要素] ボタンをクリックし、[グラフタイトル] チェックボックスの右向き三角のボタンをクリックし、[グラフの上] をクリックしてグラフタイトルを追加します。

Step 2 グラフタイトルを編集します。

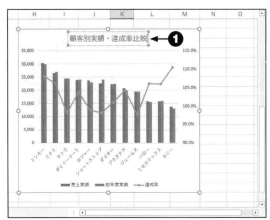

❶「顧客別実績・達成率比較」と入力します。

Step 3 グラフスタイルを変更します。

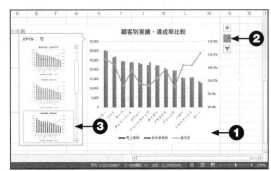

❶グラフエリアをクリックします。

❷[グラフスタイル]ボタンをクリックします。

❸[スタイル4]をクリックします。

💡 **ヒント**
グラフの色
[グラフスタイル]の[色]をクリックすると、グラフの色を変更することもできます。

Step 4 グラフスタイルが変わったことを確認します。

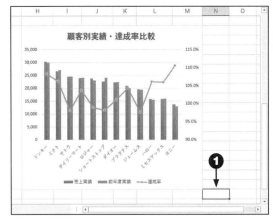

❶グラフ以外の場所をクリックしてグラフの選択を解除し、グラフスタイルが変わったことを確認します。

グラフの詳細設定

既定のグラフを、目的に合ったわかりやすいグラフにするためには、グラフの各種オプションを設定します。オプションの設定を行うと、グラフの表示方法を変えることができ、データの特徴をより強調することができます。データを表現する目的に応じて、グラフのオプションを設定しましょう。

よく使われるオプションの設定について確認しましょう。

■ **データラベルとデータテーブル**
グラフの基データをグラフに表示する方法には、「データラベル」と「データテーブル」があります。
・データラベルを使うと、「円」や「折れ線」のすぐ近くに値を表示することができます。
・複数のデータ系列に対してデータラベルを表示すると、かえってわかりづらくなることがあります。データテーブルを使うと、複数のデータ系列の値を、表形式でグラフ内に表示することができます。

■ **グラフ要素の書式設定**
グラフ要素の書式設定は、[デザイン]タブと[書式]タブで設定できます。より詳細な設定を行う場合は、グラフ要素の作業ウィンドウを使います。

・補助円グラフ付き円グラフの[データ系列の書式設定]作業ウィンドウ

・複合グラフの[軸の書式設定]作業ウィンドウ

たとえば、補助円の大きさを小さくすることで重要度を変えることができます。

たとえば、数値軸の最大値と最小値を変更することで、差を大きく見せることができます。

第14章 データのビジュアル化

データラベルとデータテーブル

グラフの基データをグラフに表示するには、「データラベル」と「データテーブル」の2つの方法があります。「データラベル」と「データテーブル」は [デザイン] タブで設定します。

操作 ☞ データラベルを表示する

補助円グラフ付き円グラフにパーセンテージのデータラベルを追加しましょう。

Step 1 [データラベルの書式設定] 作業ウィンドウを開きます。

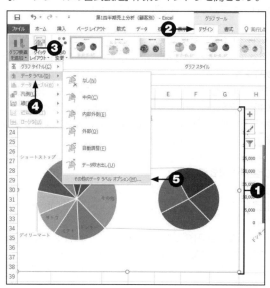

❶ 補助円グラフ付き円グラフのグラフエリアをクリックして選択します。

❷ [デザイン] タブをクリックします。

❸ [グラフ要素を追加] ボタンをクリックします。

❹ [データラベル] をポイントします。

❺ [その他のデータラベルオプション] をクリックします。

Step 2 データラベルのラベルオプションを設定します。

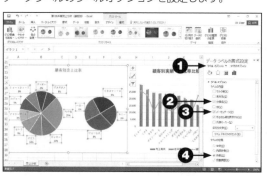

❶ [ラベルオプション] が選択されていることを確認します。

❷ [ラベルの内容] の [分類名] チェックボックスがオンになっていることを確認します。

❸ [パーセンテージ] チェックボックスをオンにします。

❹ [ラベルの位置] の [外部] をクリックします。

[値] チェックボックス
ご使用の環境によっては、[値] チェックボックスがオンになっていることがあります。その場合はオフにします。

Step 3 データラベルの表示形式を設定します。

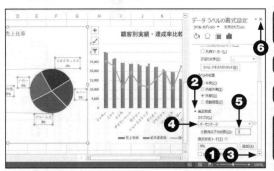

① スクロールして [表示形式] を表示します。
② [表示形式] をクリックします。
③ 下までスクロールします。
④ [カテゴリ] ボックスの▼をクリックし、[パーセンテージ] をクリックします。
⑤ [小数点以下の桁数] ボックスに「1」と入力します。
⑥ 閉じるボタンをクリックします。

Step 4 補助円グラフ付き円グラフにデータラベルが追加されたことを確認します。

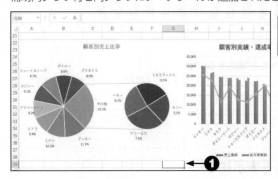

① グラフ以外の任意の場所をクリックして、データラベルが追加されたことを確認します。

ヒント　特定の要素へのデータラベルの表示

グラフの特定のデータ要素にデータラベルを表示すると、そのデータだけを強調することができます。
たとえば、特定のデータ要素の上にデータラベルを表示するには次の手順で操作します。
ここでは、複合グラフの折れ線グラフの「ヨニー」のデータ要素の上にラベルを表示する例で説明します。

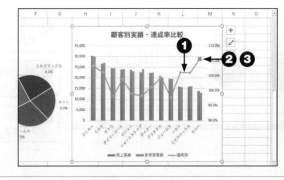

① 複合グラフの折れ線グラフをクリックします。
② 「ヨニー」のデータ要素をクリックします。
③ 「ヨニー」のデータ要素が選択されていることを確認します。

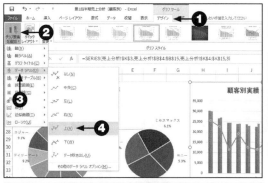

> **ヒント** **データラベルを削除するには**
> 削除したいデータラベルを選択し、[デザイン] タブの [グラフ要素を追加] ボタンをクリックして、[データラベル] の [なし] をクリックします。

操作 データテーブルを表示する

グラフの基データをデータテーブルとして複合グラフ内に表示し、グラフをグラフシートに移動しましょう。

Step 1 複合グラフのグラフエリアをクリックして選択します。

Step 2 データテーブルを表示します。

用語
データテーブル
「データテーブル」とは、グラフの基になっているデータを表形式でグラフ内に表示したものです。離れた範囲のデータを基にグラフを作成した場合にも、1つの表として表示されるため、数値を確認しやすくなります。

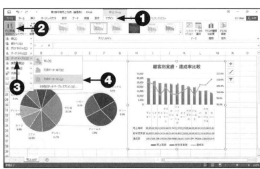

グラフの詳細設定

Step 3 [グラフの移動] ダイアログボックスを開きます。

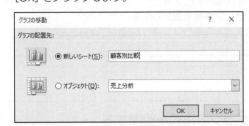

❶ 複合グラフにデータテーブルが表示されたことを確認します。

❷ [デザイン] タブが選択されていることを確認します。

❸ [グラフの移動] ボタンをクリックします。

Step 4 [グラフの配置先] の [新しいシート] を選択し、右側のボックスに「顧客別比較」と入力して [OK] をクリックします。

Step 5 複合グラフがシート「顧客別比較」に移動し、表示されていることを確認します。

💡 **ヒント** **データテーブルの書式設定**
データテーブルは、パターンやフォントなどの書式を設定することができます。

💡 **ヒント** **データテーブルを使用できないグラフ**
データテーブルは、円グラフ、散布図、ドーナツグラフ、バブルチャート、レーダーチャートおよび等高線グラフでは使用できません。

第14章 データのビジュアル化 | **351**

> **ヒント　凡例の非表示**
>
> 凡例マーカー付きでデータテーブルを表示する場合は、凡例がデータテーブル内とグラフの両方に表示されるため、凡例を非表示にするとよりわかりやすくなります。凡例を非表示にするには、次の手順で操作します。
> 1. グラフを選択します。
> 2. ＋［グラフ要素］ボタンをクリックします。
> 3. ［凡例］チェックボックスをオフにします。

グラフ要素の書式設定

設定対象となるグラフ要素を選択し、［デザイン］タブと［書式］タブを利用して書式を設定できますが、より詳細な書式設定は、各要素の書式設定作業ウィンドウで行います。

> グラフ要素の書式設定を行う場合は次の手順で操作します。
> 1. 設定対象のグラフ要素を選択します。
> 2. 各要素の書式設定作業ウィンドウを開いて詳細を設定します。

操作 補助円グラフ付き円グラフの書式を設定する

補助円グラフ付き円グラフの補助円に表示する要素の数を［3］に設定し、補助円のサイズを［50％］にしましょう。

Step 1 シート「売上分析」をアクティブにし、補助円グラフ付き円グラフを表示します。

Step 2 ［データ系列の書式設定］作業ウィンドウを開きます。

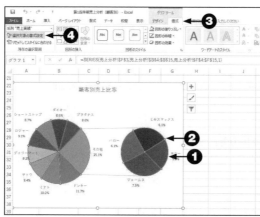

❶ 補助円グラフ付き円グラフのデータ系列をクリックします。

❷ 補助円グラフ付き円グラフのデータ系列にハンドルが表示されていることを確認します。

❸ ［書式］タブをクリックします。

❹ ［選択対象の書式設定］ボタンをクリックします。

352　グラフの詳細設定

Step 3 補助円に表示するデータ要素の個数と補助円のサイズを変更します。

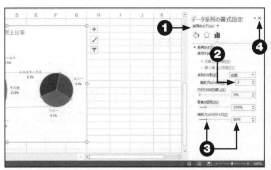

❶ [系列のオプション] が選択されていることを確認します。

❷ [補助プロットの値] の▼をクリックして「3」に変更します。

❸ [補助プロットのサイズ] のスライダーを [50%] になるまでドラッグします。

❹ 閉じるボタンをクリックします。

Step 4 補助円に表示されるデータの個数と補助円のサイズが変わったことを確認します。

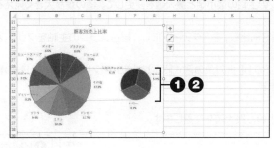

❶ 補助円に表示されるデータの数が [3] になったことを確認します。

❷ 補助円のサイズが小さくなったことを確認します。

Step 5 データラベルをクリックし、「ミセスマックス」のデータラベルをクリックして、「ミセスマックス」のデータラベルだけを選択します。

Step 6 「ミセスマックス」のデータラベルを移動します。

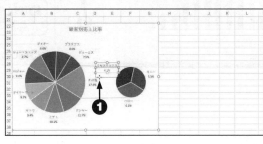

❶ データラベル「ミセスマックス」の枠線をポイントし、区分線に重ならないように、図を参考にドラッグします。

Step 7 「ミセスマックス」のデータラベルが移動したことを確認します。

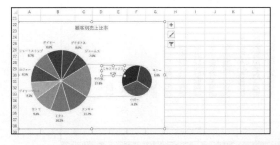

第14章 データのビジュアル化 | **353**

Step 8 グラフ以外の場所をクリックしてグラフの選択を解除します。

> **ヒント　各要素の書式設定作業ウィンドウの表示方法**
> 各要素の書式設定作業ウィンドウは、次の方法でも表示することができます。
> ・各要素を右クリックし、ショートカットメニューの [○○の書式設定] をクリックします。
> ・[デザイン] タブの [グラフのレイアウト] の [グラフ要素を追加] ボタンをクリックし、各要素の [その他の○○オプション] をクリックします。

操作 ▶ 軸のオプションを設定する

複合グラフの主軸の最小値と最大値を変更して、値の差が大きく見えるように設定しましょう。

Step 1 シート「顧客別比較」をアクティブにし、複合グラフの主軸をクリックします。

Step 2 [書式] タブの [選択対象の書式設定] ボタンをクリックして、[軸の書式設定] 作業ウィンドウを開きます。

Step 3 主軸の最小値と最大値を変更します。

> **ヒント**
> **軸の目盛間隔**
> 軸の [目盛間隔] が [自動] に設定されていると、軸の最小値や最大値などを変更したときに目盛間隔が自動的に変更されます。

> **ヒント**
> **軸の値を自動調整に戻すには**
> 軸の [最小値]/[最大値] ボックスの右側の [リセット] ボタンをクリックします。

❶ [軸のオプション] が選択されていることを確認します。
❷ [最小値] ボックスに「10000」と入力します。
❸ [最大値] ボックスに「31000」と入力します。
❹ 閉じるボタンをクリックします。

Step 4 棒グラフの差が強調されたことを確認します。

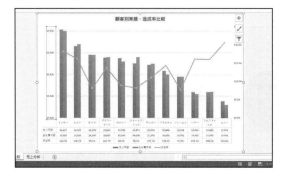

💡 ヒント　テンプレートとしてグラフを保存

ユーザーがさまざまな編集を加えたグラフを繰り返して使用する場合は、グラフをテンプレートとして保存すると、同じデザインのグラフを再利用できるようになります。

■ グラフをテンプレートとして保存

グラフをテンプレートとして保存する場合は、テンプレートにしたいグラフを選択してから、次の手順で操作します（ここでは補助円グラフ付き円グラフを例に説明しています）。

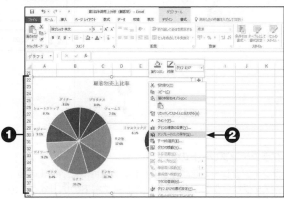

❶ テンプレートとして保存するグラフを右クリックします。

❷ [テンプレートとして保存] をクリックします。

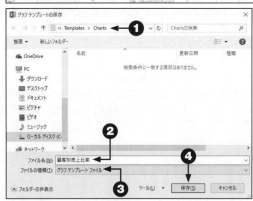

❶ [ファイルの場所] ボックスに「Templates Charts」と表示されていることを確認します。

❷ [ファイル名] ボックスに任意の名前を入力します。

❸ [ファイルの種類] ボックスに [グラフテンプレートファイル] と表示されていることを確認します。

❹ [保存] をクリックします。

■ グラフテンプレートの利用

登録したテンプレートを利用してグラフを作成する場合は、次の手順で操作します。

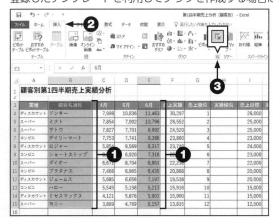

❶ グラフ化したいデータを範囲選択します。

❷ [挿入] タブをクリックします。

❸ [グラフ] グループ右下の [すべてのグラフを表示] ボタンをクリックします。

第14章　データのビジュアル化　355

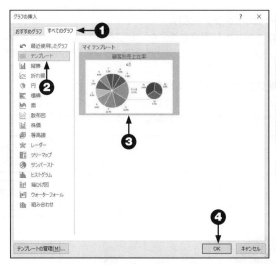

❶ [すべてのグラフ] タブをクリックします。

❷ [テンプレート] をクリックします。

❸ [マイテンプレート] で登録したテンプレートをクリックします。

❹ [OK] をクリックします。

■ 登録したグラフテンプレートの削除

登録したグラフテンプレートを削除するには、次の手順で操作します。

1. [挿入] タブをクリックし、[グラフ] グループ右下の [すべてのグラフを表示] ボタンをクリックして [グラフの挿入] ダイアログボックスを開きます (グラフが選択された状態だと [グラフの種類の変更] ダイアログボックスが開きます)。
2. [すべてのグラフ] をクリックします。
3. [テンプレート] をクリックし、[テンプレートの管理] ボタンをクリックします。
4. 登録したテンプレートを選択し、**Delete**キーを押します。
5. 閉じるボタンをクリックしてエクスプローラーのウィンドウを閉じます。
6. [キャンセル] をクリックして [グラフの挿入] ダイアログボックスを閉じます。

条件付き書式とスパークライン

「条件付き書式」は、色の濃淡（カラーグラデーション）や横棒、アイコンなどで数値の大きさをセル内に表現して、数値の傾向を視覚的に訴える機能です。
「スパークライン」は、セルの中に小さなグラフを表示し、数値の傾向を視覚的に表すことができる機能です。それぞれの機能を効果的に活用することで、数値データをわかりやすく表現することができます。

条件付き書式とスパークラインの用途や機能などについて確認しましょう。

■ 条件付き書式

条件付き書式には、主に次の種類があります。

名称	機能
セルの強調表示ルール	・「指定の値より大きい」「指定の値と等しい」「指定の文字を含む」などの条件に従って、表示形式やフォントの色、塗りつぶしのパターンなどの特定の書式を設定することができます。
データバー	・セルの値の大小をバーの長さで表すことができ、上位の数値と下位の数値を探し出す場合などに有効です。 ・データバーの長さは、セルの値を示します。バーが長いほど値が大きいことを、バーが短いほど値が小さいことを示します。 ・負の値を表示することもできます。
アイコンセット	・データを3～5つのグループに分類して、データの傾向を分析できます。 ・各アイコンはある範囲の値を表します。

■ スパークライン

・スパークラインを表に挿入すると、範囲として指定したセルに含まれる値を、「ミニチャート」と呼ばれる小さなグラフにして、表の中のセルに埋め込むことができます。
・表を参照しながら、数値の傾向を視覚的に把握することができるようになります。

第14章　データのビジュアル化

セルの強調表示ルールの設定

条件付き書式を使うと、指定した条件を満たすセルに書式を設定することができます。表の中で強調したいデータがあるときに使用します。
セルの強調表示ルールや、上位/下位ルールで条件を指定して、あらかじめExcelに組み込まれている書式を選択して条件付き書式を設定します。

操作 クイック分析を使ってセルの強調表示を設定する

シート「売上分析」のセルC4～E20に、セルの値が8,000（売上金額8,000千円）より大きい場合に、セルの強調表示ルールを使って、濃い緑の文字、緑の背景で表示する条件付き書式を設定しましょう。

Step 1 [指定の値より大きい] ダイアログボックスを開きます。

ヒント
クイック分析
複数のセルを範囲選択すると、[クイック分析] ボタンが表示されます。[クイック分析] ボタンをクリックすると、条件付き書式の設定を簡単に行うことができます。

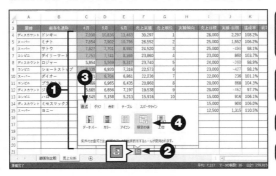

❶シート「売上分析」をアクティブにし、セルC4～E20を範囲選択します。

❷[クイック分析] ボタンをクリックします。

❸[書式] をクリックします。

❹[指定の値] をクリックします。

Step 2 条件と、条件を満たす場合の書式を設定します。

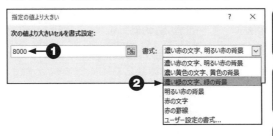

❶[次の値より大きいセルを書式設定] ボックスに「8000」と入力します。

❷[書式] ボックスの▼をクリックし、[濃い緑の文字、緑の背景] をクリックします。

❸[OK] をクリックします。

Step 3 条件を満たしたセルに書式が設定されたことを確認します。

❶任意のセルをクリックして範囲選択を解除します。

❷セルの値が8,000より大きいセルに、濃い緑の文字、緑の背景の書式が設定されていることを確認します。

ヒント　その他の強調表示ルール

[ホーム] タブの [条件付き書式] ボタンをクリックすると、[指定の値より大きい] のほかにも、右の図のような条件を設定することができます。

ヒント　上位/下位ルールの条件付き書式

[ホーム] タブの [条件付き書式] ボタンでは、上位/下位ルールの条件付き書式を設定することができます。上位/下位ルールの条件付き書式は、数値データのランキングを表す場合などに使用すると効果的です。上位/下位ルールの条件は、次の種類があります。

ルールの基準	ルールの種類
上位	上位10項目、上位10%
下位	下位10項目、下位10%
平均	平均より上、平均より下

データバーとアイコンセットの設定

データバーを使うと、選択範囲内のセルの値の大小を、バーの長さで表すことができます。また、アイコンセットを使うと、データを3～5つのグループに分類して、データの傾向を分析することができます。

操作　データバーを設定する

セルJ4～J20に、数値の大小を緑のグラデーションで表すデータバーを設定しましょう。

Step 1 緑のグラデーションのデータバーを設定します。

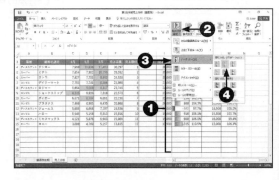

❶ セルJ4～J20を範囲選択します。

❷ [ホーム] タブの [条件付き書式] ボタンをクリックします。

❸ [データバー] をポイントします。

❹ [塗りつぶし（グラデーション）] の [緑のデータバー] をクリックします。

第14章　データのビジュアル化

Step 2 選択したセルに緑のデータバーが設定されたことを確認します。

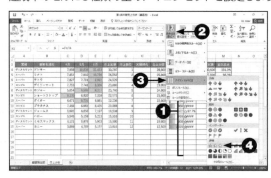

💡 **ヒント**
負の値のデータバー
負の値のデータバーは、正の値のデータバーと軸を挟んだ反対側(左方向)に表示されます(既定)。

❶ 任意のセルをクリックし、範囲選択を解除します。

❷ 正の値が緑のデータバーで表示されていることを確認します。

❸ 負の値が赤のデータバーで表示されていることを確認します。

操作 ☞ アイコンセットを設定する

達成率を表示するセルK4～K20に、3種類の星のアイコンセットを設定しましょう。また、前年度比を表示するセルM4～M20に、3つの矢印(色分け)のアイコンセットを設定しましょう。

Step 1 達成率のセルに3種類の星のアイコンセットを設定します。

❶ セルK4～K20を範囲選択します。

❷ [条件付き書式]ボタンをクリックします。

❸ [アイコンセット]をポイントします。

❹ [評価]の[3種類の星]をクリックします。

Step 2 選択したセルに3種類の星のアイコンが表示されたことを確認します。

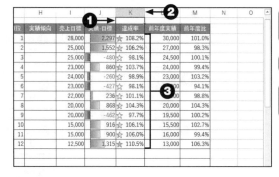

❶ 任意のセルをクリックして選択を解除します。

❷ K列の幅を自動調整します。

❸ 3種類の星のアイコンが表示されたことを確認します。

Step 3　前年度比のセルに3つの矢印（色分け）のアイコンセットを設定します。

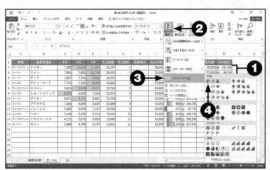

❶ セルM4〜M20を範囲選択します。

❷ [条件付き書式] ボタンをクリックします。

❸ [アイコンセット] をポイントします。

❹ [方向] の [3つの矢印（色分け）] をクリックします。

Step 4　選択したセルに3つの矢印のアイコンが表示されたことを確認します。

❶ 任意のセルをクリックして選択を解除します。

❷ 3つの矢印（色分け）のアイコンが表示されたことを確認します。

ヒント　アイコンセットの選択

データの傾向を見たい場合には方向や評価のアイコン、警告や注意を表したい場合には図形やインジケーターのアイコンなど、データに適したアイコンを選択すると、より効果的にデータの傾向を表すことができます。

ヒント　カラースケール

これまでに説明した条件付き書式のほかに、「カラースケール」があります。カラースケールを利用すると、データの分布や偏差を視覚的にわかりやすいように表現することができます。カラースケールには、2色のグラデーションを使って色の濃淡で値の大小を表す [2色スケール] と、3色のグラデーションで値の大、中、小を表す [3色スケール] があります。

この図では、4月〜6月の売上金額のセルに、緑、白、赤の3色のグラデーションを設定しています。

第14章　データのビジュアル化

条件付き書式のカスタマイズ

データバーやアイコンセットなどの条件付き書式などでは、条件があらかじめ設定されています。データをどのように見せたいかによって、条件や書式、アイコンに、使いやすいように手を加えてカスタマイズする必要があります。また、セルに独自の条件で独自の書式を設定することもできます。

操作 アイコンセットのルールを変更する

達成率のセルK4～K20に設定したアイコンセットのルールを変更し、100%未満は銀星（白い星のアイコン）、100%～105%は半金星（星半分のアイコン）、105%を超えたときは金星（黄色い星のアイコン）で表示するように、条件を変更しましょう。

Step 1 セルK10の値が、100%を超えていても銀星で表示されていることを確認します。

Step 2 [条件付き書式ルールの管理] ダイアログボックスを開きます。

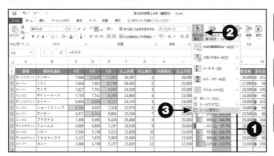

❶セルK4～K20を範囲選択します。

❷[ホーム] タブの [条件付き書式] ボタンをクリックします。

❸[ルールの管理] をクリックします。

Step 3 [書式ルールの編集] ダイアログボックスを開きます。

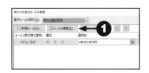

❶[ルールの編集] ボタンをクリックします。

Step 4 1番目のアイコンのしきい値を変更します。

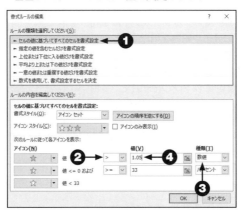

❶[セルの値に基づいてすべてのセルを書式設定] が選択されていることを確認します。

❷[次のルールに従って各アイコンを表示] の1番目のアイコンの [>=] の▼をクリックし [>] をクリックします。

❸[種類] ボックスの▼をクリックし [数値] をクリックします。

❹[値] ボックスに「1.05」と入力します。

Step 5 2番目のアイコンのしきい値を変更します。

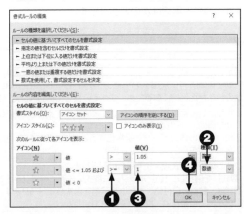

❶ [次のルールに従って各アイコンを表示] の2番目のアイコンが [>=] になっていることを確認します。

❷ [種類] ボックスの▼をクリックし [数値] をクリックします。

❸ [値] ボックスに「1」と入力します。

❹ [OK] をクリックします。

Step 6 [OK] をクリックして [条件付き書式ルールの管理] ダイアログボックスを閉じます。

Step 7 変更後の条件でアイコンが表示されていることを確認します。

❶任意のセルをクリックして範囲選択を解除します。

❷セルK10が半金星のアイコンになったことを確認します。

💡 ヒント　[条件付き書式ルールの管理] ダイアログボックス

[条件付き書式] ボタンをクリックし、[ルールの管理] をクリックすると、[条件付き書式ルールの管理] ダイアログボックスが開きます。[条件付き書式ルールの管理] ダイアログボックスでは、条件付き書式として設定した書式を確認できます。また、▲ボタンや▼ボタンをクリックして、ルールを適用する順序を入れ替えることもできます。

第14章　データのビジュアル化 | **363**

💡 ヒント　条件の種類

条件付き書式の条件の種類と用途は次のとおりです。

種類	用途
数値	・数値、日付値、時刻値を書式設定する場合に選択します。
パーセント	・設定したセル範囲のパーセンテージに応じて書式設定する場合に選択します。 ・有効な値は0〜100です。パーセント記号（%）は入力しません。 ・値の分布が比例的になるため、すべての値を比例的に視覚化する場合に使用します。
百分位	・設定したセル範囲の百分位に応じて書式設定する場合に選択します。 ・有効な値は、0〜100です。 ・上位と下位の値のデータを視覚化するときに使用します。たとえば百分位で上位5位や百分位で下位5位などを指定します。
数式	・数式の結果を書式設定する場合に選択します。 ・[数式] を選択し、[値] ボックスに数式の先頭に等号（=）で始まる数式を入力します。 ・数式は、数値、日付値、または時刻値を返す必要があります。 ・数式が無効な場合は、書式が適用されません。

💡 ヒント　ルールの削除とルールのクリアについて

条件付き書式のルールを解除するには、次の2つの方法があります。
1. [条件付き書式ルールの管理] ダイアログボックスの [ルールの削除] ボタン
   設定した条件付き書式のルールを個別に解除することができます。
2. [条件付き書式] ボタンの [ルールのクリア]
   条件付き書式のルールをまとめて解除することができます。選択したセル範囲から複数の条件付き書式のルールをまとめて解除したり、シート全体に適用した条件付き書式のルールをまとめて解除したりすることができます。

操作☞　アイコンを変更する

データに合わせてより適したアイコンで表示するように、アイコンの種類を個別に変更します。前年度比のセルM4 〜 M20のアイコンの、黄色い横向き矢印を黄色の点線の三角形に変更しましょう。

Step 1　セルM4 〜 M20を範囲選択します。

Step 2　[条件付き書式] ボタンをクリックし、[ルールの管理] をクリックして [条件付き書式ルールの管理] ダイアログボックスを開きます。

Step 3　[条件付き書式ルールの管理] ダイアログボックスの [ルールの編集] ボタンをクリックして、[書式ルールの編集] ダイアログボックスを開きます。

Step 4 2番目のアイコンを変更します。

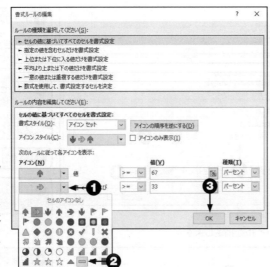

❶ 2番目のアイコンの▼をクリックします。

❷ [黄色の点線の三角形] をクリックします。

❸ [OK] をクリックします。

ヒント
[アイコンのみ表示]チェックボックス
[アイコンのみ表示] チェックボックスをオンにすると、条件付き書式を設定したセルの数値を非表示にして、アイコンだけ表示することができます。

Step 5 [OK] をクリックして [条件付き書式ルールの管理] ダイアログボックスを閉じます。

Step 6 2番目のアイコンが変わったことを確認します。

❶ 任意のセルをクリックして選択を解除します。

❷ 2番目のアイコンが変わっていることを確認します。

操作 ☞ 独自の条件と書式を設定する

セルC4 〜 E20に、セルの値が5,500 (売上金額5,500千円) 以下の場合に、赤字の斜体で表示する独自の条件付き書式を設定しましょう。

Step 1 セルC4 〜 E20を範囲選択します。

Step 2 [条件付き書式] ボタンをクリックし、[新しいルール] をクリックして [新しい書式ルール] ダイアログボックスを開きます。

第14章 データのビジュアル化 | **365**

Step 3 独自の条件を設定します。

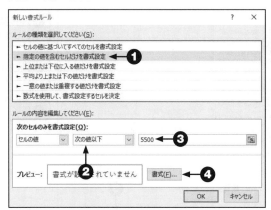

❶ [ルールの種類を選択してください] ボックスで [指定の値を含むセルだけを書式設定] をクリックします。

❷ [次のセルのみを書式設定] の [次の値の間] ボックスの▼をクリックし、[次の値以下] をクリックします。

❸ 「5500」と入力します。

❹ [書式] ボタンをクリックします。

Step 4 文字のスタイルを指定します。

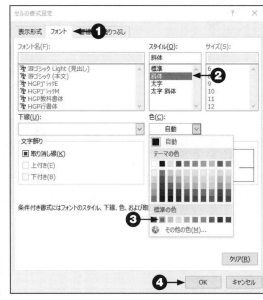

❶ [フォント] タブが選択されていることを確認します。

❷ [スタイル] の [斜体] をクリックします。

❸ [色] ボックスの▼をクリックし、[標準の色] の [赤] をクリックします。

❹ [OK] をクリックします。

💡 ヒント
セルの塗りつぶしを設定するには
[塗りつぶし] タブでセルの塗りつぶしの色を選択し、設定します。

Step 5 [OK] をクリックして [新しい書式ルール] ダイアログボックスを閉じます。

Step 6 独自の条件付き書式が設定されていることを確認します。

❶ 任意のセルをクリックして選択を解除します。

❷ セルの値が5,500以下の場合に指定した条件付き書式が適用されていることを確認します。

スパークライン

セルにスパークラインを挿入すると、傾向を把握できるようなグラフ（ミニチャート）をセルに表示することができます。四半期の売上実績など、変動する値の傾向をミニチャートとして挿入すると、表を参照しながら数値の傾向を視覚的に把握することができます。

操作 ☞ スパークラインを挿入する

セルH4～H20に、第1四半期の売上実績の変動を表す、スパークラインを挿入しましょう。

Step 1 [スパークラインの作成] ダイアログボックスを開きます。

① [挿入] タブをクリックします。

② [スパークライン] グループのの [折れ線] ボタンをクリックします。

Step 2 スパークラインを配置する範囲を指定します。

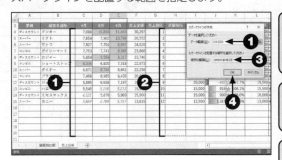

① [データ範囲] ボックスにカーソルが表示されていることを確認し、セルC4～E20をドラッグします。

② [場所の範囲] ボックスをクリックし、セルH4～H20をドラッグします。

③ [場所の範囲] ボックスに「$H$4:$H$20」と表示されていることを確認します。

④ [OK] をクリックします。

Step 3 セルの中にスパークラインが挿入されたことを確認します。

① 任意のセルをクリックして選択を解除します。

② セルにスパークラインが挿入されていることを確認します。

第14章 データのビジュアル化 | *367*

ヒント
スパークラインの削除
スパークラインが不要になった場合は、削除することができます。スパークラインを削除するには、次の手順で操作します。
1. スパークラインを挿入したセルを選択し、[デザイン] タブをクリックします。
2. [クリア] ボタンの▼をクリックします。
3. [選択したスパークラインのクリア] をクリックすると、選択したセル内のスパークラインだけが削除されます。[選択したスパークライングループのクリア] をクリックすると、他のセルに挿入されているスパークラインもまとめて削除することができます。

操作 スパークラインを編集する

挿入したスパークラインのスタイルを変更し、最小値を示すマーカーを表示しましょう。また、スパークラインの太さを変更しましょう。

Step 1 セルH4～H20を範囲選択します。

Step 2 スパークラインのスタイルを変更します。

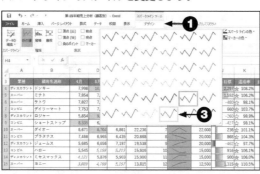

❶ [デザイン] タブをクリックします。

❷ [スタイル] グループの [その他] ボタンをクリックします。

❸ [スパークラインスタイル カラフル#4] をクリックします。

ヒント
スパークラインの選択
既定ではスパークラインはグループ化されているため、スパークラインを設定しているセルを1つ指定するだけでスタイルの変更などの操作を行うことができます。

Step 3 スパークラインにデータの最低点を表示します。

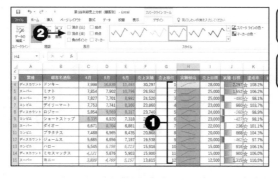

❶ スパークラインのスタイルが変わったことを確認します。

❷ [頂点 (谷)] チェックボックスをオンにします。

Step 4 スパークラインの太さを変更します。

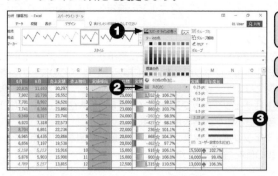

❶ [スパークラインの色] ボタンをクリックします。

❷ [太さ] をポイントします。

❸ [2.25pt] をクリックします。

Step 5 範囲選択を解除して、スパークラインにデータの最低点が表示され、太さが変わったことを確認します。

	F	G	H	I	J	K	L	M
	売上実績	売上順位	実績傾向	売上目標	実績・目標	達成率	前年度実績	前年度比
83	30,297	1		28,000	2,297	☆ 108.2%	30,000	101.0%
96	26,552	2		25,000	1,552	☆ 106.2%	27,000	98.3%
92	24,520	3		25,000	-480	☆ 98.1%	24,500	100.1%
66	23,860	4		23,000	860	☆ 103.7%	24,000	99.4%
17	23,740	5		24,000	-260	☆ 98.9%	23,000 ▲	103.2%
18	22,573	6		23,000	-427	☆ 98.1%	24,000 ▼	94.1%
61	22,236	7		22,000	236	☆ 101.1%	22,500	98.8%
35	20,868	8		20,000	868	☆ 104.3%	20,000 ▲	104.3%
97	19,538	9		20,000	-462	☆ 97.7%	19,500	100.2%
73	15,916	10		15,000	916	☆ 106.1%	15,500 ▲	102.7%
03	15,900	11		15,000	900	☆ 106.0%	16,000	99.4%
57	13,815	12		12,500	1,315	☆ 110.5%	13,000	106.3%

💡 **ヒント** **[デザイン]タブでできる設定**

[デザイン] タブでは、スパークラインのさまざまな設定ができます (ここでは折れ線のスパークラインを例にしています)。

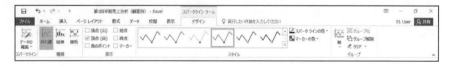

■ **[データの編集] ボタン**

[データの編集] ボタンでは、スパークラインの基データの編集などを行うことができます。
・[グループの位置とデータの編集] をクリックすると、[スパークラインの編集] ダイアログボックスが開き、基になるデータの範囲やスパークラインを作成する場所を変更することができます。
・[単一スパークラインのデータを編集] をクリックすると、[スパークラインデータの編集] ダイアログボックスが開き、1つのスパークラインの基になるデータの範囲を変更することができます。
・[非表示および空白セルの設定] をクリックすると、[非表示および空白セルの設定] ダイアログボックスが開き、空白セルの表示方法などを設定することができます。

■ [種類] グループ
[種類] グループでは、スパークラインの種類を設定することができます。

■ [表示] グループ
[表示] グループでは、スパークラインに表示する、マーカー (値) を選択できます。
・[マーカー] チェックボックスをオンにすると、すべてのマーカーを強調表示します。
・[負のポイント] チェックボックスをオンにすると、負の値を強調表示します。
・[頂点 (山)] チェックボックスをオンにすると最大値を、[頂点 (谷)] チェックボックスをオンにすると最小値を強調表示します。
・[始点] チェックボックスをオンにすると最初の値を、[終点] チェックボックスをオンにすると最後の値を強調表示します。

■ [グループ] グループ
[グループ] グループでは、スパークラインの軸の設定やスパークラインのクリアなどを行うことができます。
・[軸] ボタンでは、スパークラインの縦軸や横軸の設定を行うことができます。
・[グループ化] ボタンおよび [グループ解除] ボタンは、スパークライン全体をグループ化したり、個別に解除したりするときに使用します。

この章の確認

- ☐ 補助円グラフ付き円グラフを作成することができますか？
- ☐ グラフにデータ系列を追加することができますか？
- ☐ グラフの種類を変更することができますか？
- ☐ 数値軸を第2軸に変更することができますか？
- ☐ グラフにデータラベルを表示することができますか？
- ☐ グラフにデータテーブルを表示することができますか？
- ☐ グラフのオプションを設定することができますか？
- ☐ セルの強調表示ルールを設定することができますか？
- ☐ データバーを設定することができますか？
- ☐ アイコンセットを設定することができますか？
- ☐ 条件付き書式のルールを変更することができますか？
- ☐ 独自の条件と書式の条件付き書式を設定することができますか？
- ☐ スパークラインを挿入し、編集することができますか？

復習問題 問題 14-1

売上実績の内訳の補助円グラフ付き円グラフを作成し、編集しましょう。また、売上実績、前年度実績、達成率を1つのグラフに表示する複合グラフを作成して編集しましょう。

1. [復習問題] フォルダーから「復習14　顧客別売上分析」を開きましょう。

2. シート「売上実績集計」の列「売上実績」を基準にデータを降順で並べ替えましょう。

3. セルB3～B15とセルF3～F15を基にして補助円グラフ付き円グラフを作成しましょう。また、グラフを作成後、次の編集を行いましょう。
   ・グラフの左上隅がセルA22になるように、グラフを表の下に移動
   ・グラフの右下隅がセルG38になるように、グラフのサイズを変更
   ・グラフのレイアウト：レイアウト5
   ・グラフのタイトル：売上構成比

4. セルB3～B15とセルF3～F15を基にして集合縦棒グラフを作成しましょう。また、グラフを作成後、次の編集を行いましょう。
   ・グラフの左上隅がセルH22になるように、グラフを表の下に移動
   ・グラフの右下隅がセルM38になるように、グラフのサイズを変更

5. 集合縦棒グラフの下に凡例を表示しましょう。

6. 作成した集合縦棒グラフに、「前年度実績」と「達成率」のデータ系列を追加しましょう。

7. 集合縦棒グラフの種類を組み合わせグラフに変更し、「達成率」が折れ線グラフで表示されるように、

次の編集を行いましょう。
- ・組み合わせグラフの種類：集合縦棒 - 折れ線
- ・折れ線グラフの種類：マーカー付き折れ線
- ・折れ線グラフの数値軸：第2軸

8. 複合グラフに、次の編集を行いましょう。
   - ・グラフタイトル：グラフの上に追加し、「顧客別売上実績・達成率比較」
   - ・グラフのスタイル：スタイル2

9. 補助円グラフ付き円グラフに、次の編集を行いましょう。
   - ・データラベル：パーセンテージのラベルを追加し、小数点以下第1位を表示
   - ・データラベルの位置：外部
   - ・補助円の要素数：3
   - ・補助円のサイズ：50%
   - ・図を参考に、ミセスマックスのラベルを移動

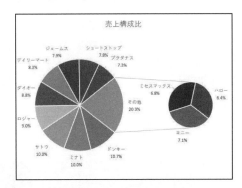

10. 複合グラフに、次の編集を行いましょう。
    - ・データテーブル：凡例マーカーなし
    - ・グラフシートに移動
    - ・グラフシート名：売上実績比較
    - ・主軸の最小値：15,000
    - ・主軸の最大値：32,000

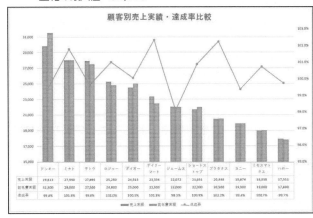

問題 14-2

条件付き書式を設定して表のデータをビジュアル化し、スパークラインを挿入してデータの傾向をわかりやすく表示しましょう。

1. シート「売上実績集計」のセルC4～E20に、セルの強調表示ルールを使って、セルの値が7,000（売上金額7,000千円）より小さい場合に、赤の文字で表示する条件付き書式を設定しましょう。

2. セルJ4～J20に、数値の大小を水色のグラデーションで表す、データバーを設定しましょう。

3. 達成率を表示するセルK4～K20に、[方向]の[3種類の三角形]のアイコンセットを設定し、列の幅を調整しましょう。また、前年度比を表示するセルM4～M20に[インジケーター]の[3つの記号（丸囲みなし）]のアイコンセットを設定しましょう。

4. セルK4～K20に設定したアイコンセットのルールを変更し、100％未満は赤の下向き三角形、100％～102％は黄色の点線の三角形、102％を超えたときは緑の上向き三角形で表示するように、条件を変更しましょう。

5. セルM4～M20のアイコンを、緑のチェックマークを緑の丸で表示するように変更しましょう。

6. セルC4～E20に、セルの値が8,000（売上金額8,000千円）より大きい場合に、太字、セルの塗りつぶしを水色で表示する独自の条件付き書式を設定しましょう。

7. セルH4～H20に、第1四半期の売上実績（セルC4～E20）の変動を表す、折れ線のスパークラインを挿入しましょう。

8. 挿入したスパークラインを次のように編集しましょう。
    ・スタイル：スパークラインスタイル濃色#6
    ・表示：頂点（谷）
    ・太さ：2.25pt

9. ［保存用］フォルダーに「復習14　顧客別売上分析」という名前で保存して閉じましょう。

プレゼンテーションソフト PowerPoint 2016 の利用

- 第15章　プレゼンテーションの作成と編集
- 第16章　図解の作成
- 第17章　オブジェクトの挿入
- 第18章　特殊効果の設定
- 第19章　資料の作成と印刷

第15章

プレゼンテーションの作成と編集

- ■ プレゼンテーションの作成
- ■ スライドの追加
- ■ プレゼンテーション構成の見直し
- ■ スライドのデザイン設定
- ■ 文字の書式設定
- ■ 段落の書式設定
- ■ プレゼンテーションの保存

プレゼンテーションの作成

プレゼンテーションを新規に作成するには、白紙から新規に作成する方法と、既成のテンプレートに手を加えて作成する方法があります。テンプレートには、すでにデザインが施されているので、作成するプレゼンテーションの目的にあったものであれば、素早く作成することができます。

プレゼンテーションの新規作成

新しくプレゼンテーションを作成します。

 新規にプレゼンテーションを作成する

Step 1 PowerPointを起動して、新しいプレゼンテーションを開きます。

❶ PowerPointを起動します。

❷ テンプレートの一覧にある[新しいプレゼンテーション]をクリックします。

Step 2 スライドのサイズを変更します。

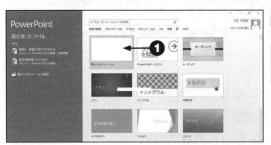

❶ [デザイン] タブをクリックします。

❷ [スライドのサイズ] ボタンをクリックします。

❸ スライドのサイズが [ワイド画面 (16:9)] になっていることを確認します。

 ヒント
スライドのサイズ
スライドのサイズは[ワイド画面(16:9)]が既定のサイズです。既定のプレゼンテーションのスライドサイズは同様の操作で変更できます。

テンプレートからの作成

プレゼンテーションを新しく白紙の状態から作ると、配色で悩んだり、レイアウトで時間を取られてしまったりということが少なくありません。PowerPointには、ある程度のデザインやレイアウトが完成した状態からプレゼンテーションを作り始めることができる「テンプレート」と呼ぶファイルが用意されています。ただし、初期状態でパソコンにインストールされているテンプレートは種類が少なく、多様なテンプレートはインターネットを経由して提供されています。以下の説明は、インターネットにつながった環境を前提としています。

操作 テンプレートからプレゼンテーションを作成する

インターネット上に用意されているテンプレートから適切なものを選び、ダウンロードしましょう。

Step 1 [ファイル] タブをクリックします。

❶ [ファイル] タブをクリックします。

Step 2 テンプレートを検索する分野を選びます。

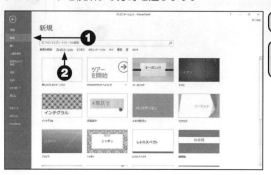

❶ [新規] をクリックします。

❷ [プレゼンテーション] をクリックします。

第 15 章　プレゼンテーションの作成と編集

Step 3 テンプレートを選びます。

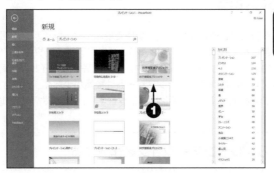

❶ テンプレートの一覧から適当な1つを選んでクリックします。

Step 4 テンプレートに基づくプレゼンテーションを作成します。

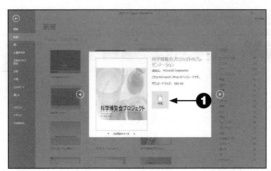

❶ [作成] をクリックします。最初に利用するときは、テンプレートファイルのダウンロードが行われます。

Step 5 テンプレートが適用されたプレゼンテーションが作成されました。

❶ 選択したテンプレートが編集可能な状態で表示されました。

Step 6 [ファイル] タブをクリックします。

Step 7 [閉じる] をクリックします。

スライドの追加

プレゼンテーションには、新しいスライドを自由に追加することができます。新たにプレゼンテーションを作成した後で、必要に応じてスライドを追加します。

ここでは新しくスライドを追加する方法や、プレースホルダーに文字を入力する方法などを学習します。

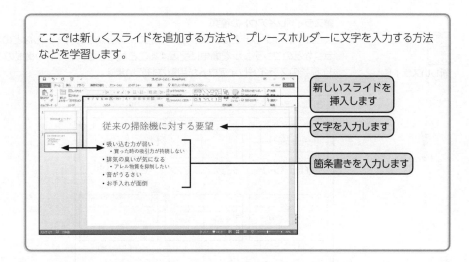

新しいスライドの挿入

プレゼンテーションに新しいスライドを挿入するには、[新しいスライド] ボタンをクリックします。[新しいスライド] ボタンは上下2つに分かれており、上半分をクリックした場合、「タイトルスライド」が選択されていれば、「タイトルとコンテンツ」が、それ以外が選択されている場合には、そのスライドと同じレイアウトのスライドが挿入されます。また下半分をクリックすると、レイアウトの一覧が表示され、その中から選択してスライドを挿入することができます。
ここでは、下半分をクリックして、レイアウトを選択してからスライドを挿入します。

新しいスライド

■スライドレイアウトの種類

スライドレイアウトとは、スライドの上に、あらかじめタイトルなどのテキストや、図やグラフなどのコンテンツを簡単に配置することができるスライドの構成のことです。ここには、11種類のスライドレイアウトが用意されています。

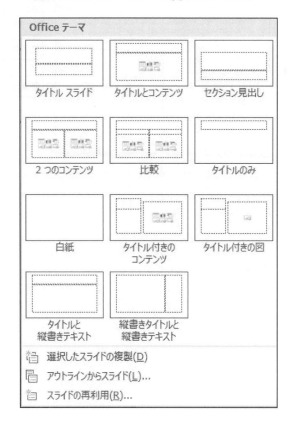

操作 ☞ 新しいスライドを挿入する

新しいプレゼンテーションに2枚目のスライドを挿入します。

Step 1 新規作成したプレゼンテーションが開いていないようであれば、[ファイル] タブをクリックして、新しいプレゼンテーションを新規に開きます。

Step 2 新しいスライドを挿入します。

❶ [ホーム] タブをクリックします。

❷ [新しいスライド] ボタンの▼をクリックします。

❸ スライドレイアウトの一覧が表示されるので、[タイトルとコンテンツ] をクリックします。

Step 3 新しいスライドが挿入されました。

❶ 次の操作のため、1枚目のスライドを選択しておきます。

💡 ヒント
新しいスライド
新しいスライドは、現在表示されているスライドの後に挿入されます。

プレースホルダーへの文字入力

スライドに用意されているプレースホルダーでは、あらかじめ入力する文字に設定される書式が決められています。空のプレースホルダーには、[タイトルを入力]、[テキストを入力] などと表示されています。

操作 ☞ プレースホルダーに文字を入力する

スライドにタイトルと箇条書きの文字を入力しましょう。

Step 1 タイトルに「新型掃除機"スパイラル"」と入力します。

❶ [タイトルを入力] と表示されている部分をクリックします。

❷ 「新型掃除機"スパイラル"」と入力します。

Step 2 サブタイトルに「企画開発部」と入力します。

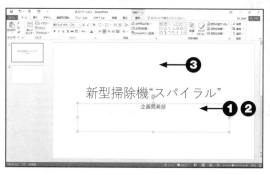

❶ [サブタイトルを入力] と表示されている部分をクリックします。

❷ 「企画開発部」と入力します。

❸ プレースホルダー以外の場所をクリックして、選択を解除しておきます。

Step 3 2枚目のスライドにタイトルを入力します。

❶ 「次のスライド」またはスライドのサムネイルを使って2枚目のスライドを選択します。

❷ [タイトルを入力] と表示されている部分をクリックします。

❸ 「従来の掃除機に対する要望」と入力します。

Step 4 箇条書きを入力します。

💡ヒント
段落と行の違い
Enterキーだけを押すと、段落が分かれ、次行に行頭文字が表示されます。**Shift**キーを押しながら**Enter**キーを押すと、改行はされますが、次行に行頭文字は表示されません。長い箇条書きを途中で強制改行するときなどに使用します。

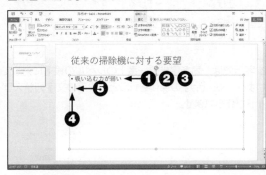

❶ [テキストを入力] と書かれたプレースホルダーをクリックします。

❷ 「吸い込む力が弱い」と入力します。

❸ **Enter**キーを押して改行します。

❹ 行頭文字が表示されます。

❺ カーソルの位置が次の行に移動したことを確認します。

Step 5 続けてほかのテキストを入力します。
・買った時の吸引力が持続しない
・排気の臭いが気になる
・アレル物質を抑制したい
・音がうるさい
・お手入れが面倒

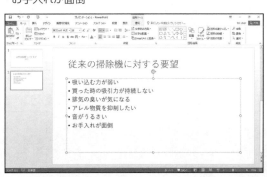

Step 6 プレースホルダーの外側をクリックしてプレースホルダーの選択を解除します。

箇条書きの編集

箇条書きは段落ごとにレベルを設定できます。大きい概念の項目には上のレベル、その下位の項目には下のレベルを設定します。箇条書きにはレベルごとに書式が決められているので、レベルを変更すると書式が変わります。

箇条書きの段落の左端を右にずらすことを「インデント」といいます。PowerPointにおいて、段落のレベルを設定することと、インデントを設定することは、同じことを意味します。インデントの設定は、[ホーム] タブにある [インデントを減らす] および [インデントを増やす] ボタンで行います。または、[表示] タブでアウトライン表示に切り替え、マウスの右クリックで現れるメニューから [レベル上げ] および [レベル下げ] を選びます。レベルとインデントの対応は次のとおりです。

レベル	上げる	下げる
インデント	減らす	増やす
段落の左端	左にずれる	右にずれる

アウトライン表示では、箇条書きの一番上のレベルの段落に対して、さらに [インデントを減らす] または [レベル上げ] の操作を行うと、段落の文字列がスライドのタイトルになった新しいスライドが作られます。

操作 箇条書きのレベルを変更する

2枚目のスライド「従来の掃除機に対する要望」の箇条書きを内容に合わせたレベルに変更しましょう。「買った時の吸引力が持続しない」「アレル物質を抑制したい」という段落は、それぞれ前の段落に含まれる内容と考えられるので、1つレベルを下げます（1つインデントを増やします）。

Step 1 箇条書き2行目の段落のレベルを1つ下げます。

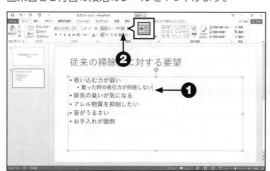

❶「買った時の吸引力が持続しない」の段落内をクリックします。

❷[インデントを増やす]ボタンをクリックします。

Step 2 同様に、4行目のレベルを1つ下げます。

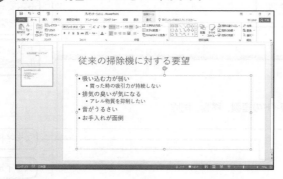

Step 3 プレースホルダーの外側をクリックして選択を解除します。

重要 レベルを1つ上げるには
段落のレベルを上げるには、[段落]グループの[インデントを減らす]ボタンをクリックします。

インデントを減らす

プレゼンテーション構成の見直し

プレゼンテーション全体を見直し、スライドの順番やデザインを変更します。プレゼンテーションの構成を見直すには、アウトライン表示やスライド一覧を使うと便利です。

ここでは、アウトライン表示を使ったスライドの編集方法や、スライド一覧でスライドを複製、移動、削除する方法を学習します。

■ アウトライン表示で編集する

■ スライドの複製、移動、削除

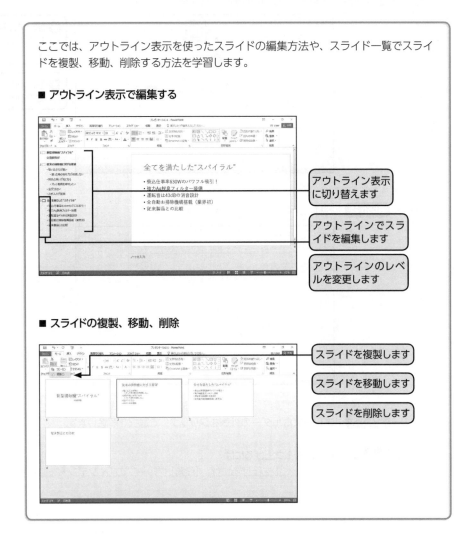

アウトライン表示での編集

アウトライン表示に切り替えると、スライドのサムネイルの代わりに、プレゼンテーションのタイトルやテキストが表示されます。プレゼンテーション全体の内容を確認しながらスライドを編集することができます。

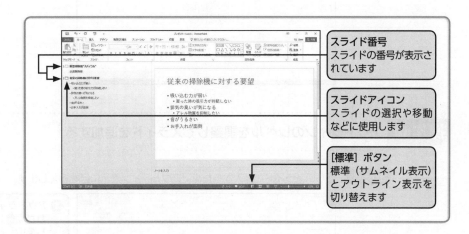

スライド番号
スライドの番号が表示されています

スライドアイコン
スライドの選択や移動などに使用します

[標準] ボタン
標準（サムネイル表示）とアウトライン表示を切り替えます

操作 ☞ アウトライン表示に切り替える

Step 1 標準（サムネイル表示）からアウトライン表示へ切り替えます。

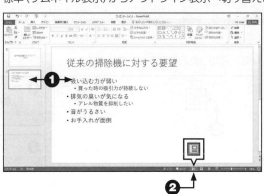

❶ 2枚目のスライドが選択されていることを確認します。

❷ [標準] ボタンを2回クリックします。

> **ヒント**
> **アウトライン表示**
> プレゼンテーションを作成してから初めて [標準] ボタンをクリックすると、ノートペインが追加で表示されるので、もう一度 [標準] ボタンをクリックするとアウトライン表示に切り替わります。これ以降は一度のクリックで標準（サムネイル表示）とアウトライン表示を切り替えられます。

第15章 プレゼンテーションの作成と編集

Step 2 アウトライン表示に切り替わりました。

操作 ☞ アウトラインのレベルを調整してスライドを追加する

Step 1 新しいスライドを挿入するため、アウトライン表示に行を追加します。

❶ アウトライン表示の「お手入れが面倒」の末尾をクリックします。

❷ Enterキーを押します。

❸ 行頭文字が表示されます。

Step 2 レベルを上げて、追加した行をスライドにします。

❶ カーソルがアウトライン表示の末尾にあることを確認します。

❷ [インデントを減らす] ボタンをクリックします。

Step 3 新しいスライドが追加されました。

Step 4 追加したスライドにタイトルを入力します。

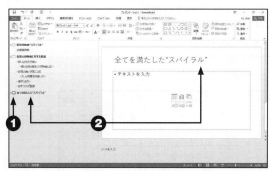

❶ カーソルがアウトライン表示の3枚目にあることを確認します。

❷「全てを満たした"スパイラル"」と入力します。

Step 5 もう1枚スライドを追加します。

❶ カーソルがアウトライン表示の末尾にあることを確認します。

❷ **Enter**キーで改行します。

❸ さらにスライドが追加されます。

Step 6 4枚目のスライドを、3枚目の箇条書きに変更します。

❶ カーソルがアウトライン表示の4枚目にあることを確認します。

❷ ［インデントを増やす］ボタンをクリックします。

❸ 4枚目のスライドがなくなり、カーソルが3枚目の箇条書きに変更されました。

第 15 章　プレゼンテーションの作成と編集

Step 7 続けて以下の箇条書きを入力します。
・吸込仕事率630Wのパワフル吸引！
・強力Ag脱臭フィルター装備
・運転音は43dBの消音設計
・全自動お掃除機構搭載（業界初）
・従来製品との比較

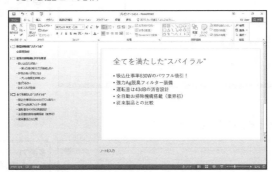

Step 8 「従来製品との比較」の行を、4枚目のスライドタイトルに変更します。

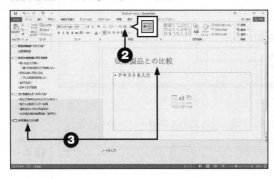

❶ アウトライン表示の「従来製品との比較」の行内にカーソルがあることを確認します。

❷ ［インデントを減らす］ボタンをクリックします。

❸ 4枚目のスライドが挿入され、「従来製品との比較」がタイトルに変更されました。

操作 ☞ 標準(サムネイル表示)に切り替える

Step 1 アウトライン表示から標準(サムネイル表示)に切り替えます。

❶ [標準] ボタンをクリックします。

❷ 標準(サムネイル表示)に切り替わります。

スライドの複製・移動・削除

スライドをコピーして再利用する「スライドの複製」、スライドの順番を入れ替える「スライドの移動」、不要なスライドを削除する「スライドの削除」を学習します。

操作 ☞ スライド一覧に切り替える

スライドの複製、移動、削除の操作を行いやすくするため、プレゼンテーション全体を見やすいスライド一覧に切り替えましょう。

Step 1 スライド一覧に切り替えます。

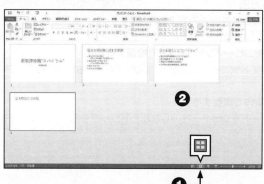

❶ [スライド一覧] ボタンをクリックします。

❷ スライド一覧表示に切り替わります。

第15章 プレゼンテーションの作成と編集

操作 スライドを複製する

Step 1 目的のスライドを選択して、[複製] コマンドを実行します。

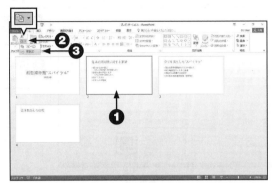

❶ 2枚目のスライドをクリックします。

❷ [コピー] ボタンの▼をクリックします。

❸ [複製] をクリックします。

Step 2 2枚目のスライドが複製されました。

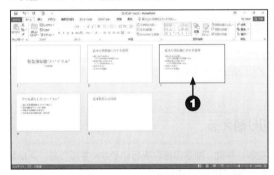

❶ 2枚目のスライドが複製されて、3枚目として挿入されます。

ヒント ほかの複製方法
スライドの複製には以下の方法もあります。

■ **スライドをコピーアンドペーストで複製する**
対象のスライドをコピーしてから、目的の場所に貼り付けることでスライドを複製できます。

■ **ドラッグ操作で複製する**
対象のスライドを**Ctrl**キーを押しながらドラッグするとスライドを複製できます。

操作 スライドを移動する

3枚目のスライドを4枚目のスライドの後ろに移動しましょう。

Step 1 3枚目のスライドを4枚目と5枚目のスライドの間にドラッグします。

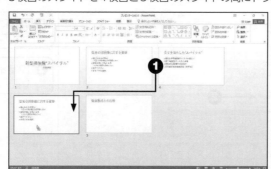

❶ 3枚目のスライドを、4枚目と5枚目の間にドラッグします。

Step 2 3枚目のスライドが4枚目に移動しました。

操作　スライドを削除する

4枚目のスライドを削除しましょう。

Step 1 目的のスライドを右クリックして、[スライドの削除] をクリックします。

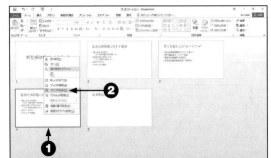

❶ 4枚目のスライドを右クリックします。

❷ [スライドの削除] をクリックします。

ヒント
別の方法でスライドを削除する
削除したいスライドが選択されていることを確認して、**Delete**キーを押すとスライドを削除することができます。

Step 2 スライドが削除されました。

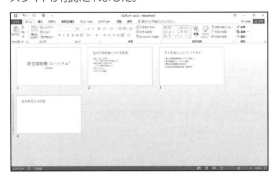

Step 3 同様に4枚目のスライドも削除します。

ヒント
削除したスライドを元に戻すには
削除してしまったスライドを元に戻すにはクイックアクセスツールバーの [元に戻す] ボタンをクリックします。

Step 4 標準（サムネイル表示）に切り替えます。

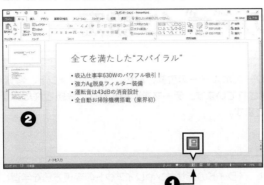

❶ ［標準］ボタンをクリックします。

❷ 標準（サムネイル表示）に切り替わります。

💡 ヒント　セクション機能

「セクション」機能は、複数のスライドをグループ化して利用するための機能です。作成したプレゼンテーションをいくつかのセクションに区切っておくことで、セクションに属する複数スライドをまとめて非表示にしたり、セクション単位で入れ替えを行うことができる便利な機能です。

スライドのデザイン設定

PowerPointには、プレースホルダーの位置、配色、文字のフォント、背景などを組み合わせた「テーマ」が豊富に用意されています。テーマを適用すれば、洗練されたデザインのプレゼンテーションを簡単に作成できます。

ここでは、スライドのデザインやレイアウトの変更方法を学習します。

■ テーマの適用

■ スライドレイアウトの変更

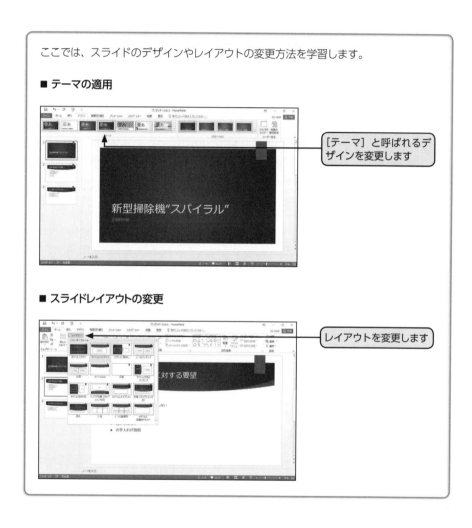

テーマの設定

プレースホルダーの位置、配色、文字のフォント、背景などのスライドのデザインは、PowerPointに用意されているテーマを適用することで、統一的に設定できます。

操作 テーマを適用する

Step 1 テーマをプレビューします。

用語
プレビュー
プレビューとは、デザインなどを実際には適用せず、適用したイメージを一時的に表示することができる機能です。適用をキャンセルしたいときには、ポイントしたマウスポインターを外側に移動するだけで済むため、作成の手間が大幅に削減できます。

❶ スライドの1枚目を選択します。

❷ [デザイン] タブをクリックします。

❸ 表示されたテーマの一覧にある [イオン] をポイントします。

❹ プレビューにより、テーマが一時的に変わることを確認します。

Step 2 テーマを適用します。

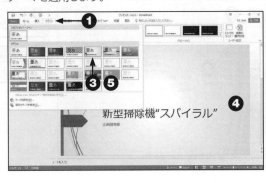

❶ [デザイン] タブが選択されていることを確認します。

❷ [テーマ] グループの [その他] ボタンをクリックします。

❸ テーマ [ウィスプ] をポイントします。

❹ [ウィスプ] が適用されたスライドがプレビュー表示されます。

❺ [ウィスプ] をクリックします。

Step 3 テーマが適用できました。プレゼンテーション全体に対して、プレースホルダーの位置、配色、文字のフォント、背景などが変更され、プレゼンテーションのイメージが変わりました。

スライドレイアウトの変更

スライドを作成したあとに、1枚ごとにレイアウトを変更することができます。[レイアウト] ボタンを利用することで、柔軟にスライドのレイアウトを変更できます。

操作 スライドのレイアウトを変更する

Step 1 3枚目のスライドを選択します。

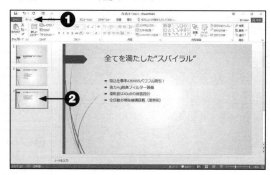

❶ [ホーム] タブをクリックします。

❷ 3枚目のスライドを選択します。

Step 2 3枚目のスライドのレイアウトを [2つのコンテンツ] に変更します。

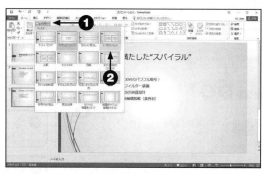

❶ [レイアウト] ボタンの▼をクリックします。

❷ 表示された一覧から、[2つのコンテンツ] をクリックします。

Step 3 プレースホルダーが左右に並んだレイアウトに変更されました。

テーマのカスタマイズ

PowerPointには何種類かのテーマが用意されていますが、一部分をカスタマイズしたいこともあります。色のバリエーション、配色、フォント、効果、背景のスタイルを個別に変更することができます。

操作 カスタマイズの結果を確認する

Step 1 [バリエーション]の変更を確認します。

用語
バリエーション
PowerPointにはテーマごとにいくつかの[バリエーション]が用意されています。バリエーションはテーマのデザインにもとづいて配色をセットにしたものです。

❶ 1枚目のスライドを選択します。

❷ [デザイン]タブをクリックします。

❸ [バリエーション]グループの一番右をポイントし、色のバリエーションが変更されることを確認します。

Step 2 [配色]の変更を確認します。

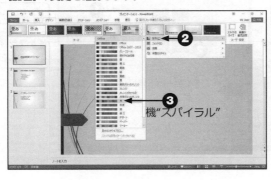

❶ [バリエーション]グループの[その他]ボタンをクリックします。

❷ [配色]をポイントします。

❸ 配色の一覧から[赤]をポイントして、プレビュー表示で配色が変更されることを確認します。

第15章 プレゼンテーションの作成と編集

Step 3 [フォント] の変更を確認します。

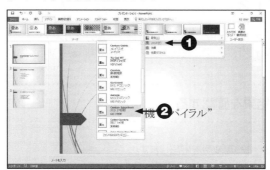

❶ [フォント] をポイントします。

❷ フォントの一覧から[MS P明朝] をポイントして、プレビュー表示でフォントが変更されることを確認します。

💡 **ヒント**
フォントの変更
ここで[フォント]を変更すると、プレゼンテーション内のすべてのフォントが一括で変更されます。

💡 **ヒント** **実際に変更した場合**
ポイントするのではなくクリックして、実際にプレゼンテーションの設定を変更した場合は、[バリエーション] を一番左に、[フォント] を [メイリオ] に設定してください。これで元に戻ります。

Step 4 スライドの背景を [スタイル2] に変更します。

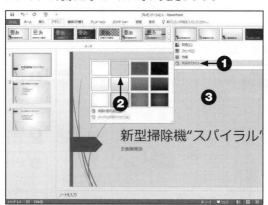

❶ [背景のスタイル] をポイントします。

❷ [スタイル2] をクリックします。

❸ スライドの背景が変更されたことを確認します。

💡 **ヒント**
背景のスタイルの変更
テーマによっては、スライドレイアウトの種類によって異なる背景が設定されていますが、背景スタイルの変更はすべてのスライドレイアウトに対して適用されます。

文字の書式設定

文字の大きさ、色、書体などは、必要に応じて変更することができます。プレゼンテーションの内容に合わせて文字の書式を設定すると、重要な部分を強調したり、バランスを調整したりできるので、内容を的確に伝えるために役立ちます。

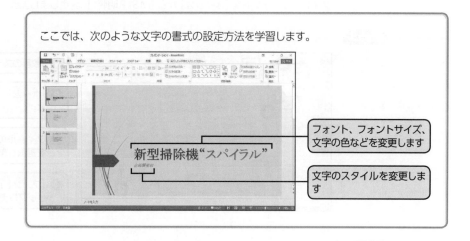

ここでは、次のような文字の書式の設定方法を学習します。

・フォント、フォントサイズ、文字の色などを変更します
・文字のスタイルを変更します

フォントの変更

文字の書体のことを「フォント」といいます。日本語フォントの種類としては、ゴシック体や明朝体などがあります。[フォント] ボックスの一覧には、フォント名が実際のフォントで表示されます。また、プレビュー機能によって適用後のイメージを確認しながらフォントを選択することができます。

操作 ☞ フォントを変更する

タイトルのフォントを [メイリオ] から [MS P明朝] に変更しましょう。

Step 1 タイトルのフォントを変更します。

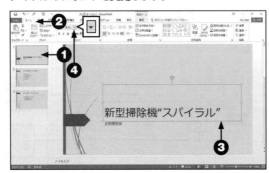

❶ 1枚目のスライドを選択します。
❷ [ホーム] タブをクリックします。
❸ タイトルのプレースホルダーを選択します。
❹ [フォント] ボックスの▼をクリックします。

Step 2 タイトルのフォントを [MS P明朝] に変更します。

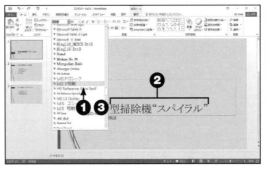

❶ [MS P明朝] をポイントします。
❷ プレビューによって、タイトルフォントが一時的に変わることを確認します。
❸ [MS P明朝] をクリックします。

Step 3 部署名（企画開発部）のフォントも同様に [MS P明朝] に変更します。

💡 ヒント　MSゴシック(MS明朝)とMS Pゴシック(MS P明朝)について

フォント名に「P」の付くフォントは、[プロポーショナルフォント]といい、文字ごとに異なる幅が設定されています。「o」や「w」のような文字は幅が広く、「i」や「l」のような文字は幅が狭くなっていて、文字間隔も自動的に調整されます。変更前のフォントの[メイリオ]もプロポーショナルフォントです。
とくに英文字が多く含まれる文字列や文章に適用すると、バランスのとれた美しいプレゼンテーションを作成することができます。

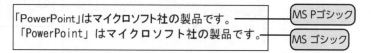

文字の大きさの変更

文字の大きさのことを「フォントサイズ」といいます。フォントサイズを変更して、スライドのバランスを整えたり、目立たせたい文字を大きくしたりすることで、見やすいスライドを作成できます。

💡 ヒント
フォントサイズの単位
フォントサイズは、ポイント(pt)という単位を使います。1ポイントは約0.35 mmです。

操作☞ フォントサイズを変更する

タイトルのフォントサイズを66ポイントにしましょう。また、部署名(企画開発部)のフォントサイズを一段階大きくしましょう。

Step 1 タイトルのフォントサイズを変更します。

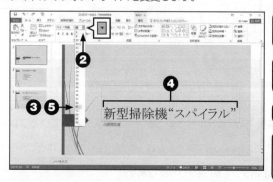

❶ タイトルのプレースホルダーを選択します。

❷ [フォントサイズ] ボックスの▼をクリックします。

❸ [66] をポイントします。

❹ プレビューによって、フォントサイズが一時的に変わることを確認します。

❺ [66] をクリックします。

第15章　プレゼンテーションの作成と編集

Step 2 部署名(企画開発部)のフォントサイズを変更します。

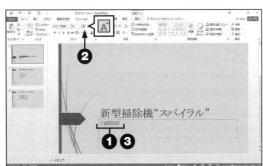

❶ 部署名が入力されているプレースホルダーを選択します。

❷ [フォントサイズの拡大]ボタンをクリックします。

❸ フォントサイズが20に拡大したことを確認します。

文字のスタイルの変更

文字のスタイルを変更すると、強調したい箇所など、特定の文字を目立たせることができます。

操作 文字を斜体にする

1枚目のスライドの部署名の文字を斜体にしましょう。また、1枚目のスライドのタイトルが目立つように、タイトルに影を付けましょう。

Step 1 部署名が入力されているプレースホルダーを選択します。

Step 2 部署名を斜体にします。

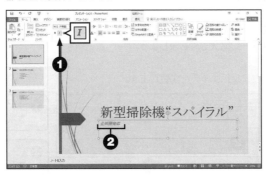

❶ [斜体]ボタンをクリックします。

❷ 文字が斜体になったことを確認します。

Step 3 「新型掃除機"スパイラル"」というタイトルが入力されているプレースホルダーを選択します。

Step 4 [文字の影]ボタン S をクリックします。

Step 5 タイトルに影の書式が設定されたことを確認します。

> **ヒント　スタイルを解除するには**
> スタイルを解除したい文字またはプレースホルダーを選択すると[フォント]グループの[太字]や[斜体]などのボタンが選択された状態になります。該当するボタンをクリックするとスタイルを解除することができます。

文字の色の変更

文字色を変えると、文字がより強調され、変化をつけることができます。テーマを適用すると、自動的に文字の色が設定されますが、自分の好みに応じて変更することもできます。ここでは[フォントの色]ボタンを使う方法とミニツールバーを使う方法の2つを紹介します。

操作　文字の色を変更する

部署名の文字の色を[オリーブ、アクセント5、黒+基本色25%]にします。また、タイトルのうち、「スパイラル」の部分だけ、ミニツールバーを使って文字の色を[茶、テキスト2]に設定しましょう。

Step 1 部署名が入力されているプレースホルダーを選択します。

Step 2 フォントの色を変更します。

❶ [フォントの色]ボタンの▼をクリックします。

❷ [オリーブ、アクセント5、黒+基本色25%]（上から5番目右から2番目）をクリックします。

第15章　プレゼンテーションの作成と編集　*407*

Step 3 タイトルにある「スパイラル」を選択します。

❶「スパイラル」をドラッグして範囲選択します。

❷ その付近でマウスポインターを動かすとミニツールバーが表示されます。

Step 4 ミニツールバーを使って文字の色を変更します。

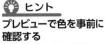

ヒント
プレビューで色を事前に確認する
フォントの色を変更する際にも、プレビュー機能が利用できます。

❶ ミニツールバーにある［フォントの色］ボタンの▼をクリックします。

❷［テーマの色］の［茶、テキスト2］（左から4番目）をクリックします。

Step 5 範囲選択した「スパイラル」だけ、文字の色が変わりました。

用語　ミニツールバー
ミニツールバーは自動的に表示されるツールバーです。テキストなどを選択すると表示され、これをポイントすると利用できるようになります。よく利用するコマンドが並んでいて、プレビューも利用できます。

段落の書式設定

文字列の配置、行間隔、インデントなど、段落単位で設定される書式を「段落書式」といいます。段落書式を設定するには、まず、書式を設定したい段落を範囲選択します。段落書式の設定には、主に [段落] グループのコマンドを使います。

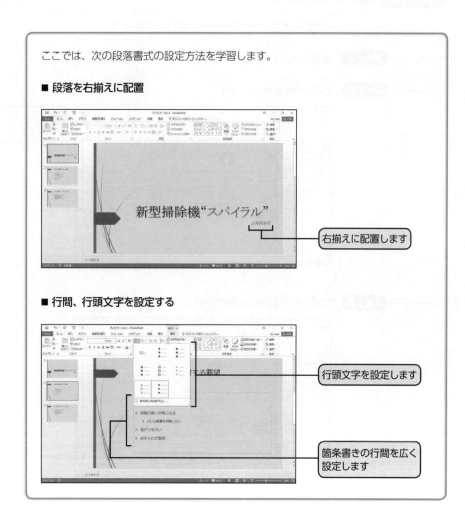

段落の配置の変更

入力した文字はスライドやプレースホルダーの中央や右端にも配置することができます。配置を変更した後で、文字の追加や削除を行っても、設定した配置が保たれます。段落の配置には、左揃え、中央揃え、右揃え、均等割り付けなどがあります。テーマを適用すると、自動的に段落の配置が設定されます。

操作 ☞ 右揃えに変更する

1枚目のスライドの部署名を右揃えにしましょう。

Step 1 部署名が入力されたプレースホルダーを選択します。

Step 2 部署名を右揃えにします。

❶ [右揃え] ボタンをクリックします。

Step 3 部署名が右揃えに変更されました。

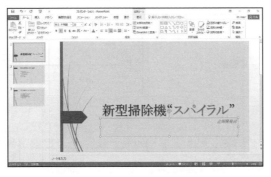

行間の変更

行と行の間隔のことを「行間」といいます。箇条書きを使用している場合、行間を調整するとバランスが良くなります。箇条書きの項目が少ない場合などに利用すると便利です。

操作☞ 箇条書きの行間を変更する

2枚目のスライドの箇条書き部分の段落を、行間 [1.5] に変更しましょう。

Step 1 2枚目のスライドを表示して、箇条書きのプレースホルダーを選択します。

❶ 2枚目のスライドをクリックします。

❷ 箇条書きのプレースホルダーを選択します。

Step 2 箇条書きの行間を変更します。

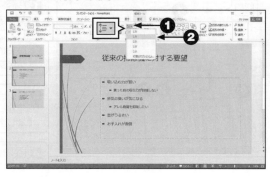

❶ [行間] ボタンをクリックします。

❷ [1.5] をクリックします。

Step 3 行間が広くなったことを確認します。

行頭文字の変更

行頭文字は段落ごとに異なるものを設定することができます。行頭文字にはさまざまな種類があり、デザインに変化をつける場合などに利用します。

操作☞ 行頭文字を変更する

2枚目のスライドの箇条書きの行頭文字を変更しましょう。

Step 1 箇条書きが選択されていることを確認します。

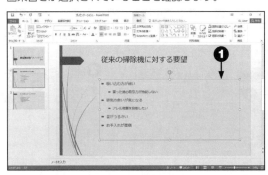

❶ 2枚目のスライドにある箇条書きのプレースホルダーが選択されていることを確認します。

Step 2 行頭文字を変更します。

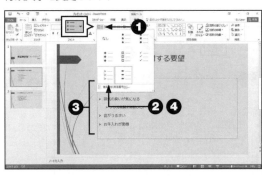

❶ [箇条書き] ボタンの▼をクリックします。

❷ [矢印の行頭文字] をポイントします。

❸ プレビューによって、行頭文字が一時的に変わることを確認します。

❹ [矢印の行頭文字] をクリックします。

💡 **ヒント**
プレビューで行頭文字を事前に確認する
行頭文字を変更する際にも、プレビュー機能を利用できます。

Step 3 行頭文字が変更されたことを確認します。

💡 **ヒント** **行頭文字の段落別設定**
箇条書きの行頭文字を段落ごとに異なるものに設定することもできます。設定するには、対象の段落内にカーソルを挿入して、行頭文字を設定します。

プレゼンテーションの保存

作成したプレゼンテーションは、ファイルとして保存します。保存せずにPowerPointを終了すると、作成したプレゼンテーションは失われます。
プレゼンテーションの保存には、次の2つの方法があります。

■ ファイルの保存

コマンド名	内容
名前を付けて保存	新しく作成したプレゼンテーションに名前を付けて保存します。または、既存のプレゼンテーションに別の名前を付けて、新しいファイルとして保存します。
上書き保存	既存のプレゼンテーションへの変更を保存して最新の状態に更新します。新しく作成したプレゼンテーション（名前のないファイル）で、このコマンドを選択すると、［名前を付けて保存］が表示されます。

重要　ファイル名の付け方

ファイル名には、ファイルの内容を示すような、わかりやすい名前を付けましょう。なお、次の半角記号は使用できません。

/	スラッシュ	*	アスタリスク	|	縦棒
¥	円記号	?	疑問符	:	コロン
<>	不等号	"	ダブルクォーテーション		

重要　拡張子

ファイルには、ファイル名のあとに拡張子が付きます。拡張子はファイルの種類を識別するためのもので、PowerPointのプレゼンテーションの拡張子は「.pptx」です。拡張子は保存時に自動的に付きますが、Windowsの初期設定で表示されないようになっているため、通常はアイコンの形でPowerPointのファイルを識別します。

操作 プレゼンテーションに名前を付けて保存する

作成したプレゼンテーションに「新型掃除機"スパイラル"」という名前を付けて保存しましょう。

Step 1 [名前を付けて保存] ダイアログボックスを開きます。

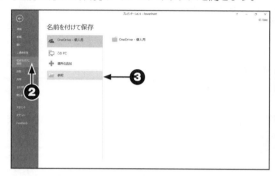

❶ [ファイル] タブをクリックします。

❷ [名前を付けて保存] をクリックします。

❸ [参照] をクリックします。

Step 2 [Office2016テキスト] フォルダーを指定します。

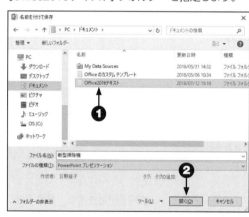

❶ [ファイルを保存するためのダイアログボックスが開くので、[Office2016テキスト] フォルダーをクリックします。

❷ [開く] をクリックします。

Step 3 [保存用] フォルダーを指定します。

❶ [保存用] をクリックします。

❷ [開く] をクリックします。

プレゼンテーションの保存

Step 4 ファイル名を付けて保存します。

ヒント
表示されるファイル名の変更
[ファイル名]ボックスには、プレゼンテーションのタイトルが自動的に表示されますが、自由に変更することが可能です。

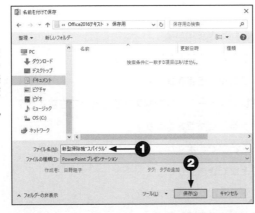

❶ [ファイル名] ボックスに「新型掃除機"スパイラル"」と入力します。

❷ [保存] をクリックします。

ヒント
新規プレゼンテーションの保存先
特に指定しない限り、PowerPointで新規作成したプレゼンテーションは、[ドキュメント]フォルダーに保存されます。

ヒント
ファイルの種類
PowerPointはいろいろなファイル形式で保存することができます。ファイルを開くとすぐにスライドショーが始まり、すぐにプレゼンテーションを行うことができる形式や、以前のバージョンのPowerPointと互換の形式も用意されています。

第15章 プレゼンテーションの作成と編集 **415**

この章の確認

- ☐ 新しいスライドを挿入することができますか？
- ☐ プレースホルダーに箇条書きを入力することができますか？
- ☐ 箇条書きのレベルを変更することができますか？
- ☐ アウトライン表示を使ってプレゼンテーションを編集することができますか？
- ☐ スライドを複製・移動・削除することができますか？
- ☐ スライドのテーマを変更することができますか？
- ☐ プレビュー機能を利用することができますか？
- ☐ スライドのレイアウトを変更することができますか？
- ☐ スライドの背景を変更することができますか？
- ☐ 文字に書式（フォント、フォントサイズ、文字色など）を設定することができますか？
- ☐ 段落の配置（中央揃え、右揃えなど）を設定できますか？
- ☐ 行間を変更することができますか？
- ☐ 行頭文字を変更することができますか？
- ☐ 作成したプレゼンテーションに名前を付けて保存することができますか？

問題 15-1

1. ［復習問題］フォルダーから「復習15-1　プレゼンテーション成功のカギ」を開きましょう。
2. PowerPointを終了せずに、「復習15-1　プレゼンテーション成功のカギ」を閉じましょう。
3. 新規に［新しいプレゼンテーション］を作成して、スライドのサイズを［標準（4：3）］にしましょう。
4. タイトルに、「容器包装リサイクル制度を知る」と入力しましょう。
5. サブタイトルに、「リサイクル推進室」と入力しましょう。
6. ［保存用］フォルダーに「復習15-1　プレゼンテーション成功のカギ」という名前で保存して閉じましょう。

問題 15-2

1. ［復習問題］フォルダーから「復習15-2　容器包装リサイクルとは」を開きましょう。
2. ［新しいスライド］から［タイトルとコンテンツ］を選択し、新規にスライドを追加しましょう。
3. 新しく追加されたスライドのタイトルに、「容器包装リサイクルの背景」と入力しましょう。

4. 新しく追加されたスライドに、次の箇条書きを入力しましょう。
   ・「大量生産・大量消費・大量破棄」が原因で制定
   ・廃棄物を埋め立てる場所が足りなくなった
   ・特に割合の多い容器包装のリサイクルが急務

5. [新しいスライド] ボタンをクリックして、新規にスライドを追加しましょう。

6. 新しく追加されたスライドのタイトルに、「容器包装リサイクル法の仕組み」と入力しましょう。

7. 新しく追加されたスライドに、次の箇条書きを入力しましょう。
   ・消費者の役割「分別排出」
   ・市町村が定めるルールに従って分別して排出
   ・市町村の役割「分別収集」
   ・排出されたごみを収集し、リサイクル業者に渡す
   ・事業者の役割「リサイクル」
   ・容器包装リサイクル法に基づきリサイクルを行う

8. 次の箇条書きのレベルを1つ下げましょう。
   ・市町村が定めるルールに従って分別して排出
   ・排出されたごみを収集し、リサイクル業者に渡す
   ・容器包装リサイクル法に基づきリサイクルを行う

9. 標準（サムネイル表示）をアウトライン表示に切り替えましょう。

10. 「容器包装リサイクル法に基づきリサイクルを行う」の下に、「3R推進マイスター制度について」と入力しましょう。

11. 「3R推進マイスター制度について」のレベルを2つ上げて、スライドを追加しましょう。

12. アウトライン表示を標準（サムネイル表示）に切り替えましょう。

13. [保存用] フォルダーに「復習15-2　容器包装リサイクルとは」という名前で保存して閉じましょう。

完成例

問題 15-3

1. ［復習問題］フォルダーから「復習15-3　容器包装リサイクルとは」を開きましょう。
2. スライド一覧に切り替えましょう。
3. 2枚目のスライドを複製しましょう。
4. 複製したスライドを4枚目と5枚目の間に移動しましょう。
5. 4枚目のスライドを削除しましょう。
6. 標準（サムネイル表示）に切り替えましょう。
7. スライドのデザインとして、テーマ［レトロスペクト］をプレビューしましょう。
8. スライドに、テーマ［オーガニック］を設定しましょう。
9. 4枚目のスライドのレイアウトを、［2つのコンテンツ］に変更しましょう。
10. スライドの背景を、［スタイル6］に変更しましょう。
11. 1枚目のスライドのタイトルに、フォント［ＭＳ Ｐ明朝］、フォントサイズ［48］の書式を適用しましょう。
12. 1枚目のスライドのサブタイトルに、［斜体］、［文字の影］、フォントの色［濃い青］の書式を適用しましょう。
13. 1枚目のスライドのサブタイトルに、［右揃え］の段落書式を適用しましょう。
14. 2枚目のスライドの箇条書きに、行間［1.5］の段落書式を適用しましょう。
15. 2枚目のスライドの箇条書きに、［■］の行頭文字を適用しましょう。
16. ［保存用］フォルダーに「復習15-3　容器包装リサイクルとは」という名前で保存して閉じましょう。

完成例

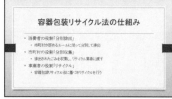 

第16章

図解の作成

■ 図解のポイント
■ SmartArtグラフィックの作成
■ 図形の作成

図解のポイント

スライドに図表や図形などの図解を挿入することで、より説得力のあるプレゼンテーションを作成することができます。

図解とは、文字だけでは伝わりにくい情報を、複数の図形と文字を組み合わせて視覚的に伝える手法や表現方法のことです。情報を図解して相手に伝えるには、やみくもに図形を並べればよいわけではありません。ここでは、図解するときの注意点やポイントを学習します。

■**適切な図形の種類を選択する**
図解では複数の図形を使って伝えたい情報を表現します。この時に、同じ形状の図形を多用するのではなく、適切な図形の種類を選択することで、情報が持つイメージを正しく伝えることができます。

■**図形を整列し、効果的なスタイルを適用する**
複数の図形を組み合わせた図解の場合、これらの図形をきちんと配置することで、見た目にも美しく、かつ情報を正確に伝えることができます。配置がバラバラであったり、関連性を示す線や矢印などが正しく引けていないと、正しい情報を伝えることができませんし、雑な印象を与えてしまいます。
また図形に色を塗るときは、グラデーションや立体感などの効果を上手につけると、より魅力ある仕上がりになります。

【図形の種類や配置に
気を配らないで図解した例】

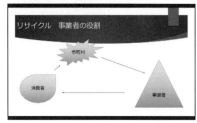

【図形の種類や配置に
気を配って図解した例】

■視線の移動順序を考慮する

図形を配置するときは、視線を移動してほしい順序にも気を配る必要があります。例えば、横書きのスライドで4つのブロックがある場合、最初に読んでほしいブロックを左上に置くのが一般的です。また、読み進める順序をコの字や逆N字よりもZ字形にした方が、自然に視線を動かすことができます。

【コの字型に読み進めるよう配置した例】　【Z字形に読み進めるように配置した例】

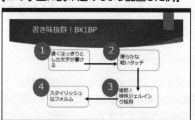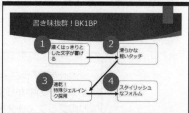

SmartArtグラフィックの作成

PowerPointで図形を描くためには、「SmartArtグラフィック」機能を利用するのが便利です。階層構造や手順を示すための複雑な図を、わずかな作業でスライドに挿入することができます。
ここでは、デザイナーが作成したような美しい図表を作成することができるSmartArtグラフィック機能の利用方法を学習します。

SmartArtグラフィックを使うと、あらかじめ用意された、リストや階層構造などのカテゴリーの中から図形パターンを選択するだけで、下図のようなきれいなテキスト入りのグラフィックを簡単に作成できます。この機能は、Word、Excelなどに共通で用意されているものです。

■SmartArtグラフィックを描く
SmartArtグラフィックを描くには、SmartArtグラフィックを新規に挿入する方法のほかに、箇条書きからSmartArtグラフィックに変換する方法が用意されています。

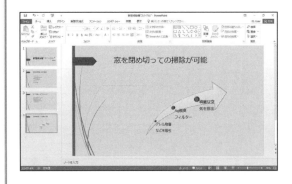

■箇条書きをSmartArtグラフィックに変換する

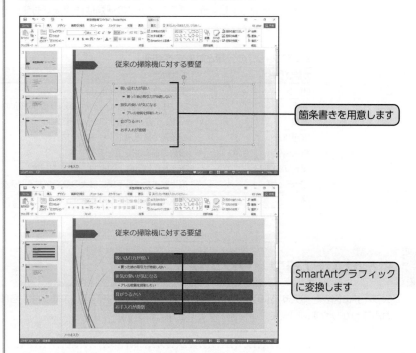

■[SmartArtグラフィックの選択]ダイアログボックスについて

コンテンツプレースホルダー内にある[SmartArtグラフィックの挿入]を選択すると、[SmartArtグラフィックの選択]ダイアログボックスが表示されます。[SmartArtグラフィックの選択]ダイアログボックスの左側にあるカテゴリーを選択すると、その内容に沿ったSmartArtグラフィックがダイアログボックス内の中央に一覧で表示されます。一覧に表示されたSmartArtグラフィックをクリックすると、選択したSmartArtグラフィックの説明文が右側に表示され、[OK]ボタンをクリックすることでSmartArtグラフィックをスライドに挿入することができます。

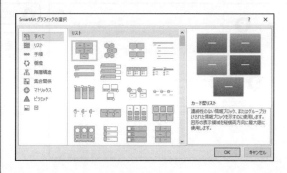

SmartArtグラフィックにはさまざまな種類があり、いくつかに分類されています。SmartArtグラフィックを作成するときは、そのデータを表示するのに最も適した種類がどれかをよく検討しましょう。グラフィックの種類は作成後でも変更できるので、いくつかのグラフィックを試してみるとよいでしょう。

■ グラフィックの分類と対応する用途

カテゴリー	主な用途
リスト	連続性のない情報を示す
手順	プロセスまたはタイムラインのステップを示す
循環	一周して元に戻るプロセスを示す
階層構造	組織図や意思決定ツリーを示す
集合関係	複数の要素の関係を示す
マトリックス	2×2の4領域に分類される関係を示す
ピラミッド	最上部または最下部に最大の要素がある関係を示す
図	画像と図を組み合わせて示す

SmartArtグラフィックの挿入

スライドに図表を挿入するには、SmartArtグラフィック機能を利用します。一から作るのが大変な、グラフィカルでわかりやすい図表を簡単に挿入することができます。

操作 ☞ SmartArtグラフィックを選択する

Step 1 [保存用] フォルダーにあるプレゼンテーション「新型掃除機"スパイラル"」を開きます。本章から学習を開始する場合は、[Office2016テキスト] フォルダーにある「16章_新型掃除機"スパイラル"」を開きます。

Step 2 新しいスライドを挿入します。

❶ 3枚目のスライドを選択します。

❷ [新しいスライド] ボタンの▼をクリックします。

❸ [タイトルとコンテンツ] をクリックします。

Step 3 タイトルを入力します。

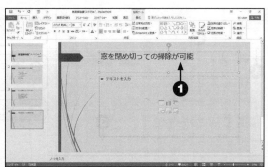

❶ タイトルに「窓を閉め切っての掃除が可能」と入力します。

Step 4 [SmartArtグラフィックの挿入] をクリックします。

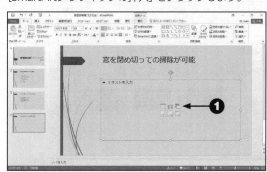

❶ プレースホルダー内の [SmartArtグラフィックの挿入] をクリックします。

Step 5 [SmartArtグラフィックの選択] ダイアログボックスが表示されます。

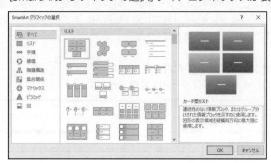

Step 6 カテゴリーを選択し、挿入するSmartArtグラフィックを選択します。

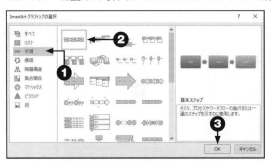

❶ 左側のカテゴリーから [手順] をクリックします。

❷ [基本ステップ] をクリックします。

❸ [OK] をクリックします。

Step 7 SmartArtグラフィックが挿入されました。

💡 ヒント　一度作成したSmartArtのスタイルの変更

すでに作成したSmartArtのスタイルは、いつでも変更できます。変更するには [SmartArtツール] の [デザイン] タブと [書式] タブを利用します。なお、これらのタブは、SmartArtが選択されていないと表示されません。

[SmartArtツール] の [デザイン] タブ
SmartArtのレイアウトやスタイルを変更できます。

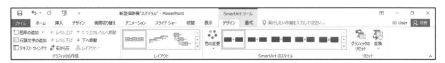

[SmartArtツール] の [書式] タブ
SmartArtの枠線や文字のスタイルを変更できます。

SmartArtグラフィックへの文字の挿入

SmartArtグラフィックに文字を挿入するには、テキストウィンドウを利用します。このウィンドウ内に文字を入力すると、SmartArtグラフィック内に反映されます。文字の大きさや文字列の折り返しについても自動的に調整されるので、簡単に文字を挿入することができます。またテキストウィンドウの行数に応じて、図形を増やしたり減らしたりすることができます。

操作 ☞ SmartArtグラフィックへの文字の挿入

Step 1 SmartArtグラフィックに文字を挿入します。

💡 ヒント
テキストウィンドウを表示するには
テキストウィンドウが表示されていないときは、[SmartArtツール] [デザイン] タブの [テキストウィンドウ] ボタンをクリックすると、ウィンドウが表示されます。

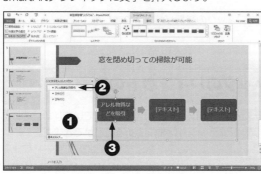

❶ テキストウィンドウが表示されていることを確認します。

❷ 1行目に「アレル物質などを吸引」を入力します。

❸ 入力した文字が一番左の枠内に反映されます。

Step 2 同様に、2行目と3行目にも文字を入力します。

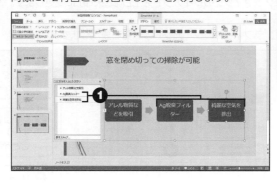

❶ 同様に残りの[テキスト]に対して、以下の2行を入力します。
・Ag脱臭フィルター
・綺麗な空気を排出

Step 3 [テキストウィンドウ] を閉じます。

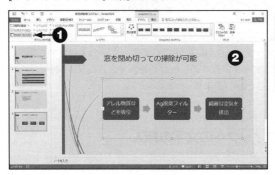

❶ [テキストウィンドウ] ボタンをクリックします。

❷ SmartArtグラフィックの外側でクリックします。

Step 4 SmartArtグラフィックの選択が解除されました。

SmartArtグラフィックのレイアウトの変更

SmartArtグラフィックには、たくさんのレイアウトが登録されています。目的にあったレイアウトを選択することで、よりわかりやすいプレゼンテーションを作成することができます。

操作 ☞ SmartArtグラフィックのレイアウトを変更する

SmartArtグラフィックのレイアウトを [上向き矢印] に変更します。

Step 1 SmartArtグラフィックのレイアウトの一覧を表示します。

> **ヒント**
> **プレビューでレイアウトを確認する**
> SmartArtグラフィックのレイアウトを決める際も、プレビュー機能を使うことができます。マウスでポイントするだけで、一時的にレイアウトが変更されます。

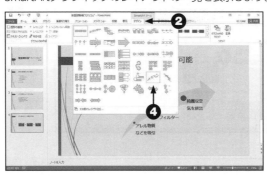

❶ SmartArtグラフィックの図形内でクリックし、SmartArtグラフィックを選択します。

❷ [SmartArtツール] の [デザイン] タブが選択されていることを確認します。

❸ [レイアウト] グループの [その他] ボタンをクリックします。

❹ [上向き矢印] をクリックします。

Step 2 SmartArtグラフィックの選択を解除します。

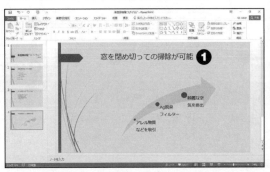

❶ SmartArtグラフィックの枠の外でクリックします。

❷ SmartArtグラフィックの選択が解除されます。

Step 3 SmartArtグラフィックのレイアウトが変更されました。

SmartArtグラフィックのスタイルの変更

SmartArtグラフィックのスタイルとは、図表の種類を変えることなく、色や質感を簡単に変更することができる機能です。スタイルには、たくさんの色を使ったカラフルなものや、影や3D効果を加えた立体的なものまで、幅広く用意されています。

操作 ☞ SmartArtグラフィックのレイアウトを変更する

SmartArtグラフィックのスタイルを[メタリック]に変更します。

Step 1 SmartArtグラフィックのスタイルの一覧を表示し、スタイルを変更します。

 ヒント

プレビューでスタイルを確認する

SmartArtのスタイルを決める際も、プレビュー機能を使うことができます。マウスでポイントするだけで、一時的にスタイルが変更されます。

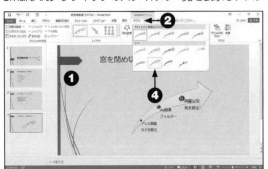

❶ SmartArtグラフィックの図形内でクリックし、SmartArtグラフィックを選択します。

❷ [SmartArtツール]の[デザイン]タブが選択されていることを確認します。

❸ [SmartArtのスタイル]グループの[その他]ボタンをクリックします。

❹ [メタリック]をクリックします。

Step 2 SmartArtグラフィックの選択を解除します。

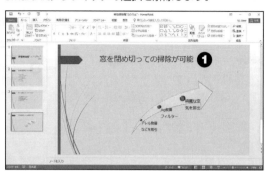

❶ SmartArtグラフィックの枠の外でクリックします。

❷ SmartArtグラフィックの選択が解除されます。

Step 3 SmartArtグラフィックのスタイルが変更されました。

> **重要　変更したSmartArtグラフィックのスタイル設定を元に戻すには**
>
> 変更したスタイルを元の状態に戻したいときには、[グラフィックのリセット]ボタンを利用します。[グラフィックのリセット]ボタンをクリックすると、選択されているSmartArtグラフィックに適用されている設定が取り消され、SmartArtグラフィックに登録されている初期のスタイルに戻すことができます。
>
> グラフィックのリセット

SmartArtグラフィックへの変換

プレゼンテーションには、箇条書きが含まれていることがよくあります。箇条書きのテキストをSmartArtグラフィックに変換して、メッセージをより視覚的に表現することができます。

操作 箇条書きをSmartArtグラフィックに変換する

Step 1 2枚目のスライド内にある箇条書きを選択します。

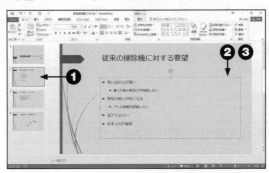

❶ 2枚目のスライドを選択します。
❷ 箇条書きのプレースホルダーを選択します。
❸ 箇条書きに枠が表示されます。

Step 2 箇条書きをSmartArtグラフィックに変換します。

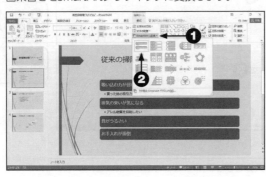

❶ [ホーム] タブの [SmartArtに変換] ボタンをクリックします。
❷ [縦方向箇条書きリスト] をクリックします。

Step 3 SmartArtグラフィックに変換されました。

図形の作成

「図形」とは、円や四角形のような基本図形や、さまざまな線、ブロック矢印などのことです。SmartArtグラフィックを使わず、図形を組み合わせて図解することもできます。図形を組み合わせることで、さまざまな情報を自由に表現することができます。

図形の挿入

スライドに図形を挿入します。

操作 図形を挿入する

5枚目のスライドを作成し、楕円を描きましょう。

Step 1 図形を挿入するスライドを用意します。

❶ 4枚目のスライドを選択します。

❷ [新しいスライド]ボタンの▼をクリックします。

❸ [タイトルのみ]をクリックします。

Step 2 タイトルを入力します。

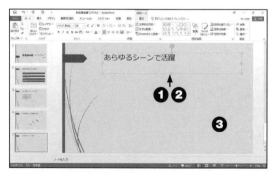

❶ タイトルのプレースホルダーをクリックします。

❷ 「あらゆるシーンで活躍」と入力します。

❸ タイトルのプレースホルダーの外をクリックして、タイトルの選択を解除します。

Step 3 図形の一覧を表示して、[楕円] を選択します。

❶ [図形描画] グループの[その他] ボタンをクリックします。

❷ [楕円] をクリックします。

Step 4 楕円を描きます。

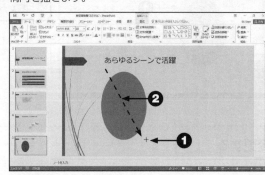

❶ マウスポインターが ＋ になっていることを確認します。

❷ 適当な位置で、左上から右下に向かってドラッグします。

Step 5 楕円が描けました。

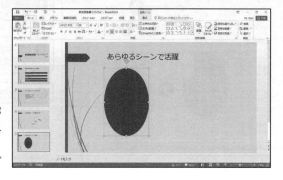

💡 ヒント
正方形や真円を描くには
正方形や真円は、Shiftキーを押しながらドラッグすることで描くことができます。

図形への文字の挿入

図形内に文字を挿入します。

操作 図形に文字を挿入する

Step 1 図形に「ターゲット」という文字を入力します。

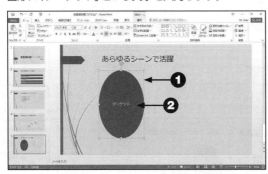

❶ 図形が選択されていることを確認します。

❷ キーボードから「ターゲット」と入力します。

操作 文字を縦書きに変更する

Step 1 「ターゲット」を縦書きに変更します。

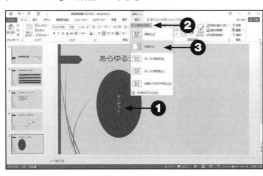

❶ 図形の文字内に、カーソルがあることを確認します。

❷ [文字列の方向] ボタンをクリックします。

❸ [縦書き] をクリックします。

Step 2 文字列が縦書きに変更されました。

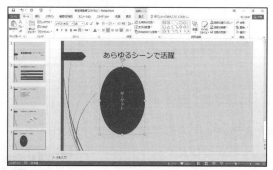

Step 3 フォントサイズを32ポイントに変更します。

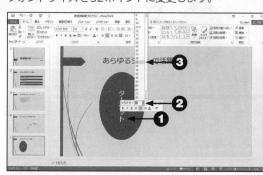

❶ 文字列「ターゲット」をドラッグして範囲選択します。

❷ ミニツールバー上の［フォントサイズ］ボックスの▼をクリックします。

❸［32］を選択します。

❹ 文字列の選択を解除します。

Step 4 フォントサイズが変更されました。

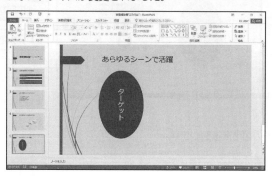

図形の複製

まったく同じ図形をいくつも作成するときは、図形の複製を利用します。

操作 図形を複製する

Step 1 図形の一覧を表示して、[四角形：角を丸くする] を選択します。

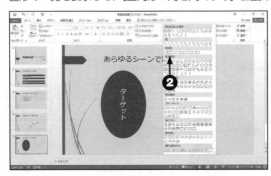

❶ [図形描画] グループの [その他] ボタンをクリックします。

❷ [四角形：角を丸くする] をクリックします。

Step 2 角丸四角形を挿入します。

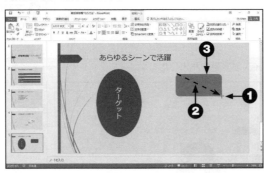

❶ マウスポインターが ＋ になっていることを確認します。

❷ 適当な位置で、左上から右下に向かってドラッグします。

❸ 角丸四角形が作成できました。

Step 3 角丸四角形の図形を複製します。

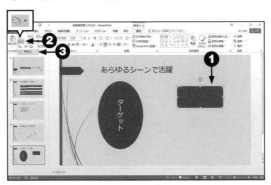

❶ 角丸四角形が選択されていることを確認します。

❷ [コピー] ボタンの▼をクリックします。

❸ [複製] をクリックします。

Step 4 角丸四角形の図形が複製されました。

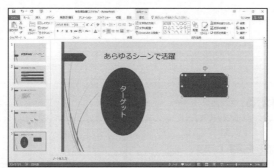

操作 図形を移動する

Step 1 複製された角丸四角形を移動します。

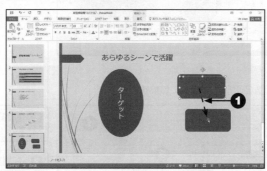

❶ 複製された角丸四角形を、移動先にドラッグします。
※次の操作で整列機能を利用するため、ここでは図形が少し右側に配置されるようにドラッグしましょう。

❷ 図形が移動しました。

図形の整列

複数のオブジェクトを、スライドの左右、上下や選択したオブジェクトを基準にして整列させることができます。

操作 図形を左側に揃える

Step 1 整列する図形を選択します。

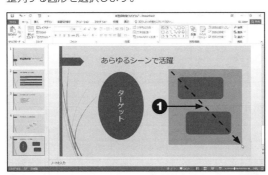

❶ 選択したい図形を、すべて囲むようにドラッグします。

Step 2 選択した複数の図形を左揃えにします。

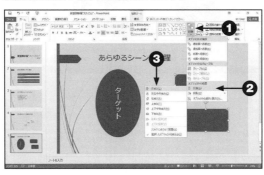

❶ [配置] ボタンをクリックします。

❷ [配置] をポイントします。

❸ [左揃え] をクリックします。

Step 3 複数選択した図形が左揃えに整列されました。

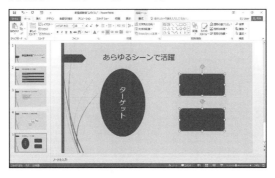

Step 4 図形の外でクリックして、選択を解除します。

> 💡 **ヒント** 「左右に整列」と「上下に整列」
>
> 3つ以上の図形を整列させるときには、「左右に整列」と「上下に整列」という機能が利用できます。
> 左右の場合は選択した図形のうち、一番左の図形と一番右の図形が基準となり、左右に等間隔に整列されます。同様に上下の場合も、選択した一番上と一番下にある図形が基準となり、上下に等間隔に整列されます。

> 💡 **ヒント** グリッドとガイドについて
>
> グリッドを表示すると、スライドに目安線を表示させることができます。グリッド線の間隔は任意に指定できます。またガイドとはスライドの中心を視覚的にわかりやすくする線のことで、この線の交点がスライドの中心ということになります。表示するには、[表示] タブをクリックして、[表示] グループにある [グリッド線] や [ガイド] にチェックを入れるだけです。必要に応じて表示させます。

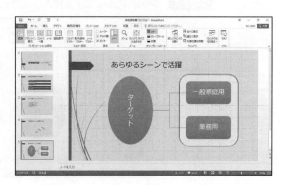

第16章 図解の作成

コネクタによる図形の結合

コネクタとは、図形と図形を線で結ぶための図形です。直線や矢印を使って結ぶことも可能ですが、コネクタを利用したほうが、より素早く正確に図形どうしを結ぶことができます。カギ線やカギ線矢印などが用意されています。

操作 ☞ [コネクタ：カギ線] を使用して図形を結合する

Step 1 角丸四角形に文字を挿入し、フォントサイズを変更します。

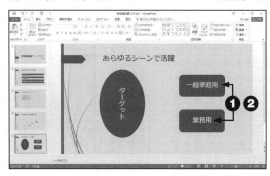

❶ 角丸四角形に次の文字を挿入します。
・一般家庭用
・業務用

❷ フォントサイズを [32] に変更します。

Step 2 [コネクタ：カギ線] を選択します。

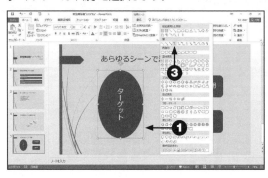

❶ 楕円の図形を選択します。

❷ [図形描画] グループの [その他] ボタンをクリックします。

❸ [コネクタ：カギ線] をクリックします。

Step 3 コネクタの始点をポイントします。

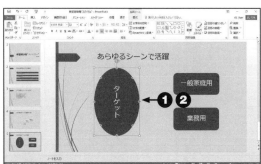

❶ 楕円の図形の右側中央のハンドルをポイントします。

❷ マウスポインターが ╋ になったことを確認します。

440 図形の作成

Step 4 コネクタで結合します。

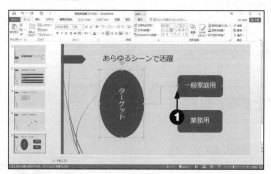

❶ 「一般家庭用」と入力されている図形の、左側中央のハンドルと結合するようにドラッグします。

Step 5 図形がカギ線コネクタで結合できました。

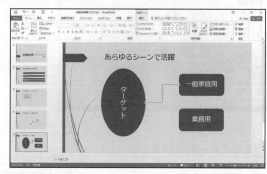

Step 6 同様に下の図を参照し、「業務用」の文字が入力されている図形も結合します。

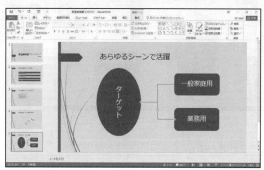

複数の図形のグループ化

複数の図形を1つにまとめることを「グループ化」といいます。グループ化された図形は、1つの図形として書式設定、サイズ変更、移動などができます。

操作 図形をグループ化する

Step 1 図形をすべて選択します。

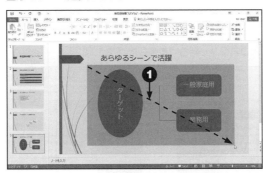

❶ 選択したい図形を、すべて囲むようにドラッグします。

Step 2 選択された図形をグループ化します。

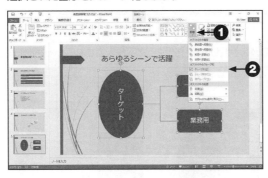

❶ [配置] ボタンをクリックします。

❷ [グループ化] をクリックします。

Step 3 図形がグループ化されました。

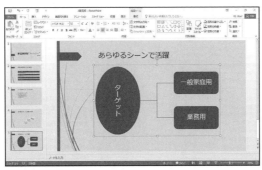

!重要

グループ化を解除するには

グループ化された図形は、1つの図形として扱われます。個別の図形を編集する場合は、一度グループ化を解除します。グループ化を解除するには、グループ化された図形をクリックし、[配置] ボタンをクリックして、[グループ解除] をクリックします。
ただし、図形の色や図形内の文字は、グループ化されたままでも個々の図形に対して編集できます。

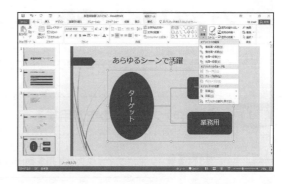

クイックスタイルの適用

図形は、線や塗りつぶしの色などのスタイルを一つひとつ個別に設定することもできますが、「クイックスタイル」機能を使うことで、線や塗りつぶしの色に加え、影や3D効果などを一度に設定することができます。

操作 クイックスタイルを適用する

Step 1 図形にクイックスタイルを適用します。

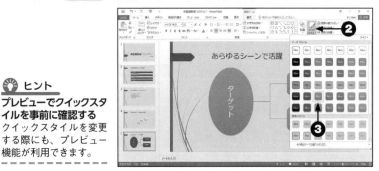

❶ グループ化された図形が選択されていることを確認します。

❷ [クイックスタイル] ボタンをクリックします。

❸ 上から5番目左から3番目にある [グラデーション-オレンジ、アクセント2] をクリックします。

ヒント
プレビューでクイックスタイルを事前に確認する
クイックスタイルを変更する際にも、プレビュー機能が利用できます。

Step 2 クイックスタイルが適用されました。

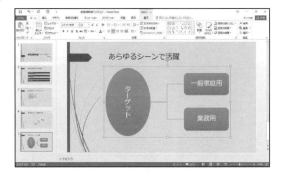

重ね合わせ順序の変更

図形が重なって配置されている場合、重ね合わせ順序を変えることができます。新たに図形を描画すると最前面に配置されます。

■ 図形の順序の入れ替え方
図形の順序を入れ替えるには、次のやり方があります。
- 最背面へ移動　重なっている図形の最背面に移動します。
- 最前面へ移動　重なっている図形の最前面に移動します。
- 背面へ移動　　1つ背面に移動します。
- 前面へ移動　　1つ前面に移動します。

操作　図形の順序を入れ替える

角丸四角形を作成し、背面へ配置します。

Step 1 図形の一覧から [四角形：角を丸くする] を選択します。

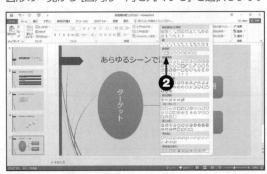

❶ [図形描画] グループの [その他] ボタンをクリックします。

❷ [四角形：角を丸くする] をクリックします。

Step 2 角丸四角形を描きます。

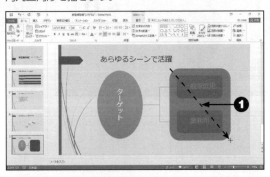

❶ 「一般家庭用」と「業務用」の図形を囲むようにドラッグします。

Step 3 角丸四角形が作成されました。

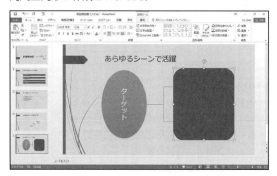

Step 4 図形の塗りつぶしのスタイルを変更します。

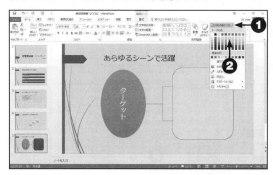

❶ ［図形の塗りつぶし］ボタンの▼をクリックします。

❷ 上から2番目左から6番目にある［オレンジ、アクセント2、白 ＋ 基本色80%］をクリックします。

Step 5 図形の枠線のスタイルを変更します。

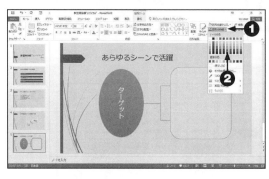

❶ ［図形の枠線］ボタンの▼をクリックします。

❷ 上から5番目左から6番目にある［オレンジ、アクセント2、黒 ＋ 基本色25%］をクリックします。

Step 6 図形の面取りをします。

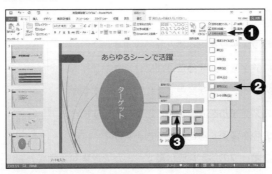

❶ [図形の効果] ボタンをクリックします。

❷ [面取り] をポイントします。

❸ [額縁風] をクリックします。

Step 7 作成した角丸四角形を背面へ配置します。

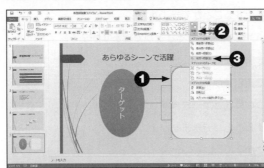

❶ 作成した角丸四角形が選択されていることを確認します。

❷ [配置] ボタンをクリックします。

❸ [背面へ移動] をクリックします。

Step 8 図形の順序が入れ替わりました。

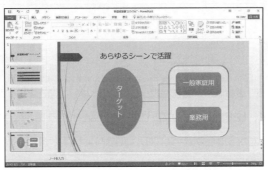

Step 9 [保存用] フォルダーにプレゼンテーションを保存します。

この章の確認

- ☐ スライドにSmartArtグラフィックを描くことができますか？
- ☐ SmartArtグラフィックに文字を挿入することができますか？
- ☐ SmartArtグラフィックのレイアウトを変更することができますか？
- ☐ SmartArtグラフィックのスタイルを変更することができますか？
- ☐ SmartArtグラフィックの色を変更することができますか？
- ☐ 変更したSmartArtグラフィックの設定を元に戻すことができますか？
- ☐ 箇条書きをSmartArtグラフィックに変換することができますか？
- ☐ スライドに図形を挿入することができますか？
- ☐ 図形内に文字を入力することができますか？
- ☐ 図形内の文字列の方向を変更することができますか？
- ☐ ［ミニツールバー］を使って書式を変更することができますか？
- ☐ 図形を複製することができますか？
- ☐ 図形を整列させることができますか？
- ☐ 複数の図形をコネクタでつなぐことができますか？
- ☐ 複数の図形をグループ化することができますか？
- ☐ グループ化を解除できますか？
- ☐ 図形にクイックスタイルを適用することができますか？
- ☐ 図形の重ね順を変更することができますか？

問題 16-1

1. ［復習問題］フォルダーから「復習16-1　容器包装リサイクルとは」を開きましょう。
2. 4枚目のスライドを表示して、［矢印と長方形のプロセス］のSmartArtグラフィックを挿入しましょう。
3. SmartArtグラフィックに、左から以下のテキストを入力しましょう。
   - ・Reduce（リデュース）
   - ・Reuse（リユース）
   - ・Recycle（リサイクル）
4. SmartArtグラフィックに、スタイル［バードアイ］を適用しましょう。
5. 5枚目のスライドを表示して、箇条書きを［縦方向箇条書きリスト］のSmartArtグラフィックに変換しましょう。
6. ［縦方向箇条書きリスト］のSmartArtグラフィックのレイアウトを［横方向箇条書きリスト］に変更しましょう。

7. SmartArtグラフィックに、スタイル［立体グラデーション］を適用しましょう。
8. 3枚目のスライドに、図形の［四角形：対角を切り取る］を使って、箇条書き部分を囲むように描きましょう。
9. 図形に、クイックスタイル［パステル-赤、アクセント4］を適用しましょう。
10. 図形を、最背面に配置しましょう。
11. ［保存用］フォルダーに「復習16-1　容器包装リサイクルとは」という名前で保存して閉じましょう。

完成例

第17章

オブジェクトの挿入

- ■ 数値を明確にするオブジェクト（表、グラフ）
- ■ イメージを引き出すオブジェクト（イラスト、写真）
- ■ 情報をまとめるオブジェクト（ワードアート、テキストボックス）

数値を明確にするオブジェクト
(表、グラフ)

PowerPointには文字や数字だけでは伝わりにくい情報を、聞き手にイメージしやすく伝える手法として、表やグラフといった機能が備わっています。表やグラフを使うことで、視覚的にイメージしやすくなるばかりでなく、正確な情報を具体的でわかりやすく、聞き手に説得力のあるプレゼンテーションを行うことができます。ここでは新規に表やグラフを作成する方法を学習します。

表の挿入

PowerPointでは、表を作成したり、編集したりすることができます。

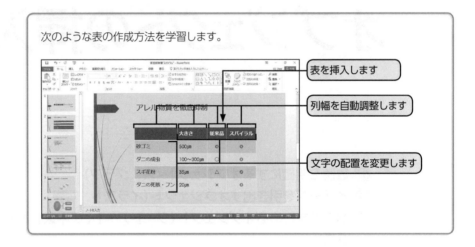

操作 表を挿入する

Step 1 ［保存用］フォルダーにあるプレゼンテーション「新型掃除機"スパイラル"」を開きます。本章から学習を開始する場合は、［Office2016テキスト］フォルダーにある「17章_新型掃除機"スパイラル"」を開きます。

Step 2 3枚目のスライドに切り替えて新しいスライドを挿入します。

① 3枚目のスライドを選択します。
② ［新しいスライド］ボタンの▼をクリックします。
③ ［タイトルとコンテンツ］をクリックします。

Step 3 挿入したスライドにタイトルを入力し、［表の挿入］をクリックします。

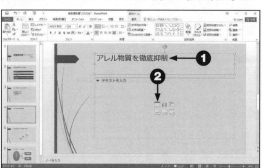

① スライドのタイトルに「アレル物質を徹底抑制」と入力します。
② プレースホルダー内の［表の挿入］をクリックします。

ヒント
表の挿入方法
表は［挿入］タブ［表］ボタンをクリックすることでも挿入できます。

Step 4 5行×4列の表を挿入します。

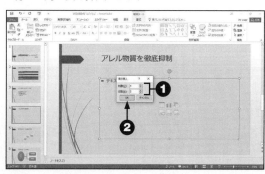

① 列数が［4］に、行数が［5］になるように▲と▼をクリックします。
② ［OK］をクリックします。

第17章 オブジェクトの挿入 **453**

Step 5 5行×4列の表が挿入されました。

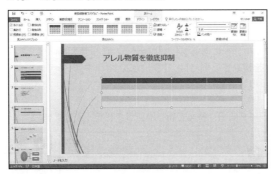

Step 6 下の表を参考にして、表に文字を入力します。

	大きさ	従来品	スパイラル
砂ゴミ	500μm	◎	◎
ダニの成虫	100〜300μm	○	◎
スギ花粉	35μm	△	◎
ダニの死骸・フン	20μm	×	◎

※大きさの単位は「μm（マイクロメートル）」です。

💡 **ヒント**
表内でのカーソル移動
文字を入力後にEnterキーを押すと、セル内で改行されます。カーソルを次のセルに移動するには、Tabキーまたは方向キーを押すか、セルをマウスでクリックします。

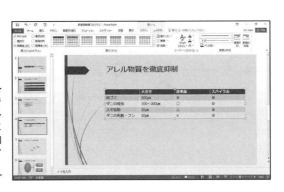

操作 表を編集する

表の列幅、文字の配置などを変更しましょう。

Step 1 列幅を自動調整します。

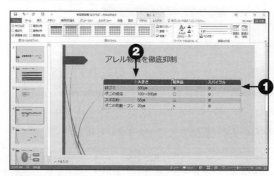

❶ 表が選択されていることを確認します。

❷ 1列目と2列目の間にマウスをポイントし、↔になったことを確認して、ダブルクリックします。

Step 2 列幅が自動調整されたことを確認します。

Step 3 他の列幅もすべて自動調整します。

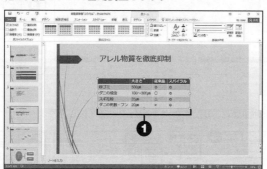

❶ すべての列幅が自動調整されたことを確認します。

ヒント
列幅の調整
↔をダブルクリックせずに左右にドラッグすれば任意の幅に調整できます。

Step 4 表のサイズを変更します。

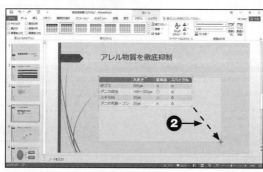

❶ 表の右下をポイントし、⤡になったことを確認します。

❷ 適当な場所までドラッグします。

第17章 オブジェクトの挿入 | 455

Step 5 表のサイズが変更されました。

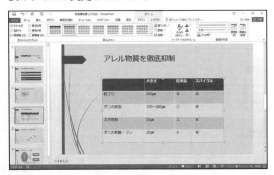

Step 6 1列目と2列目の文字の配置を上下中央揃えにします。

> **ヒント**
> **セルの選択**
> 複数のセルは、目的のセルからセルまでをドラッグすると選択することができます。また1列すべてのセルを選択するには、表の一番上の線にマウスカーソルを合わせて下矢印が表示されたところでクリックします。

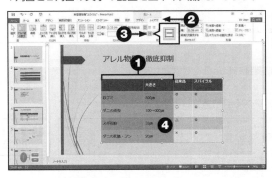

❶ 1列目と2列目をドラッグで選択します。

❷ [表ツール]の[レイアウト]タブをクリックします。

❸ [上下中央揃え]ボタンをクリックします。

❹ 文字の配置が変更されたことを確認します。

Step 7 3列目と4列目の文字の配置を上下左右中央揃えにします。

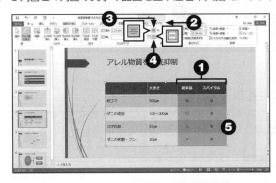

❶ 3列目と4列目をドラッグで選択します。

❷ [表ツール]の[レイアウト]タブが選択されていることを確認します。

❸ [中央揃え]ボタンをクリックします。

❹ [上下中央揃え]ボタンをクリックします。

❺ 文字の配置が変更されたことを確認します。

Step 8 表全体を選択します。

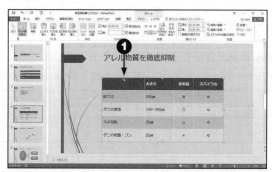

❶ 表の枠をポイントし、マウスポインターが ✣ になったことを確認して、クリックします。

Step 9 表内のフォントのサイズを大きくします。

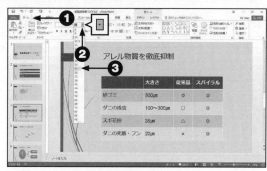

❶ [ホーム] タブをクリックします。

❷ [フォントサイズ] の▼をクリックします。

❸ [24] をクリックします。

Step 10 フォントサイズが変更されました。

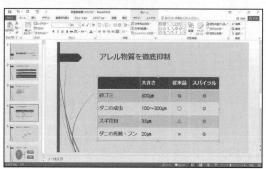

第17章 オブジェクトの挿入

ヒント　一度作成した表のスタイルの変更

一度作成した表のスタイルは、[表ツール] の [デザイン] タブ、[レイアウト] タブにあるボタンを使って変更できます。

[表ツール] の [デザイン] タブ

表のスタイルやオプション設定、ワードアートのスタイルなどを変更できます。

[表ツール] の [レイアウト] タブ

表の行や列の挿入、削除、セルの結合、配置などを変更できます。

グラフの挿入

PowerPointでグラフのデータを編集するときは、グラフのデータ編集用のツールが起動し、Excelのワークシートと同様のシートを利用してデータを編集します。編集ツールの代わりにExcelでデータを編集することもできます。

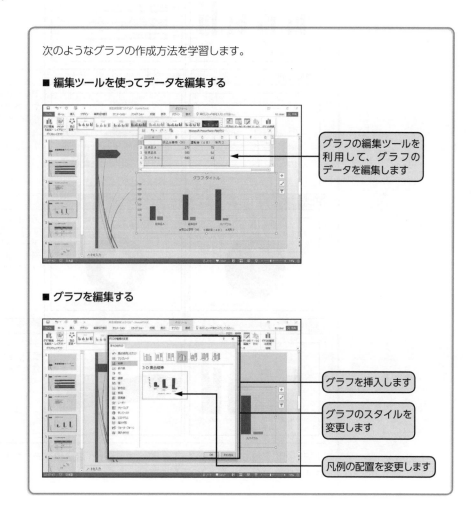

■ 作成できる代表的なグラフの種類

縦棒グラフ	横棒グラフ	項目間の比較やデータの推移などを表現できます。
折れ線グラフ	面グラフ	データの時間的な変化や、各項目の全体的な傾向を表現できます。
円グラフ	ドーナツグラフ	各項目の割合を示します。円グラフは、1つのデータ系列の割合を表現できます。ドーナツグラフは、複数の系列の割合を表現できます。
3-D 縦棒グラフ	3-D 面グラフ	3-Dの棒グラフや円グラフ、面グラフは表示効果を高められます。

上記以外に、積み上げグラフ、レーダーチャート、等高線グラフなどがあります。表現する内容に合ったグラフの種類を選択してください。

操作 ☞ グラフを挿入する

4枚目のスライドに、従来品との比較を説明するためのグラフを作成しましょう。

Step 1 3枚目の次にグラフを挿入する新しいスライドを挿入します。

① 3枚目のスライドを選択します。

② [新しいスライド] ボタンの▼をクリックします。

③ [タイトルとコンテンツ] をクリックします。

④ 新しいスライドが挿入されたことを確認します。

Step 2 挿入したスライドにタイトルを入力し、[グラフの挿入] をクリックします。

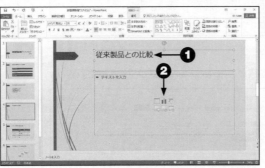

① タイトルに「従来製品との比較」と入力します。

② プレースホルダー内にある [グラフの挿入] をクリックします。

💡 ヒント
グラフの挿入方法
グラフは [挿入] タブの [グラフ] ボタンをクリックすることでも挿入できます。

Step 3 グラフの種類を選択します。

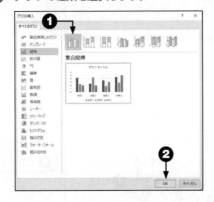

① [集合縦棒] が選択されていることを確認します。

② [OK] をクリックします。

第17章 オブジェクトの挿入 | **461**

Step 4 スライドにサンプルデータのグラフが挿入されます。グラフデータの編集ツールが別ウィンドウで起動し、編集用のシートが表示されます。

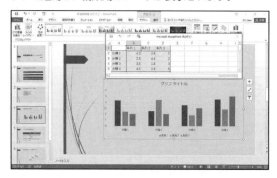

Step 5 シートのサンプルデータを、以下のように編集します。

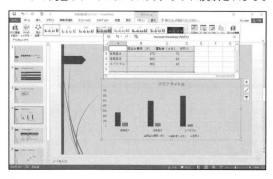

Step 6 シートの内容が、PowerPointのグラフに反映されます。

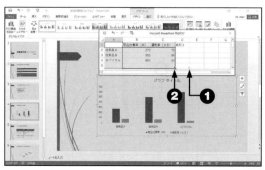

Step 7 グラフのデータの有効範囲をC列までに変更します

❶ シート内の青い枠線の右下にあるハンドルをポイントします。

❷ C列までドラッグします。

Step 8 同様にグラフのデータの有効範囲を4行目までに変更します。

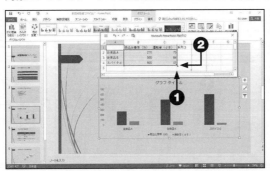

① シート内の青い枠線の右下にあるハンドルをポイントします。

② 4行目までドラッグします。

Step 9 編集ツールのウィンドウを閉じます。

💡 **ヒント**
編集ツールを再表示するには
グラフをクリックし、[グラフツール]の[デザイン]タブにある[データの編集]ボタンをクリックします。下半分をクリックすると[データの編集]（編集ツールが起動）と[Excelでデータを編集]（Excelが起動）の2つが表示されます。

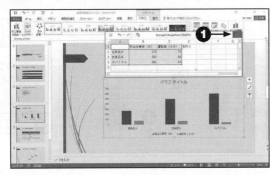

① 編集ツールのウィンドウの[閉じる]ボタンをクリックします。

操作☞ グラフ要素とグラフの種類を変更する

グラフ要素のうちのグラフタイトルを削除し、グラフの種類を[3-D 集合縦棒]に変更しましょう。

Step 1 [グラフ要素]を表示します。

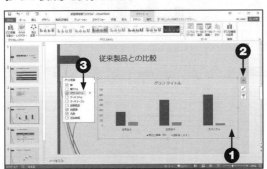

① グラフが選択されていることを確認します。

② [＋]ボタンをクリックします。

③ [グラフ要素]が表示されるので、[グラフタイトル]をクリックし、チェックをはずします。

第17章 オブジェクトの挿入 | **463**

Step 2 グラフタイトルが消えたことを確認します。

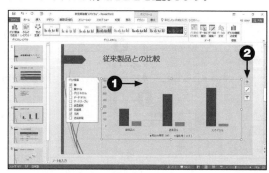

❶ グラフタイトルが削除されたことを確認します。

❷ [+] ボタンをクリックして、[グラフ要素] の表示を消します。

Step 3 グラフの種類を変更します。

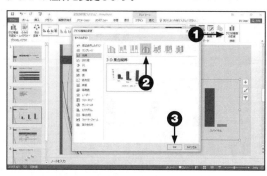

❶ [グラフの種類の変更] ボタンをクリックします。

❷ [グラフの種類の変更] ダイアログボックスの [3-D 集合縦棒] をクリックします。

❸ [OK] をクリックします。

Step 4 グラフが [3-D 集合縦棒] に変更されました。

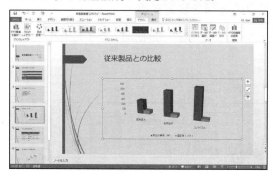

操作 **凡例の位置を変更する**

グラフに使われている色やパターンなどに対応する項目名などを表示するボックスを「凡例」といいます。凡例の位置を変更して、グラフを見栄えよく配置しましょう。

Step 1 凡例の位置を上にします。

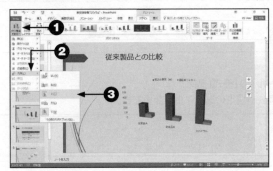

❶ [グラフ要素を追加]ボタンをクリックします。

❷ [凡例]をポイントします。

❸ [上]をクリックします。

Step 2 凡例の位置が変わります。

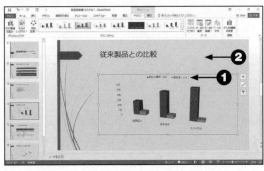

❶ 凡例がグラフの上に表示されていることを確認します。

❷ グラフの外側をクリックしてグラフの選択を解除します。

第17章 オブジェクトの挿入 465

ヒント **一度作成したグラフのスタイルの変更**

一度作成したグラフのスタイルは、[グラフツール] の [デザイン] タブ、[書式] タブにあるボタンを使って変更できます。

[グラフツール]の[デザイン]タブ

グラフのレイアウトやスタイルなどを変更できます。

[グラフツール]の[書式]タブ

各要素の書式や図形のスタイルを変更できます。

イメージを引き出すオブジェクト（イラスト、写真）

文字情報だけでは聞き手によって印象が異なるため、聞き手の共通認識を促し、具体的なイメージを引き出す必要があります。このイメージを引き出すために有効なのが、イラストや写真といったオブジェクトです。これらを効果的に配置したり、さまざまな効果をつけたりすることで、表現力豊かなインパクトのあるプレゼンテーションに変わります。

イラストの挿入

ここではイラストをスライドに挿入する方法を学習します。

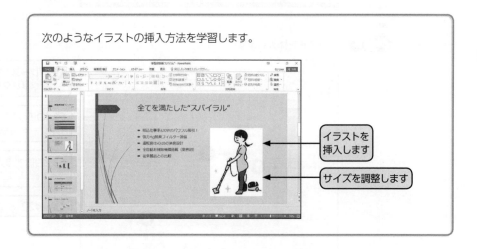

次のようなイラストの挿入方法を学習します。

操作 イラストを挿入する

3枚目のスライドに、掃除機のイラストを挿入しましょう。

Step 1 3枚目のスライドに切り替えて、[図の挿入]ダイアログボックスを表示します。

❶ 3枚目のスライドをクリックします。

❷ 右側のプレースホルダーにある[図]をクリックします。

❸ [図の挿入]ダイアログボックスが表示されます。

ヒント
画像の挿入方法
[図の挿入]ダイアログボックスは、[挿入]タブの[画像]ボタンをクリックすることでも表示できます。

Step 2 イラストを挿入します。

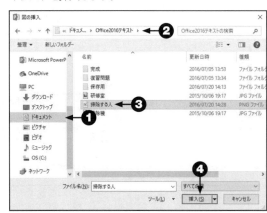

❶ プレースバーの[ドキュメント]をクリックします。

❷ [Office2016テキスト]フォルダーを開きます。

❸ 「掃除する人」をクリックします。

❹ [挿入]をクリックします。

Step 3 イラストが挿入されました。

Step 4 イラストのサイズを調整します。

❶ イラストのハンドルをドラッグして適当なサイズに調整します。

Step 5 イラストを移動します。

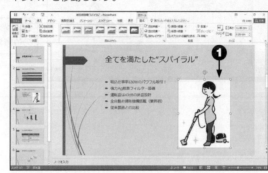

❶ イラストをドラッグして適当な位置に移動します。

Step 6 イラストの選択を解除します。

写真の挿入

PowerPointではデジタルカメラで撮影した写真などをスライドに挿入することができます。商品や人物などの写真を挿入することにより、相手の視覚に訴える効果的なプレゼンテーションを行うことができます。

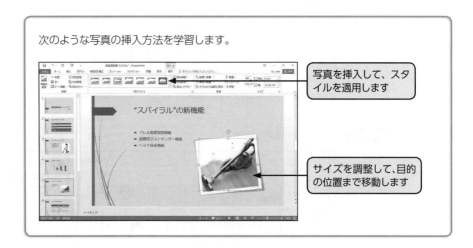

操作 写真を挿入する

新しいスライドに、商品イメージの写真を挿入しましょう。

Step 1 4枚目の次に新しいスライドを挿入します。

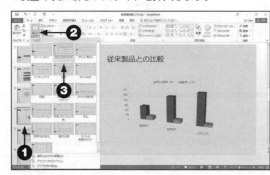

❶ 4枚目のスライドを選択します。

❷ [新しいスライド] ボタンの▼をクリックします。

❸ [タイトルとコンテンツ] をクリックします。

❹ 新しいスライドが挿入されたことを確認します。

Step 2 タイトルと箇条書きを入力します。

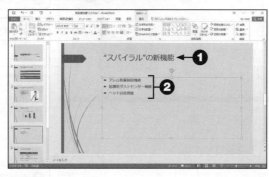

❶ スライドのタイトルに ["スパイラル"の新機能] と入力します。

❷ スライドの箇条書きに以下を入力します。
・アレル物質制御機能
・超精密ダストセンサー機能
・ヘッド自走機能

Step 3 写真を挿入します。

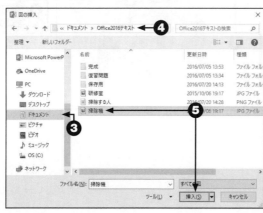

❶ [挿入] タブをクリックします。

❷ [画像] ボタンをクリックします。

❸ [図の挿入] ダイアログボックスが表示されるので、プレースバーの [ドキュメント] をクリックします。

❹ [Office2016テキスト] フォルダーを開きます。

❺ [掃除機] をクリックし、[挿入] をクリックします。

第17章 オブジェクトの挿入 | 471

Step 4 写真が挿入されました。

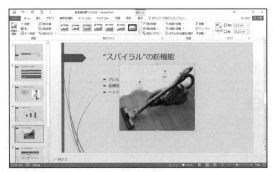

Step 5 写真の位置とサイズを調整して、スタイルの一覧を表示します。

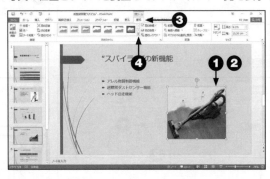

❶ 写真を適当なサイズに調整します。

❷ 適当な位置に移動します。

❸ [図ツール]の[書式]タブが選択されていることを確認します。

❹ [図のスタイル]グループの[その他]ボタンをクリックします。

Step 6 写真にスタイルを設定します。

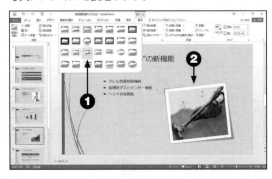

❶ 一覧から[回転、白]をクリックします。

❷ 写真にスタイルが適用され、写真が傾き白枠が付きます。

Step 7　写真の明るさとコントラストを設定します。

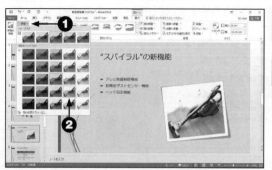

❶ [修整] ボタンをクリックします。

❷ [明るさ：＋20％ コントラスト：＋20％] をクリックします。

Step 8　写真の明るさとコントラストが変更されました。

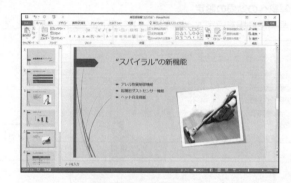

💡 ヒント　**挿入した写真のスタイルの変更**

一度挿入した写真のスタイルは、[図ツール] の [書式] タブ [調整] グループや [図のスタイル] グループのボタンを使って変更できます。

第 17 章　オブジェクトの挿入　473

ヒント 挿入した写真の色の変更

挿入した写真の色を変更するには [色] ボタンをクリックして一覧から選択します。

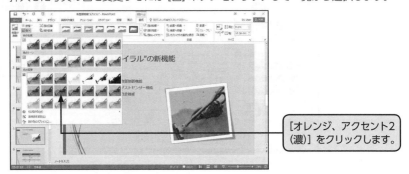

[オレンジ、アクセント2（濃）] をクリックします。

ヒント 挿入した写真への効果の設定

挿入した写真に効果を設定するには [アート効果] ボタンをクリックして一覧から選択します。

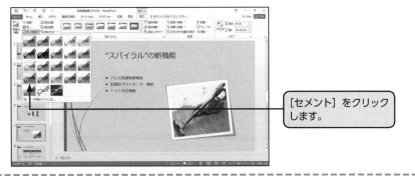

[セメント] をクリックします。

情報をまとめるオブジェクト
(ワードアート、テキストボックス)

プレゼンテーションを作成するときは、聞き手に伝えたい内容をひと目で理解してもらえるように留意することが大切です。インパクトのあるキャッチコピーはもちろんのこと、わかりやすく配置したオブジェクトだけでは伝えられない補足のコメントなど、情報を上手にまとめて伝えることを意識しましょう。

ワードアートの挿入

ワードアートを使うと、影付き、斜体、回転、引き伸ばしなどの効果を付けた飾り文字を作成できます。さらに塗りつぶしやグラデーションなどの効果を追加できます。

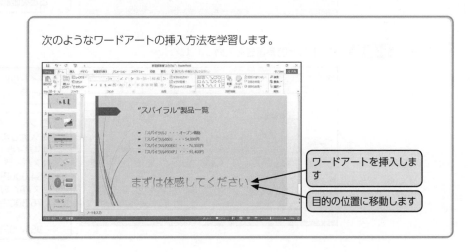

次のようなワードアートの挿入方法を学習します。

ワードアートを挿入します

目的の位置に移動します

操作 ワードアートを挿入する

新しく挿入したスライドに、「まずは体感してください」という飾り文字をワードアートで作成しましょう。

Step 1 新しいスライドを挿入します。

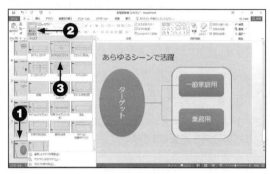

❶ 8枚目のスライドを選択します。
❷ [新しいスライド] ボタンの▼をクリックします。
❸ [タイトルとコンテンツ] をクリックします。
❹ 新しいスライドが挿入されたことを確認します。

Step 2 タイトルと箇条書きを入力します。

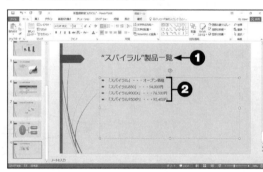

❶ タイトルに「"スパイラル"製品一覧」と入力します。
❷ コンテンツに箇条書きで以下を入力します。
・「スパイラル」… オープン価格
・「スパイラル850」… 54,000円
・「スパイラル900EX」… 76,500円
・「スパイラル950XP」… 95,400円

Step 3 ワードアートのスタイルの一覧を表示します。

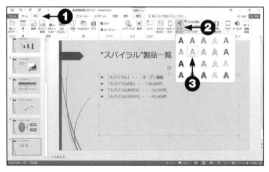

❶ [挿入] タブをクリックします。
❷ [ワードアート] ボタンをクリックします。
❸ 上から2番目左から2番目にある[塗りつぶし（グラデーション）：オリーブ、アクセントカラー5；反射] をクリックします。

Step 4 ワードアートが挿入されます。

Step 5 本文を入力します。

❶ 「ここに文字を入力」と表示されているところに、「まずは体感してください」と入力します。

Step 6 ワードアートを移動します。

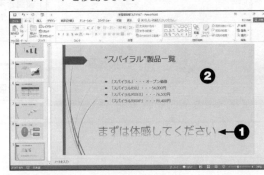

❶ ワードアートの外枠をドラッグしてワードアートを適当な位置に移動します。

❷ ワードアートの外側をクリックして選択を解除します。

💡 ヒント　一度作成したワードアートのスタイルの変更

一度作成したワードアートのスタイルは、[描画ツール]の[書式]タブにある、スタイルの一覧、[文字の塗りつぶし]ボタン、[文字の輪郭]ボタン、[文字の効果]ボタンを使って変更できます。さらに、[ワードアートのスタイル]グループ右下の[文字の効果の設定：テキストボックス]ボタンをクリックすれば、[図形の書式設定]作業ウィンドウが現れ、さらに細かな設定ができます。

第17章 オブジェクトの挿入 | *477*

テキストボックスの挿入

PowerPointではプレースホルダーにテキストを入力する以外に、「テキストボックス」機能を使うことで、スライドの好きな位置にテキストを配置することができます。横書きと縦書きのテキストボックスが用意されています。

次のようなテキストボックスの挿入方法を学習します。
学習します。

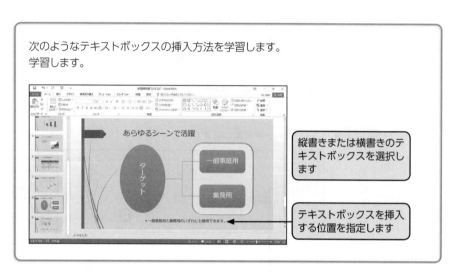

操作 テキストボックスを挿入する

8枚目のスライドに、テキストボックスを使って説明文を挿入しましょう。

Step 1 8枚目のスライドに切り替えます。

Step 2 横書きのテキストボックスを挿入します。

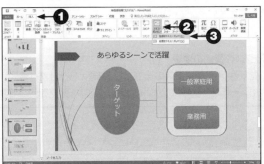

❶ [挿入] タブをクリックします。

❷ [テキストボックス] ボタンの▼をクリックします。

❸ [横書きテキストボックス] をクリックします。

Step 3 マウスポインターの形が ↓ になっていることを確認します。

Step 4 テキストボックスを作成します。

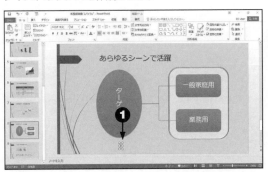

❶ テキストボックスを作成したい位置でクリックします。

Step 5 文字を挿入します。

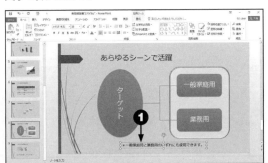

❶ 「＊一般家庭用と業務用のいずれにも使用できます。」と入力します。

第17章 オブジェクトの挿入 479

Step 6 テキストボックスの外側をクリックして文字の入力を確定します。

Step 7 [保存用] フォルダーにプレゼンテーションを保存します。

💡 ヒント　**横書きと縦書きの変更**
一度作成したテキストボックスの文字列の方向は、後から変更できます。[ホーム] タブの [文字列の方向] ボタンをクリックすると、横書き、縦書き、右へ90度回転、左へ90度回転などを選択できます。

💡 ヒント　**テキストボックスの書式の変更**
一度作成したテキストボックスの書式は、[描画ツール] の [書式] タブの [図形のスタイル] グループや [ワードアートのスタイル] グループのボタンを使って変更できます。

📶 この章の確認

- ☐ スライドに表を挿入することができますか？
- ☐ 表の列幅を自動調整することができますか？
- ☐ 表内の文字の配置を変更することができますか？
- ☐ スライドにグラフを挿入することができますか？
- ☐ 編集ツールを操作してグラフのデータを編集することができますか？
- ☐ グラフの種類を変更することができますか？
- ☐ グラフ内にある凡例の位置を変更することができますか？
- ☐ スライドにイラストを挿入することができますか？
- ☐ スライドに写真を挿入することができますか？
- ☐ スライドにワードアートを挿入することができますか？
- ☐ スライドにテキストボックスを挿入することができますか？

問題 17-1

1. ［復習問題］フォルダーから「復習17-1　容器包装リサイクルとは」を開きましょう。

2. 7枚目のスライドを表示して、下記のデータをもとに［3-D 集合縦棒］グラフを挿入しましょう。

	ガラスびん	紙製容器	ペットボトル	プラスチック
3年前	365	80	250	480
2年前	350	80	260	570
1年前	341	95	280	610

3. 挿入したグラフのスタイルを［スタイル11］に変更しグラフタイトルを削除しましょう。

4. 6枚目のスライドを表示して、下記のデータをもとに表を挿入しましょう。

種類	識別表示	リサイクル製品
金属	アルミ缶 スチール缶	アルミ原料 製鉄原料
ガラス	無色ガラスびん 茶色ガラスびん 他の色のガラスびん	ガラスびん原料 建築資材など
紙	飲料用 紙パック	製紙原料
プラスチック	PETボトル	プラスチック原料 ポリエステル原料

5. 表の中の文字列のフォントサイズを［20］に変更しましょう。

6. 完成例を参考に、表のサイズを変更しましょう。

7. 表のスタイルを［中間スタイル1 - アクセント1］に変更しましょう。
8. 文字列が表のセル内で上下と左右の中央揃えになるように変更しましょう。
9. 3枚目のスライドを表示して、イラスト「リサイクルの箱」を図形内の右下に挿入しましょう。
10. 4枚目のスライドのSmartArtグラフィックの下に、「容器包装廃棄物の3Rを推進」という文字列の［塗りつぶし - 青緑、アクセント2、輪郭 - アクセント2］ワードアートを挿入し、ワードアートのフォントサイズを［48］に変更しましょう。
11. 2枚目のスライドに、写真「リサイクル」を挿入しましょう。
12. 見本を参照して写真のサイズを変更し、スライドの右下に配置しましょう。
13. 挿入した写真のスタイルを、［対角を丸めた四角形、白］に変更しましょう。
14. ［保存用］フォルダーに「復習17-1　容器包装リサイクルとは」という名前で保存して閉じましょう。

完成例

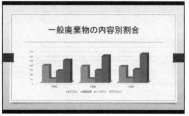

第18章

特殊効果の設定

- 効果的な特殊効果
- 画面切り替え効果の設定
- アニメーションの設定
- スライドショーの実行

効果的な特殊効果

スライドに動きを付ける「特殊効果」を設定すると、効果的なプレゼンテーションを行うことができます。「画面切り替え効果」を設定すると、スライドの切り替え時にダイナミックな動きを付けられるので、聞き手を惹きつけることができます。または「アニメーション効果」を設定し、オブジェクトの一つひとつに動きを付けることができます。

見た目に華やかな特殊効果は、見栄えにインパクトを与えることができますが、過剰に設定すると逆に聞き手の注意力が散漫になり逆効果になることもあります。プレゼンテーションは内容を伝えることが第一優先です。プレゼンテーションの内容に合わせた適切な効果を選択し、統一性のある効果を心がけましょう。

■ 画面切り替え効果を設定する

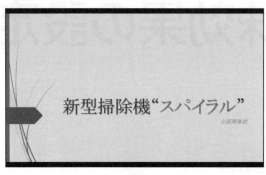

次のスライドとの切り替わり時に画面切り替え効果（ギャラリー）が表示されます。

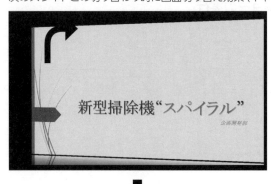

次のスライドに切り替わります。

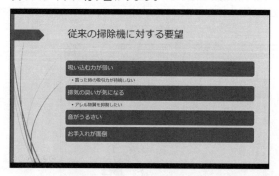

■ テキストにアニメーションを設定する

スライドを表示すると箇条書きが順番にアニメーション表示されます。

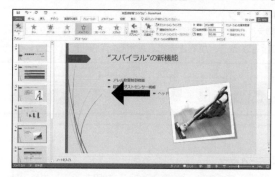

■ グラフにアニメーションを設定する

スライドを表示するとグラフが項目ごとに順番にアニメーション表示されます。

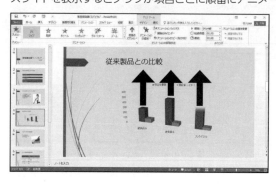

■ テキストに強調効果を設定する

テキストの色が徐々に変わる、下線が引かれる、太字に変わるなどでテキストが強調されます。

💡 ヒント　**[画面切り替え]タブ**

[画面切り替え] タブでは、画面切り替え効果を一覧から選択したり、選んだ効果をすべてのスライドに設定することができます。設定した効果はプレビューできます。

💡 ヒント　**[アニメーション]タブ**

[アニメーション] タブでは、オブジェクトに効果を設定したり、効果を表示する順序を変更したり、設定した効果をプレビューしたりすることができます。

画面切り替え効果の設定

作成したプレゼンテーションに画面切り替え効果を設定する操作を学習します。

操作 画面切り替え効果を設定する

Step 1 ［保存用］フォルダーにあるプレゼンテーション「新型掃除機"スパイラル"」を開きます。本章から学習を開始する場合は、［Office2016テキスト］フォルダーにある「18章_新型掃除機"スパイラル"」を開きます。

Step 2 スライド一覧モードに切り替えます。

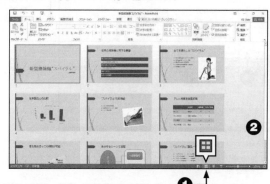

❶［スライド一覧］ボタンをクリックします。

❷ スライド一覧モードに切り替わったことを確認します。

Step 3 画面切り替え効果を設定するスライドを選択し、画面切り替え効果の一覧を表示します。

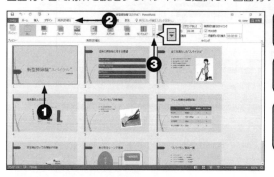

❶ 1枚目のスライドが選択されていることを確認します。

❷［画面切り替え］タブをクリックします。

❸［画面切り替え］グループの［その他］ボタンをクリックします。

第18章 特殊効果の設定　*487*

Step 4 一覧から目的の効果を選択します。

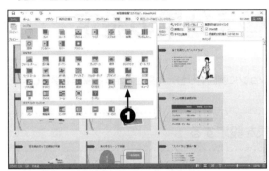

❶ 一覧から［ギャラリー］をクリックします。

Step 5 画面切り替え効果が設定されていることを確認します。

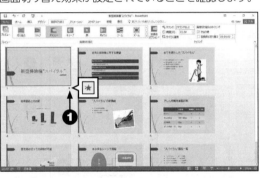

❶ 効果が設定されていることを示す★アイコンが表示されます。

> 💡 **ヒント**
> **特殊効果の設定されたスライド**
> 特殊効果が設定されているスライドには右下に★が表示されます。テンプレートには、初めから特殊効果が設定されているものがあります。

Step 6 プレビューで再度確認します。

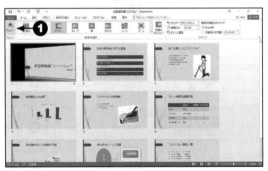

❶ ［プレビュー］ボタンをクリックしてプレビューを表示します。

Step 7 同様の画面切り替え効果をすべてのスライドに適用します。

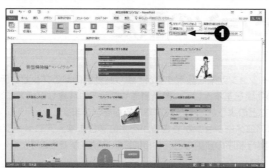

❶ [すべてに適用] ボタンをクリックします。

Step 8 すべてのスライドに効果が設定されたことを確認します。

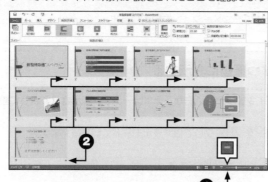

❶ [ズームスライダー] の ■ をクリックして、全スライドをウィンドウ内に表示します。

❷ すべてのスライドの右下に ★ が表示されていることを確認します。

ヒント　特殊効果の簡単な確認方法

スライド一覧表示では、特殊効果を設定したスライドの下にアイコンが表示されますが、このアイコンをクリックすると、特殊効果のプレビューが表示されます。

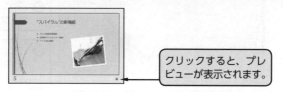

クリックすると、プレビューが表示されます。

第 18 章　特殊効果の設定

アニメーションの設定

オブジェクトにアニメーション効果を設定すると、より躍動感のあるプレゼンテーションを行うことができます。[開始]の効果を基本として、箇条書きやグラフ、写真などにアニメーションを設定し、アニメーションを使ってどのような効果が設定できるかを学びます。
ここでは、どのようなアニメーションができるかを主に学びます。アニメーションには動きの種類や開始のタイミング、実行順序の変更など、さらに細かい設定ができます。

テキストのアニメーション設定

箇条書きを順番に表示するためのアニメーションを設定します。

操作 箇条書きを1つずつ順番に表示する

箇条書きが1つずつ順番に右からアニメーション表示されるように設定しましょう。

Step 1 [標準]ボタンをクリックして標準表示モードに切り替えます。

Step 2 5枚目のスライドに切り替えます。

Step 3 [アニメーション]タブをクリックして、アニメーションの一覧を表示します。

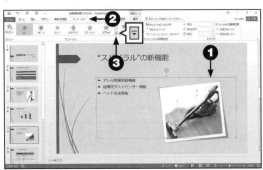

❶「アレル物質制御機能」と入力されているプレースホルダーを選択します。

❷[アニメーション]タブをクリックします。

❸[アニメーション]グループの[その他]ボタンをクリックします。

Step 4 一覧から目的のアニメーションを選択します。

❶ 一覧から [スライドイン] を クリックします。

Step 5 プレビューでアニメーションを再度確認します。

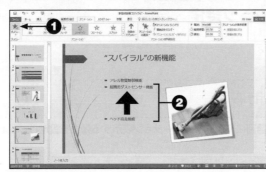

❶ [プレビュー] ボタンをクリックします。

❷ 箇条書きが1つずつ、下から上へアニメーション表示されることを確認します。

Step 6 右からアニメーションされるように変更します。

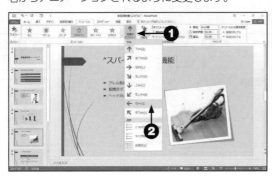

❶ [効果のオプション] ボタンをクリックします。

❷ [右から] をクリックします。

Step 7 プレビューでアニメーションを再度確認します。

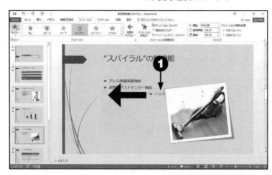

❶ 箇条書きが1つずつ右から左へアニメーション表示されます。

グラフのアニメーション設定

グラフには系列や項目ごとにアニメーションを付けることができます。

操作☞ グラフに動きを付ける

グラフを項目別に下からアニメーション表示する効果を設定しましょう。

Step 1 4枚目のスライドに切り替えます。

Step 2 グラフを選択します。

Step 3 アニメーションの一覧を表示します。

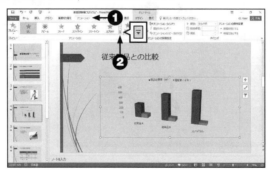

❶ [アニメーション] タブが開いていることを確認します。

❷ [アニメーション] グループの [その他] ボタンをクリックします。

Step 4 一覧から目的のアニメーションを選択します。

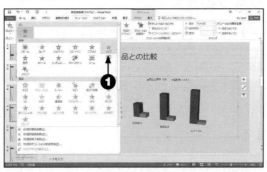

❶ 一覧から[ワイプ]をクリックします。

Step 5 アニメーションが項目別に動くように設定します。

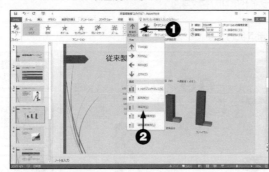

❶ [効果のオプション]ボタンをクリックします。

❷ [項目別]をクリックします。

Step 6 設定したアニメーションを再度確認します。

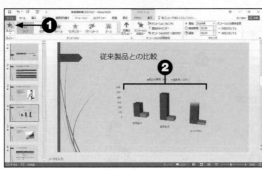

❶ [プレビュー]ボタンをクリックします。

❷ 項目別に下から伸びるアニメーションが設定できました。

その他のアニメーション設定

ここまでに設定した箇条書きとグラフのアニメーションは、スライドに表示されてくる[開始]に分類されるものです。このほかに、すでに表示されているオブジェクトを目立たせる[強調]、表示されているオブジェクトを非表示にする[終了]、オブジェクトの動き方を軌跡で指定する[アニメーションの軌跡]という効果の種類があります。ここでは文字を強調表示するアニメーションを学習します。

操作 ☞ 強調効果を設定する

3枚目のスライドの「吸込仕事率630Wのパワフル吸引！」という文字列がスライド表示後に強調表示されるように設定しましょう。

Step 1 3枚目のスライドに切り替えます。

Step 2 文字列を範囲選択します。

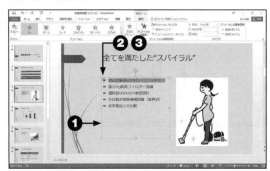

❶ 箇条書きのプレースホルダーをクリックします。

❷ 「吸込仕事率630Wのパワフル吸引！」の行頭文字をポイントします。

❸ マウスポインターの形が ✥ になっていることを確認してクリックします。

Step 3 文字列に強調のアニメーションを設定します。

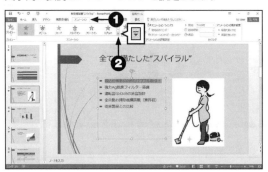

❶ [アニメーション]タブが開いていることを確認します。

❷ [アニメーション]グループの[その他]ボタンをクリックします。

Step 4 強調アニメーションを選択します。

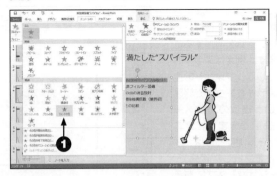

❶ 一覧から[強調]の[フォントの色]をクリックします。

Step 5 強調時のフォントの色を選択します。

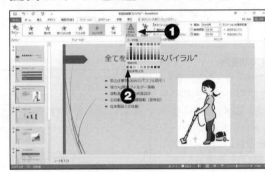

❶ [効果のオプション]ボタンをクリックします。

❷ [標準の色]の左から1番目の色をクリックします。

Step 6 アニメーションを再生し、スライドに設定した効果を確認します。

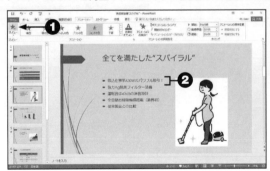

❶ [プレビュー]ボタンをクリックします。

❷ アニメーションが再生されます。

💡 ヒント

アニメーションの追加

アニメーションの追加

すでにアニメーションが設定されているオブジェクトに、さらにアニメーションを追加することができます。例えばスライドインで開始して、フォントの色で強調、スライドアウトで終了させるという複数のアニメーションを設定できます。アニメーションを追加するには、オブジェクトを選択した状態で、[アニメーション] タブにある [アニメーションの追加] ボタンをクリックして、追加したいアニメーションをクリックします。

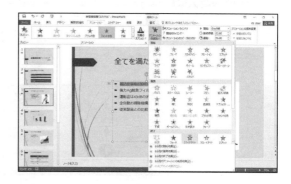

💡 ヒント

アニメーションの削除

設定したアニメーションを削除するには、オブジェクトを選択した状態で [アニメーション] タブの [アニメーション] グループにある [その他] ボタンをクリックして [なし] を選択します。

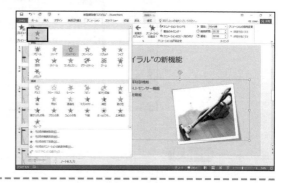

スライドショーの実行

「スライドショー機能」を利用すると、作成したプレゼンテーションのスライドを1枚ずつ順にコンピューターのディスプレイなどに全画面で表示することができます。

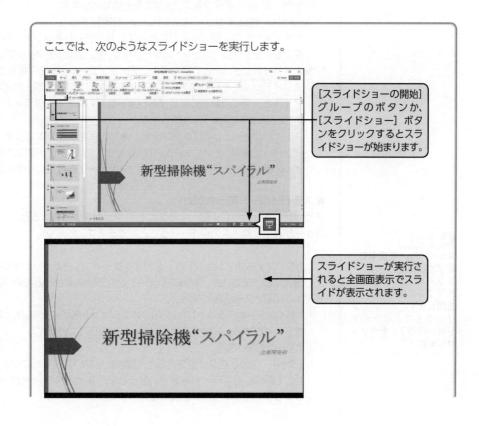

ここでは、次のようなスライドショーを実行します。

[スライドショーの開始]グループのボタンか、[スライドショー]ボタンをクリックするとスライドショーが始まります。

スライドショーが実行されると全画面表示でスライドが表示されます。

■ スライドショーの実行方法
・PowerPointで最初のスライドからスライドショーを実行する

　　[最初から] ボタンをクリックすると、最初のスライドからスライドショーが実行されます。

・PowerPointで現在開いているスライドからスライドショーを実行する

　　[現在のスライドから] ボタンをクリックすると、現在選択されているスライドからスライドショーが実行されます。ウィンドウ右下の [スライドショー] ボタンをクリックする方法もあります。

・PowerPointを起動せずにスライドショーを実行する
　　ドキュメントフォルダーなどにあるプレゼンテーションファイルをマウスの右ボタンでクリックし、ショートカットメニューの [表示] をクリックします。

・常にスライドショーとして開くようにプレゼンテーションを保存する
　　スライドショーとして保存したファイルをエクスプローラーなどでダブルクリックすると、常に自動的にスライドショーを実行します。スライドショーが終了すると、自動的にファイルが閉じます。
　　スライドショーとしてプレゼンテーションを保存するには、[ファイル] タブの [名前を付けて保存] をクリックし、[名前を付けて保存] ダイアログボックスの [ファイルの種類] から [PowerPoint スライドショー] を選択して保存します。

■ スライドショーの実行中の操作
スライドショーの実行中に、マウスの右ボタンをクリックすると、ショートカットメニューが表示され、次の操作を行うことができます。

・ペン
　　[ポインターオプション] の [ペン] や [蛍光ペン] をクリックすると、スライドに書き込みができます。強調するデータを丸で囲む場合などに使います。

・マウスポインターの表示/非表示
　　[ポインターオプション] の [矢印のオプション] をポイントして [常に表示しない] をクリックすると、マウスポインターが非表示になります。

・スライドの前後へ移動
　　[次へ]、[前へ] をクリックすると、次または前のスライドにジャンプします。また、[すべてのスライドを表示] をクリックするとスライドが一覧で表示され、ジャンプしたいスライドが簡単に選べます。

💡 ヒント　スライドショーのヘルプ
　　スライドショーの実行中にF1キーを押すとヘルプを見ることができます。いくつかのタブに分類されて表示されますが、ここでは利用頻度の高い [全般] タブと [インク/レーザー ポインター] タブを紹介します。

💡 ヒント
スライドショーを途中で終了するには
スライドショーを途中で終了するには、Escキーを押します。または右クリックして [スライドショーの終了] をクリックします。

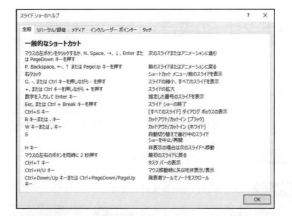

	次のスライドを表示	クリック、N、Space、→キー、↓キー、Enterキー、PageDownキーのいずれか
	前のスライドに戻る	Pキー、Backspaceキー、←キー、↑キー、PageUpキーのいずれか
[全般]タブ	指定した番号のスライドを表示	数字を入力してEnterキー
	スライドショーの終了	Escキー
	最初のスライドに戻る	マウスの左右ボタン両方を2秒押す
	タスクバーの表示	Ctrl＋Tキー

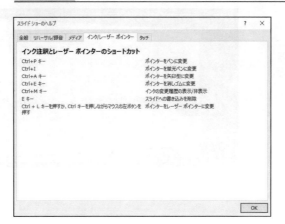

	ポインターをペンに変更	Ctrl＋Pキー
	ポインターを蛍光ペンに変更	Ctrl＋Iキー
	ポインターを矢印型に変更	Ctrl＋Aキー
[インク/レーザーポインター]タブ	ポインターを消しゴムに変更	Ctrl＋Eキー
	スライドへの書き込みを削除	Eキー
	ポインターをレーザーポインターに変更	Ctrl＋Lキー

第18章　特殊効果の設定　*499*

スライドショーの実行

操作 スライドショーを実行する

スライドショーを実行して作成したプレゼンテーションの仕上がりを確認しましょう。

Step 1 1枚目のスライドに切り替えます。

Step 2 スライドショーを実行します。

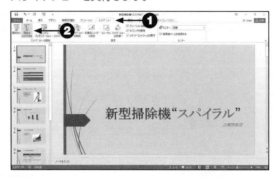

❶ [スライドショー] タブをクリックします。

❷ [現在のスライドから] ボタンをクリックします。

Step 3 スライドショーが実行されます。

Step 4 画面上をクリックして次のページを表示します。

Step 5 次々にクリックしてアニメーションの設定と画面切り替え効果を確認します。

Step 6 ［スライドショーの最後です。クリックすると終了します。］と表示されたらマウスをクリックしてスライドショーを終了します。

Step 7 スライドショーが終了し、標準表示モードに戻ります。

Step 8 ［保存用］フォルダーにプレゼンテーションを保存します。

ヒント

非表示スライドに設定

非表示スライドについて

プレゼンテーションに含まれるスライドをスライドショーで表示しないように設定することもできます。表示しないように設定したスライドを「非表示スライド」といいます。
非表示スライドの設定を行うには、非表示にしたいスライドを選択し、[スライドショー] タブの [非表示スライドに設定] ボタンをクリックします。非表示にしたスライドは、スライド番号に斜線が引かれます。非表示スライドの設定を解除するには、対象のスライドを選択し、もう一度 [非表示スライドに設定] ボタンをクリックします。

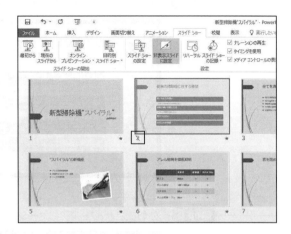

リハーサルの実行

リハーサルは、プレゼンテーションを成功させるために必要な作業であり、それを補助するのが「リハーサル機能」です。スライドの順番を確認するほか、アニメーションの動きやタイミング、前のスライドにスムーズに戻れるか、予定している時間内に収まるかなど、あらかじめリハーサルをしておくことで本番の不安要素を大きく軽減することができます。

リハーサル機能を使うと、本番のプレゼンテーションを想定して、実際に台本を読み上げながらスライドを進めることで、スライドごとに掛かった時間を知ることができます。また、ここで操作したスライドを切り替えたりアニメーションを動かしたタイミングを記録することもでき、実際のプレゼンテーションに利用することも可能です。

操作 リハーサルを実行する

Step 1 リハーサルを開始します。

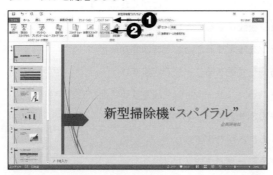

❶ [スライドショー] タブが開いていることを確認します。

❷ [リハーサル] ボタンをクリックします。

Step 2 リハーサルが開始されるので、本番を想定してスライドを進めます。

❶ リハーサルが開始され、画面左上にプレゼンテーションの時間を記録する [記録中] ツールバーが表示されます。

❷ 本番を想定して、実際に話をしながら画面上をクリックしてスライドを進めます。[記録中] ツールバーに [現在のスライド表示時間] と [リハーサルの総時間] が表示されます。

Step 3 最後のスライドまで進め、リハーサルを終了します。

Step 4 [スライドショーの所要時間は××です。今回のタイミングを保存しますか?] というダイアログボックスが表示されたら [いいえ] をクリックします。

この章の確認

- ☐ スライドに画面切り替え効果を設定できますか？
- ☐ 適用した画面切り替え効果をプレビューすることができますか？
- ☐ スライドにアニメーションを設定することができますか？
- ☐ 箇条書きにアニメーションを設定することができますか？
- ☐ 開始アニメーションの方向を変更することができますか？
- ☐ グラフが項目別に表示されるアニメーションを設定することができますか？
- ☐ 強調のアニメーションを設定することができますか？
- ☐ スライドショーを実行することができますか？
- ☐ リハーサル機能を実行することができますか？

問題 18-1

1. ［復習問題］フォルダーから「復習18-1　容器包装リサイクルとは」を開きます。
2. すべてのスライドに［ワイプ］の画面切り替えを設定します。
3. 2枚目のスライドの箇条書きに［ランダムストライプ］の開始アニメーションを適用します。
4. 2枚目のスライドの写真に［拡大/収縮］の強調アニメーションを適用します。
5. 7枚目のグラフに［ワイプ］の開始アニメーションを適用し、系列ごとに表示されるように変更します。
6. スライドショーを実行します。
7. ［保存用］フォルダーに「復習18-1　容器包装リサイクルとは」という名前で保存して閉じます。

完成例

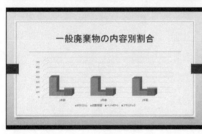

第19章

資料の作成と印刷

■ 発表者用資料の作成
■ プレゼンテーションの印刷

発表者用資料の作成

PowerPointは、実際にプレゼンテーションを発表するときに必要となる資料を「ノート」として作成できます。実際に発表するときに口頭で行う説明のメモ、特に注意すべき事柄や強調すべき事柄の覚え書きなどは、各スライドのノートに書き込んでおきます。ノートの内容を印刷することもできます。

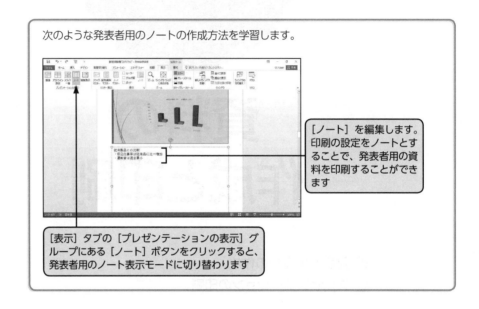

操作 ノートを作成する

4枚目のスライド「従来製品との比較」のノートに、グラフの説明を入力しましょう。ノートは標準表示でも編集できますが、入力する枠が小さいためノート表示に切り替えてから入力します。

Step 1 [保存用] フォルダーにあるプレゼンテーション「新型掃除機"スパイラル"」を開きます。本章から学習を開始する場合は、[Office2016テキスト] フォルダーにある「19章_新型掃除機"スパイラル"」を開きます。

Step 2 4枚目のスライドを表示します。

Step 3 ノート表示モードに切り替えます。

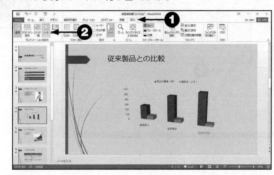

❶ [表示] タブをクリックします。

❷ [プレゼンテーションの表示] グループの [ノート] ボタンをクリックします。

Step 4 ノート表示モードに切り替わりました。

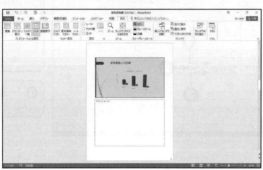

第19章 資料の作成と印刷

Step 5 [ズームスライダー] の右にある [ズーム] ボタンをクリックし、表示される [ズーム] ダイアログボックスの [100%] をクリックして拡大表示します。

Step 6 カーソルを表示します。

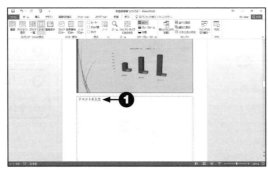

❶ 「テキストを入力」と表示されている位置をクリックしてカーソルを表示します。

Step 7 グラフの説明を入力します。

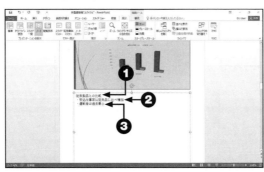

❶ 「従来製品との比較」と入力し、Enterキーを押します。

❷ 「・吸込仕事率は従来品に比べ増加」と入力し、Enterキーを押します。

❸ 「・運転音は過去最小」と入力します。

Step 8 [標準] ボタンをクリックして標準表示モードに切り替えます。

Step 9 標準表示モードに切り替わりました。

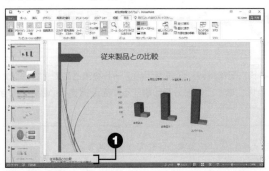

❶ ノートペインにグラフの説明が表示されていることを確認します。

Step 10 次の操作のため、1枚目のスライドを選択します。

プレゼンテーションの印刷

PowerPointは、スライド、配布資料、発表者用のノートをまとめて1つのファイルで管理しています。そのため、印刷する場合は、どの部分を印刷するかを選択する必要があります。

印刷できる資料には次のようなものがあります。

■ フルページサイズのスライド

スライドを1枚ずつフルページサイズで印刷します。

■ ノート

ノートとスライドを1枚に印刷します。

■ アウトライン表示

アウトライン表示と同様に印刷します。

■ 配布資料(2枚)

2枚のスライドを1枚の紙に印刷します。

■ 配布資料(3枚)
■ 配布資料(4〜9枚)

3枚のスライドと書き込み用領域をあわせて1枚の紙に印刷します。

4〜9枚のスライドを1枚の紙に印刷します。スライドの配置順序は縦方向、横方向のどちらも選択できます。

印刷設定と印刷プレビュー

印刷する場合は、印刷するスライドの選択、資料（レイアウト）の種類、用紙の向き、カラー/モノクロの指定などの詳細な設定ができます。印刷に失敗しないよう、印刷プレビュー機能を使って、画面で印刷イメージを事前に確認するようにします。

操作　印刷の設定を行う

4スライド(横)形式の配布資料、横方向の印刷をするように設定し、印刷プレビューで確認しましょう。

Step 1　[ファイル] タブの [印刷] を選択します。

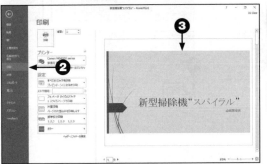

❶ [ファイル] タブをクリックします。

❷ [印刷] をクリックします。

❸ 画面の右側に印刷プレビューが表示されました。

第19章　資料の作成と印刷　**513**

Step 2 印刷のレイアウトを選択します。

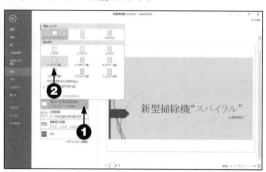

❶ [フルページサイズのスライド] をクリックします。

❷ [4スライド（横）] をクリックします。

Step 3 用紙の向きを変更します。

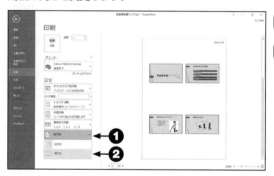

❶ [縦方向] をクリックします。

❷ [横方向] をクリックします。

Step 4 ページを送って次のページの印刷プレビューを確認します。

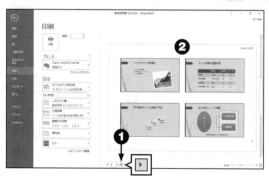

❶ 画面下中央にある▶をクリックします。

❷ 次のページの印刷プレビューが表示されます。

Step 5 印刷プレビューを拡大表示します。

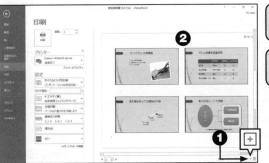

❶ ズームスライダーにある [+] をクリックします。

❷ 印刷プレビューが拡大表示されました。

Step 6 印刷設定の画面から通常の画面に戻します。

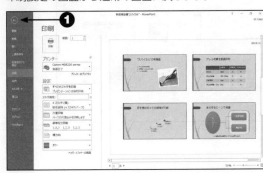

❶ [戻る] ボタンをクリックして通常の編集画面に戻します。

Step 7 [保存用] フォルダーにプレゼンテーションを保存します。

ヒント [カラー /グレースケール]について

[カラー /グレースケール]は、プリンターに適したカラーモードが自動的に選択されます。
用途に応じて設定を変更することもできます。

・カラー
　　プレゼンテーションが、カラーで印刷されます。白黒プリンターで選択した場合、印刷プレビューはグレースケールで表示されます。

・グレースケール
　　塗りつぶしやグラデーションが、グレーや黒で印刷されます。図形の中の文字が印刷されない場合があります。

・単純白黒
　　グラデーションや塗りつぶしが非表示になり、単純な白黒のみで印刷されます。

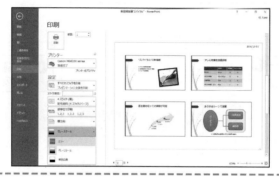

印刷の実行

印刷設定の内容を確認し、印刷を実行します。

操作 印刷を実行する

Step 1 [ファイル] タブを開いて印刷設定を確認します。

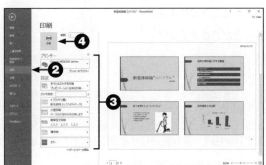

❶ [ファイル] タブをクリックします。

❷ [印刷] をクリックします。

❸ 設定内容や印刷プレビューを確認します。

❹ [印刷] ボタンをクリックします。

Step 2 印刷を実行します。

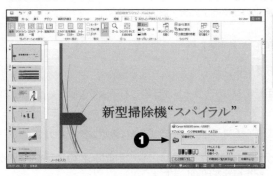

❶ 印刷が実行され、画面右下にプリンター情報が表示されます。
※プリンター情報は環境によって表示されない場合もあります。

この章の確認

- ☐ 発表者用のノートを作成することができますか？
- ☐ ノート表示モードで拡大表示することができますか？
- ☐ 標準表示モードに戻すことができますか？
- ☐ 配布資料として印刷する設定ができますか？
- ☐ 印刷プレビューを表示することができますか？
- ☐ 印刷プレビューで拡大表示することができますか？
- ☐ 配布資料を実際に印刷することができますか？

問題 19-1

1. ［復習問題］フォルダーから「復習19-1　容器包装リサイクルとは」を開きましょう。
2. 5枚目のスライドを表示し、ノート表示モードに切り替えましょう。
3. ノート部分に以下を入力しましょう。
    ・分別排出・分別収集の質的向上の状況とその要因
    ・分別の改善による再商品化の効率向上効果・質的向上効果
    ・地域住民の理解度向上
    ・環境負荷の低減（CO2の削減効果等）等
4. 標準表示モードに切り替えましょう。
5. 配布資料として、1枚の用紙に3枚のスライドが印刷されるように設定し、印刷プレビューで確認しましょう。
6. 印刷プレビューの倍率を［ズームスライダー］で100%に設定しましょう。
7. 印刷プレビューの倍率を元（52％前後）に戻し、1枚の用紙に6枚のスライドが横方向の配置順序で印刷されるように設定して、配布資料を印刷しましょう。
8. ［保存用］フォルダーに「復習19-1　容器包装リサイクルとは」という名前で保存して閉じましょう。

完成例

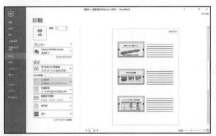
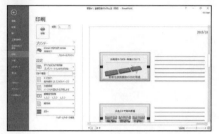
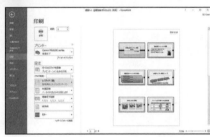

■ 本書は著作権法上の保護を受けています。
　本書の一部あるいは全部について（ソフトウェアおよびプログラムを含む）、日経BP社から文書による許諾を得ずに、いかなる方法においても無断で複写、複製することを禁じます。購入者以外の第三者による電子データ化および電子書籍化は、私的使用を含め一切認められておりません。
　無断複製、転載は損害賠償、著作権法の罰則の対象になることがあります。

■ 本書についてのお問い合わせ方法、訂正情報、重要なお知らせについては、下記Webページをご参照ください。なお、本書の範囲を超えるご質問にはお答えできませんので、あらかじめご了承ください。

　　　　　https://bookplus.nikkei.com/catalog/

Office 2016 基本演習 [Word/Excel/PowerPoint]

2016年9月16日　初版発行
2023年6月16日　初版第4刷発行

著作・制作：日経BP社
発　行　者：中川 ヒロミ
発　　　行：日経BP社
　　　　　　〒105-8308　東京都港区虎ノ門4-3-12
発　　　売：日経BPマーケティング
　　　　　　〒105-8308　東京都港区虎ノ門4-3-12
装　　　丁：コミュニケーションアーツ株式会社
ＤＴＰ制作：クニメディア株式会社
印　　　刷：大日本印刷株式会社

・本書に記載している会社名および製品名は、各社の商標または登録商標です。なお、本文中に™、®マークは明記しておりません。
・本書の例題または画面で使用している会社名、氏名、他のデータは、一部を除いてすべて架空のものです。

©2016 日経BP社

ISBN978-4-8222-5313-4　　Printed in Japan